学前教育家文库

赵寄石文集

凤凰出版传媒集团
江苏教育出版社
JIANGSU EDUCATION PUBLISHING HOUSE

学前教育家文库
编委会
主　任：鲁　洁
副主任：许卓娅　　张胜勇
编　委：陈秀云　　陈淑安　　胡建华　　卢美贵　　唐　淑
　　　　屠美如　　王振宇　　虞永平　　赵寄石　　祝士媛

目 录

总序 / 1
序 / 1
作者的话 / 1
学前教育学科建设 / 1
    建设具有中国特色的幼儿教育 / 1
    从世界幼教发展趋势看我国幼儿教育的改革 / 6
    回顾与展望——为提高中国幼儿的生活质量而
        努力 / 15
    重新思考学前教育专业 / 19
    为建立具有我国特色的学前教育理论体系而努力
        奋斗 / 29
    中国学前儿童保教系统工程的思考 / 33
    重视和发展社区幼儿保教工作 / 36
    现代化的幼儿教育是面向未来的教育 / 39
    更新观念适应新世纪幼儿教育的发展 / 43
幼儿综合教育课程研究 / 48
    论幼儿园课程改革 / 48
    幼儿园综合教育结构的探讨 / 54
    农村学前一年综合教育课程研究 / 61
    幼儿园课程研究的回顾与展望 / 74
    幼儿综合教育十年研究的学术价值 / 81
    托儿综合教育课程研究 / 86
    幼儿综合教育第二个十年研究的回顾 / 96
    立足本园特点　建构园本课程——贯彻实施《幼儿
        园教育指导纲要(试行)》的建议 / 101
    学前教育课程发展行动研究法——一种适合国情的
        幼教研究方法 / 109

幼儿园综合教育持续发展的前景 / 115
幼儿教育理论与观念 / 119
　"童年早期工作理想与现实"的感受 / 119
　西方现代理论对农村学前综合教育课程设计的
　　启示 / 128
　陈鹤琴是我国幼儿教育科学研究的奠基人 / 134
　幼托园所文化建设的探索 / 139
　游戏和玩具对儿童心理发展的教育作用 / 145
　尊重孩子究竟意味着什么 / 149
　面向全体,把每个孩子教育好 / 152
　帮孩子过好入园关 / 156
　发挥幼儿的积极性、主动性、创造性与教师主导作用
　　的关系 / 174
　幼儿园教育中的人际互动——保教目标向幼儿发展
　　转化的关键 / 181
　人际互动真情 / 186
　调节情绪和情感教育——怎样帮助孩子学会控制情
　　绪 / 191
婴幼儿潜能开发 / 195
　顺应发展规律　进行早期教育 / 195
　婴幼儿潜能开发的有关问题 / 199
　早期学习与孩子脑的发育 / 202
　开发婴幼儿的潜能——婴幼一体综合教育的
　　基点 / 205
　婴幼儿教育的基本观念——我们迈向未来的
　　窗户 / 208
　亲子综合教育活动的设计 / 214
　亲子综合教育活动的目标——自主发展 / 217
　亲子综合教育活动的关键——亲子互动 / 226
　开展亲子综合教育——把目光投向社区早期教育 / 231

学前儿童语言发展与教育 / 235
    怎样搞好幼儿语言教学研究 / 235
    从心理语言学的角度看婴幼儿的语言教育 / 240
    语言的性质和作用 / 249
    试论口头语言向书面语言的转换 / 254
    学前儿童语言教育的基本观点 / 260
    故事的魅力 / 268
    谈谈幼儿园的"英语热" / 270
    再谈幼儿学英语 / 272
    幼儿英语教育活动的设计与组织 / 275

附录 / 281
    赵寄石——中国学前教育的学术引路人 / 281
    试论赵寄石学术思想的发展 / 285
    南师幼教回忆 / 290

学术年表 / 298

后记 / 300

总 序

我国学前教育理论与实践的研究,始于20世纪初期的南京高等师范学校(南京师范大学的前身)。从南京高等师范学校到南京师范大学,在将近一百年的时间中,经过几代学前教育学人绵延不断的探索、传承、弘扬和发展,成就与积累了极为丰硕的学术成果,形成了我国学前教育学术宝库中一份十分珍贵的财富。为了使后继者得以在前人已有成就的基础上继续前进,为学前教育学术发展搭建一个历史平台,南京师范大学学前教育专业与江苏教育出版社决定联手出版《学前教育家文库》。

早在20世纪20年代,时任南京高等师范学校教务主任的陶行知先生创建了教育科,并任首届主任,就在这里开始了近代中国学前教育的奠基工作。陈鹤琴先生在这里开始了儿童心理、家庭教育、幼稚教育的研究与教学工作,创办了我国第一个幼教实验中心——南京鼓楼幼稚园;陶行知和陈鹤琴的学生张宗麟先生首先自愿成为陈鹤琴研究幼教的合作伙伴,在鼓楼幼稚园进行了课程、设备、故事、读法等项研究,后又成为陶行知在南京郊区开辟农村幼教基地的得力助手,陈鹤琴也曾被晓庄乡村试验学校聘为幼稚师范院院长。他们的论著如:《儿童心理之研究》《家庭教育》《幼稚教育概论》《幼稚园的演变史》《幼稚教育论文集》(一、二两册)等书,在幼教界影响深远。他们是中国化、大众化、科学化幼教道路的开拓者和领路人。他们作为先行者的实践业绩和理论建树其影响一直延伸至今。

新中国建立后,经1952年院系调整,由南京大学、金陵大学、上海震旦大学、广东岭南大学等相关系科组合在南京师范大学建立了当时全国惟一的幼儿教育系,陈鹤琴先生被国务院任命为南京师范学院的首任院长。陈鹤琴在幼教系亲自教授儿童心理学、教育史等课程,还设置了儿童教育研究室和儿童教玩具研究室及玩具工厂,开创了教学、研究、生产三结合的体制,并建立了南师附属幼儿园——附属幼儿师范学校——幼儿教育系的三级完整的幼教体系。在陈鹤琴先生的带领下,南师幼教系的老师们还分别深入各种类型幼儿园进行各科教学、玩教具、游戏、设备、营养、混龄教育等项研究,与幼儿园建立了鱼水关系。陈鹤琴所倡导的热爱儿童、热爱幼教的奉献精神,中西融通、不断探索的创新精神,理论和实际紧密结合的务实精神,深深地影响着一代又一代的南师学前教育学人,这种奉献、创新、务实的精神已蔚然成风,逐步形成为南京师范大学幼教人的传统风格。

改革开放后,南京师大学前教育专业进入了历史性突破的新时期。20世纪70年代末,为促进全国幼教事业的复兴,南京师大学前教育专业肩负起筹备全国幼教研究会的重任,在南京召开了成立大会和第一届学术年会;80年代初,南京师范大学学前教育专业首批执行教育部和联合国儿童基金会幼教师资培养的合作项目;80年代末,承办了我国第一次幼教国际会议;90年代初,被国务院学位委员会批准设立了我国首个幼儿教育学科博士点;本世纪初,被教育部确定为首个国家级学前教育重点学科。南京师大学前教育专业已成为当代我国学前教育领域中的先导和中坚。

近三十年来,南京师大学前教育专业以不断拓展理论视野和深入幼教实践来提高队伍素质,完善课程建设为根本方针。在教学方面:努力加强学前教育学、儿童心理学、儿童教育哲学等基础理论课,逐步增设了学前教育史、学前教育研究方法、学前课程论、儿童游戏论等科目,将幼儿园各科教学法改造成学科教育学。20世纪80年代中期承担了多项全国高校"七五"规划教材编写项目,由人民教育出版社出版了《学前教育学》及《学前教育学参考资料》,《中国学前教育史》及《中国学前教育史资料选》《学前儿童发展与教育科学研究方法》《学前儿童语言教育》《学前儿童音乐教育》《学前儿童美术教育》《幼儿科学教育》《学前儿童数学教育》《儿童营养学》等教材,填补了高师学前教育专业课教材的空白。在硕士和博士学位点的建设方面,设有学前教育基本理论、学前教育课程论、学前审美教育、学前科学教育、学前语言教育、学前道德启蒙、幼儿社会性发展、学前健康教育等专业方向。在科学研究方面:20世纪80年代初,率先进行幼儿园综合教育的研究,由此拉开全国幼儿园课程改革的序幕;承担了全国教育科学"七五"规划重点项目"农村幼儿教育研究","八五"规划重点项目"学前儿童艺术综合教育"、"幼儿道德启蒙教育","九五"规划重点项目"我国幼儿园课程体系的研究"、"学前儿童审美教育"、"幼儿园师幼互动的研究"等。此外,本专业教师还在健康、语言、社会、科学、数学、音乐、美术、游戏等教育研究领域自主开展研究。所有研究不但为本学科的发展奠定了坚实的基础,也在全国产生了较好的影响。出版了《农村学前一年综合教育课程设计》《学前儿童艺术综合教育》《幼儿道德启蒙的理论与实践》《师幼互动行为研究》《幼儿审美教育学》《儿童教育新论》《儿童精神哲学》《幼儿园课程指导丛书》《幼儿园课程实施指导丛书》《幼儿园课程研究论文集萃》《托儿综合教育课程》等书。近年来,还重视与国内外同行的合作研究,多次举办国际、国内学术研讨会,在刊物上开展学术思想争鸣。总之,南京师范大学学前教育学人的研究覆盖了学前儿童的生理和心理、正常儿童与特殊儿童、托儿所与幼儿园、教学与游戏、分科教学与综合教学、城市与农村、正规与非正规保教形式,涉及到幼儿教育系统工程的方方面面。她们的研究成果不仅有利于自身教育质量的提高、师资队伍的专业成长,也促进了全国幼教界教育改革的步伐,为建设有中国特色的幼教事业作出了重要贡献。

这次出版的《学前教育家文库》共 11 卷,包括:陶行知、陈鹤琴、方观容、黄人颂、赵寄石、汪爱丽、卢乐珍、屠美如、王志明、张慧和、唐淑 11 位教授、专家的个人专卷。用以彰显他们的开拓创新和求真务实精神,供人们分享他们的丰硕成果,以期薪火传承,发扬光大!在这里我深深祝愿本文库的出版将促进我国学前教育学术更加繁荣、事业更加兴旺!

鲁 洁
2005 年 10 月

序

中国幼教先行者所走过的路

幼儿教育领域的辛勤跋涉者和引领者——赵寄石教授

人文家境　事业渐成

南京师范大学赵寄石教授是中国大陆幼儿教育界具有很高学术声望的幼儿教育专家。1921年,出生于南京一个牧师家庭,民主开放的家庭氛围,使她享受到了无忧无虑的童年,这也是她严以律己、宽以待人的为人风格和谦逊博爱的人格形成的重要条件。在教会学校接受教育后,她被保送进入苏州景海女子师范,毕业后,在附属小学和幼稚园工作。从婴儿院、幼稚园一直教到小学一、二、三年级。正是在这些年间,她与2～8岁的儿童及他们的家长建立了感情。这八年的经历,为她进入学前教育学术领域打下了良好的基础。

1948年,赵教授赴美留学,学习幼儿教育。1952年回国,任教于南京师范学院幼教系,先后从事幼儿园自然教学法和语言教学法的研究和教学工作。在这个阶段,通过对教育现实和社会现实的了解,尤其是通过与基层普通民众的接触,坚定了她教育为大众服务的思想,这也是指导她以后研究和工作的重要信念。

恢复幼教　引领建设

20世纪70年代,中国进入了一个新的历史阶段,百废待兴。赵寄石教授和唐淑教授负责恢复学前教育专业和带领同事们进行学科建设的工作,她们关注理论前沿、注重教育实践,使陈鹤琴先生倡导的学科建设原则得到了发扬和光大。

赵教授不断从理论上思考高等师范学校的学前教育专业建设,在培养目标、队伍建设和研究方向等方面提出了很多具有前瞻性的见解。在《重新思考学前教育专业》和《90年代高师学前专业面临的挑战》等文章中,赵教授提出了很多极具价值的观点。她指出:高师学前教育专业的改革,首先要关注学前教育的内涵的变革,如年龄的下延、服务范围的伸展等;将高师学前教育专业办成培训和科研一体化的机构;高师的服务和研究对象要扩展到从出生到入学前的儿童;要研究所有正规和非正规的学前教育机构的保育和教育。

赵教授特别关注教学和研究队伍的建设。在完善基本的学术团队的同时,倡导研究人员出国进修和深入实践,鼓励年轻教师留校任教后首先深入幼儿园进行实践锻炼。赵教授非常重视团队的讨论和研究,还注重跨学科的学习和交流。

锐意改革　探寻真知

赵教授勇于正视幼儿园教育尤其是幼儿园课程中出现的问题和弊端,并努力从理论和实践的层面上进行深入的探究。她在幼儿园实地研究的基础上,结合结构主义的理论和陈鹤琴等人的课程思想,提出了"综合教育"的思想,并在幼儿园中实践这种思想。"综合教育"的提出,在当时过于一统化的采用分科课程的背景下,是一种极大的震动。她拉开了我国声势浩大的幼儿园课程改革的序幕,对解放学术思想,促进教育观念更新,促进幼儿园课程的多样性和适宜性起到了重大作用,当然也对幼儿教育的成效起到了不可低估的影响。面对不同的声音,赵教授总是很平静地说:"我们是在为孩子做事,我们继续为孩子做事。"在"综合教育"研究的过程中,她经常深入到教师和儿童中,践行行动研究法。在不断总结的基础上,形成了幼儿园综合课程的基本结构、综合机制及实践策略。很多的研究者和实践者从中解读到了这样的理念:"中国的幼儿园课程不应该一统化,一切适合于幼儿发展的课程都值得去探究。"

在城市幼儿园综合课程研究的基础上,赵教授带领一批教师深入农村,开展农村幼儿园课程的研究,并主持了全国教育科学"七五"重点课题"农村学前一年综合教育"的研究。她深入农村,有时跟随孩子们来到村庄和田间,观察农村文化背景中的幼儿园活动,关注农村幼儿园的课程开发。从20世纪80年代末起,她经常出现在扬州邗江、南京江宁、常州武进、无锡锡山和宜兴、徐州睢宁等地。当时的交通还不发达,有些山路交通很不方便。赵教授不顾年事已高,和年轻的同事们一起,克服了各种困难,全力投入研究之中。20世纪90年代初,课题组出版了《农村学前一年综合教育课程》,发表了近20篇相关的论文。在国内产生了很大的影响,相关研究成果在1992年OMEP大阪会议上进行了交流。

在赵教授的带领下,20世纪90年代中期,南京师范大学的学前教育研究人员又开始了幼儿园领域课程的研究。该研究一方面试图整合过于分散的课程内容,将相关的学科整合为相应的领域,同时确保经验的系统性;另一方面,使重要的学习经验不至于遗漏,使幼儿教育真正促进幼儿的全面和谐发展。1996年,出版了中国大陆第一套按健康、语言、社会、科学及艺术五大领域划分的幼儿园课程方案,并在随后展开了更大范围的实践研究。最新出版的由赵教授和唐淑教授领衔主编的《幼儿园渗透式领域课程》是对领域课程的一种改进和完善。

在实践研究的同时,赵教授还系统地提升了幼儿园课程建设实践的经验。在幼儿教育的基本价值观念、幼儿与教师的关系、幼儿园教育的基本结构、幼儿园课程的综合体制、幼儿的智力发展与教育、幼儿语言发展与教育、幼儿园可持续发展等问题上进行了深入的理论研究,发表了很多的学术论文,在全国产生了很大的学术影响。

赵教授对幼儿教育的理论建设总有一种宏观洞察和高度把握的能力,先后提出用"结构主义心理学理论"、"生态学的观点"和"持续发展的观点"等理念来研究幼儿教育,并将这些观点运用到幼儿园课程的理论和实践中去。她在《为建立具有我国特色的幼教科学努力奋斗》、《我国幼教科研的发展与展望》、《为建立具有我国特色的学前教育理论体系而努力奋斗》等相关的文章中,明确地提出了她对于幼儿教育研究的见解。如,她在20世纪80年代末提出,学前教育的理论研究可以从两个方面进行:一是对原有体系中的概念、变量、陈述、格式等理论基本要素重新进行考察,加以确定、调整、更新、充实;同时,对原有体系的基础理论,即教育哲学、心理学、社会学等领域中的最新发展加以探讨并吸收,从而构建基本理论的框架。二是20世纪80年代借鉴吸收国外新的理论观点,直接用于指导幼教实践。对这些实践研究的过程和成果进行概括,探讨其中的规律,就能建立起技术理论的框架。赵寄石教授的这种理论建设思想,一直是指导南京师范大学学前教育研究的重要思想。

广泛沟通　积极借鉴

在关注本国学前教育研究的同时,赵寄石教授非常重视开展国际交流。从20世纪80年代起,她广泛接触国外幼儿教育专家。1982年,联合国儿童基金会同中国建立幼教合作项目,南京师范大学被教育部确定为首期惟一与儿童基金会合作的单位。赵教授积极推进各项工作,在实施及成果推广等方面做了大量的工作,她非常关注资料的翻译工作,积极培养年轻教师和学生对外交流与合作的基本能力。南京师范大学的工作受到基金会的高度评价,也为其与中国进一步的合作打下了良好的基础。

赵教授多次赴国外考察及参加国际幼教学术会议,为中国幼教界参与国际间的交流与合作做出了重要贡献。80年代初,赵教授访问了墨西哥、美国及英国,回国后,她一方面介绍国外的先进实践,同时,她也比较分析了我们自己的优势和存在的问题,并在借鉴的基础上探讨了解决这些问题的途径。在她起草的国外考察报告中,都有思考和启示的部分,孕育了她关于学前教育改革和建设的基本思想。她为本科生开设"外国幼儿教育"这门课程,编写了讲义及外国幼儿教育文稿,并积极扶持国内的年轻学者编写相关教材。赵教授的"外国幼儿教育"课,资料翔实,"说"与"思"并重,任何理论观念最后都落实到我们的教育现实之中。

扩展领域　辛勤拓荒

在当代中国幼儿教育界,赵教授德高望重。她从事幼教工作半个多世纪,把全部的生命与幼教事业紧紧地联系在一起。近10年,她引导年轻的研究人员关注比较教育,教师教育,并努力为年轻教师的申请科研项目提供帮助和服务。她特别关注托儿教育,经常深入托儿所关注一岁半至三岁孩子的活动。她和托儿班的老师一起研究托儿的发展特点和学习特点,研究托儿课程的组织和实施,她们的研究成果——《托儿综合教育课程》已于20世纪90年代出版,并在进行实验研究。赵教授高度关注家庭教育,她对家庭教育的研究,理性中透着浓厚的情意,循循善诱又言之成理。她认为,在学龄前这个关键阶段,成人的不同态度会给孩子以不同的导向,产生不同的结果。若能在幼儿阶段因势利导,支持鼓励,放手培养,就会逐渐形成孩子的独立性;若事事包办代替,孩子自感无能,必然导致依赖性。从小养成独立性,一辈子受益,依赖成性,非但难改,而且贻害无穷。她特别强调要珍惜幼儿的自主性,要让幼儿拥有快乐的童年。她的《育儿之道》及《家庭教育小议》等家庭教育手册,深受家长和研究者的欢迎。赵教授在研究幼儿语言教育的基础上,还进行了幼儿英语教育的研究,并受到了很多实践工作者和研究者的关注。

当我们看到80多岁的赵教授走进幼儿园、托儿所,当我们看到她在一群蹒跚起步的孩子中间,不时地与孩子们交谈,不时地倾听和观察,我们无不为这个场景感动!我们可以确定,这就是这位老人最重要的生活。是这个老幼亲和的世界,不断地激发着赵教授的思想和智慧,让她向着一个又一个专业领域前行。

博爱谦逊　扶持后学

赵教授的博爱与谦逊感染了很多人的心灵。她总是为他人着想,谦恭宽容,远离功名。她总是耐心地倾听别人的意见,肯定别人积极的方面。从大学的同事到幼儿园孩子的父母,从城市的幼儿教师到边远山村的代课教师,都感受到了她的博大的胸怀和博爱的品格,都能在与她的交往中感受到一种关爱、尊重和激励。有时候一些农村甚至边远山村的幼儿教师突然造访,赵教授总是热情接待,耐心倾听,积极鼓励,有时还给予生活上的帮助。全国各地的幼儿教师只要给赵教授写过信,不管她(他)身处何地,总是能收到赵教授的回信。

我们这些在赵教授身边工作的每一个人,都得到过她真切的关心和帮助。赵教授关心身边的每一个人,在她眼里,任何人都在发挥着独特的作用,所以她对大家没有远近亲疏,对任何人都一视同仁,都给予热情的帮助和关心。20 世纪 90 年代初,赵教授领导的农村幼儿教育研究课题组的报告被幼儿教育国际大会接受,作为第一作者,赵教授放弃了参加会议的机会,把机会让给年轻教师,并帮助年轻教师准备发言提纲,修改英文稿。有些教师身体不是很好,赵教授总是利用外出的机会,为他们寻找相关的资料、保健品。这类事,在赵教授的生活中是经常发生的。国内其他的师范院校也有很多教师得到了赵教授的帮助和关心。每次有赈灾救助的活动,我们都能感受到赵教授的善心、爱心。赵教授的为人感染和激励了很多人,她的品格和学术思想将会指导和激励更多的人为幼儿教育事业的辉煌而不断奋发努力!

唐淑　虞永平
南京师范大学教育科学学院
2006 年 3 月

作者的话

我与幼儿教育

——一切欣喜、灵感来源于幼儿

2003年是我国幼儿教育的百年大庆。在这一个世纪的岁月中,我有幸走过82年的人生道路,更有缘度过62年的幼教生涯。回首往事,历历在目,不知从何说起,有一点是清晰的:我的人生道路是顺利的,幸福的;我的幼教生涯是丰富的,始终充满着欢乐和希望!感谢时代给予的各种机会并赋予的历史使命,我有责任把自己的经历和感受写出来与大家分享,并献给为我的成长付出了心血、厚爱、教导的亲人和老师,献给几十年来给予我支持和力量的孩子们以及他们的老师和家长!从事幼儿教育,一切欣喜和灵感都来源于幼儿!

1936年初中毕业后我进入苏州景海女师就读幼师科。1937年抗日战争爆发,在江浙村镇辗转避难几个月后于1938年春到达上海继续上学,当时景海借中西女中校舍开学。1940年春毕业,正逢景海附小附幼在苏州原址复校,我被派往任教。八年间从小学一、二、三年级到幼稚园(四岁、五岁)、婴儿院(二岁、三岁)都教到。虽因战乱教学环境变化频繁,但我从未离开过孩子,并开始在我的心灵里播下喜爱孩子的种子。至今我仍感到那八年与2~8岁孩子们的交往，结下的情谊成为60多年幼教生涯的重要起步，也是必要的情感基础。

1948年在景海女师校长江贵云老师的安排下我到美国留学。先在南部与墨西哥交界处的埃尔帕索(El Paso)上大学(Texas Western College)，三年完成四年课程获教育学士。然后到北部与加拿大交界处的汽车城底特律，在一个小型的幼教学院(Merrill Parlmer School)进修托儿教育研究生课程。前两年修大学基础课很少与儿童接触，后两年打工、实习期间接触到了美国不同民族、不同阶层的儿童。在南部的第三年住到基督教办的为墨西哥人服务的"儿童、家庭保健、教育中心"打工，接触到了非白种人的贫困儿童，虽因不会说西班牙语而交谈不畅，但在带孩子活动的过程中与同事、家长建立了感情；到北部后在一个设在地下室的黑人托儿中心实习一个月，整天与那些朴实而热情的保教人员在一起，虽然语言交流甚少，但他们对自己，尤其是本族幼年一代，在一个发达社会中的处境所产生的那种深沉感情给我留下了深刻的印象。这为我在20世纪80年代领会联合国儿童基金会的宗旨是有帮助的。

1950年在一所小学的幼儿班(学前一年、半日制)实习，与美国普通家庭的孩子们有了交往，我在国内教幼儿的一些经验在这里发挥了作用，因为大学课程中的实践部分是通过实习学的。这个班只有一位教师，并兼任图书管理员，下午向全校开放，很多学生是从她的幼儿班升上去的。两个月的实习与孩子们和老师建立了感情，使我对美国普通学校的幼儿班的保教日程和具体活动有所了解。1999年访问美国东部小学的幼儿班时没有看到太多的变化，可见美国幼教体制比较稳定。近年来有将半日制推向全日制的趋势，但因家长的意见不统一，具体实施各地各校不同。

1951年进MP学校修研究生课程，对实验托幼中心有所了解，中心主任就是实践课的任课教师。托儿教育、婴幼心理、婴幼保健、幼教行政等科目都要求学生进入儿童的生活，包括与孩子同进餐记录食物摄入量，参加家庭生日会记录孩子情绪表现等，并递交观察记录作为成绩考核，同时也成为任课教师的研究素材。不仅要求学生研究实验中心的孩子，还安排到市内多种托幼机构去观察调查，因此有机会接触各社会阶层的孩子和家长，虽不深入，但开始产生幼教应面向不同种族民族、不同社会经济层次的意识。

1952年回国分配到南京师范学院，进入一种新的社会制度和教育教学体系。然而有一点没有变：仍有机会接触幼儿。当时的院长陈鹤琴先生、幼教系主任钱且华女士，还有几位留美归来的教师都有联系实际研究儿童的经验。加上苏联幼教师资培养计划的四年中都为学生安排到幼儿园见习实习，并且对写观察记录、实习笔记以及小结、总结交流等都有严格要求。当时的两个附属幼儿园（五台山、大石桥）由幼教系的两位副教授分别任园长，所有任课教师都要参加指导见习实习。这样，我也有机会观察、了解幼儿，在指导学生的过程中联系实际的能力逐渐提高，也结识了一批有经验、有修养的幼儿园教师，其中有的到20世纪80年代成了探索幼教改革的合作伙伴。由幼儿为纽带结下的情谊是长存的，

20多年来对此体会越来越深。

20世纪50年代后期开始有机会参加到农村办幼儿园，接触到农村儿童和他们的家长，了解到他们的生活。虽然由于多种原因，我们为他们做的事未必能留下长期效应，但与这些淳朴的农民交往和相处对我这样出身的知识分子在思想感情上留下的印象是长远的，对于促使我在20世纪80年代后期带队到农村探索幼教改革产生了一定影响。

70年代后期南师学前专业的同志们开始走向农村送教上门，培训幼儿园教师发展农村幼教。这是得益于"文革"期间南师教职工队伍未曾解散而是集体到校农场劳动，因而能比较迅速地走出这重要的一步。当时我因胆囊炎反复发作而还在病休中，见此情景非常焦急，问医生我是否还有可能恢复健康继续工作。医生回答：完全可能，更年期影响过去了还会焕发青春。果然，到1979年学前专业筹备招生时我就可以参加了。当时我已58岁，幸运地赶上了改革开放的大好形势，迎来了我国幼教发展的春天，也享受到自我发展的青春。迄今二十多年来的体会是：人不管到了什么年龄只要有机会有挑战就能发展。我深深地感谢时代给予我的机遇，更真诚地感谢所有赋予我力量去迎接挑战的领导和同事，尤其是幼儿园的孩子们和教师们，他们是我国幼教改革的重要支持者！

在与幼儿打了近40年的交道之后，我才开始认真思考怎样为他们的身心发展服务，而这种意识还是由幼儿园的老师们唤起的。20多年来的幼教改革给予我的最深感受是：每走出一步都是先由老师们呼吁，然后由孩子们反应。老师们觉察到了孩子们的发展需要而提出问题,我们作为幼教理论工作者与他们合作探索解决的办法,而孩子们身心各方面发展的表现成为我们共同判断可行性的依据。那些从国内外其他领域引进的理论、观点也都首先和他们一起在实践中消化、吸收、提炼。幼儿园教师,包括教师出身的园长和深入实践的园长,是我国幼教改革的主力,是他们孜孜不倦的实践启迪了孩子们的智慧和潜能,使我们不断地品尝到来源于孩子们的欣喜和灵感。这是我国幼教队伍的独特性,在幼教改革进程中涌现的各有特色的幼教实践专家的研究成果是我国幼教改革中积聚的宝贵财富,值得我们大家一起认真总结、思考、提升,从而形成我国社会主义的幼儿教育理论和实践体系。

1979年在着手恢复正常教学秩序迎接幼教发展新阶段的重要时刻,幼儿园教师率先发出了"给孩子们学什么"的呼声,而幼教专业也面临"给大学生学什么"的问题。由此,大学教师和幼儿园教师首次以平等伙伴的身份联手揭开"封冻"多年的"幸存"的幼儿园教材,包括积满灰尘的文字资料和深埋脑海的记忆资料,我们以合作伙伴的身份深入实践带领孩子们共同检验,编写出一套《幼儿园各科教材教法》,适应教学需要,也吹起了幼儿园课程改革的前奏。

1983年又是幼儿园教师面对各科教材教法研究成果的实践检验,发出了"能否把各科结合起来教给孩子,减轻学习负担"的呼声。"幼儿园综合教育结构"的探索就在回应这样的呼吁中起步了。我们在1983年入园的小班教室里坐了三个月(每周1～2个半天)才开始想出第一个综合教育主题

"我爱我的家"。在春季学期试行,孩子们反应热烈,教师边实践边设计,开展了八个星期还觉得余兴未尽。我们受到孩子们带来的惊喜所鼓舞,继续向前。孩子们进入大班,教师针对他们思维活跃经常发问的特点,设了"小问号"主题,在一周内带领孩子们从二百几十个问题中归纳出"可爱的动物"、"有趣的植物"、"神秘的天空"三个主题,边设计边实践,激发了孩子们和教师的积极性、主动性、创造性,那是完全超出我们意料的。幼儿园综合教育研究开始迈出坚定的步伐。

幼儿园课程改革迈出综合教育探索这一步,另一个动力来自执行联合国儿童基金会的项目。1982年秋我们首次以中国学前教育考察组的名义走出国门接触世界幼教,以后又多次出国访问参加国际幼教会议,在了解当时世界幼教发展趋势的同时看到了我国幼教发展的差距及潜在的优势,激发起努力追赶国际先进水平的决心。近20年来沉淀脑海的印象还是各地的孩子们和他们的老师。到墨西哥城参观的是联邦政府拨款设立的学前一年课程计划,从首都到边远山区,见到的孩子不多,因正是国庆假期,但教师们都以歌舞热情接待,山区的年轻教师还要求我们留下来和她们一起办幼儿班,很感人。在美国 High Scope 听了关于 Head Start(开端教育)1965年以来的研究报告,并在实验幼儿班、小学里见到残疾儿童和正常儿童同等入学。在加州的一个托儿所看到一位保育员同时帮助四五个一岁多的孩子学习自己吃饭。她还特意给我们看一大抽屉的米,说:给孩子们玩,他们很喜欢,你们国家有很多! 这就是托儿综合教育课程中"玩米"游戏的由来。到英国参观了"游戏小组",听了有关介绍,还参观了残疾儿童托幼机构以及为贫困的单亲儿童开设的托儿中心。那些机构对保教人员的要求很高,尤其是爱心和奉献精神,还招聘心理学研究生当"替代爸爸"。在澳大利亚参观了土著民族中第一位女大学生为本族孩子设置的保教方案,条件艰苦,精神感人。这些印象和信息成为我们八九十年代思考和探索幼教课程改革的精神营养。

1985年学前班在江苏农村兴起,在省幼教领导建议下我们组织毕业班学生下乡调查了解需求,并抓住机会申报"农村幼教研究"课题,在儿基会项目资助下开展了为期四年的农村学前一年综合教育课程的探索。又一次获得了孩子们和老师们的热情反应和令人惊喜的效果。使我们第一次体会到农村幼教与城市的差距并不在老师和孩子的水平,只要得到相应的帮助和支持同样能出现良好的发展。从城市走向农村路程虽不远,在指导思想上却是由面向少数幼儿转为面向大多数幼儿,观念上的跨越得益于儿童基金会的服务宗旨。

1993年夏,在送走最后一位硕士生后我开始筹划如何实现当年出国求学的目标,也是珍藏40多年的心愿。8月在区幼教领导的陪同下走进附近一所街道幼儿园,陈述研究托班教育的愿望,得到园长的热情响应。历时近10年的"托儿综合教育课程"研究课题就在9月开学前启动了。由于前10年对综合教育结构探讨的经验,这次进入角色要快得多。在设定"让孩子们过上愉快的集体生活"为课程目标后,将0~3岁婴幼儿身心发展规律纳入设计依据,着重把丰富多彩的生活、游戏内容与培养合理、明确的常规密切结合,让孩子们在有序的环境中享受快乐。园长亲自主持课题研究，带领教师边设计边实施，孩子们的反应也非常好，他们整天忙个不停，玩过这个玩那个，从室内玩到户外，没有空闲"想妈妈"，个个玩得很"开心"。在观察、思考课程效果时我们看到了2～3岁孩子的发展潜能，也看到了集体保教的优势，尤其是独生子女在集体中成长的发展需要，也正是我国幼教的特色之一。

1994年冬，应深圳一所私办园的邀请，开始参与探索幼儿园双语教育，从建立幼儿英语整合课程着手。我们试用婴幼儿习得母语的规律，着重创设语境，以儿歌、歌曲、游戏、体态、动作等引起兴趣，激发自主参与的意愿。又一次得到孩子们的积极反应和支持，有的孩子虽然不开口，但能随音乐以身体、动作、表情参与集体活动，给我们带来欣慰，也启发了教师们的实践创造性。不仅受到家长、社会的认可，还培养起一支英教幼教化、幼教英教化的师资队伍。1996年进入双语教育的第二阶段，引进美国专家研究多年的"叙事性整合课程"，由母语扩展为双语。在美中专家一周的示范活动中，孩子们和教师积极投入，热情反应，促使课程设计向前发展。这一次进展难度很大，挑选汉英两种语言能同时运用的、适合孩子们用多种语言表现的、可扩展的并吸收多领域内容而形成整体课程的文学作品，是课程设计的难点又是核心。通过园长、教师带领孩子们艰苦奋斗，反复实践，努力思考，认真琢磨，于2002年夏完成了整套教材的编写工作。在这6年间办园和课程规模也由一个园发展到七个园，形成了教育集团，正在向更大范围扩展，使更多的孩子受益。

近年来我们着重运用人类发展生态学和多元智能的理论观点对教育怎样促进婴幼儿发展方面开展实践研究。一方面，把集体保教向2岁以下延伸，探索在幼儿园组织的周末亲子活动中怎样使孩子和家长同时受益，从而提高家长科学育儿的素质。另一方面，运用人类发展生态学中微观系统三要素——活动、人际结构、角色，结合多元智能的观点，探索在集体保教活动中怎样通过人际互动来促进孩子的身心发展。针对我国集体保教机构里教师们面对的孩子人数特别多的情况，我们把师—幼互动扩展为人际互动，尤其是发挥孩子之间的互动作用，从而研究怎样发挥生态系统中各不同层次系统的人力物力资源形成综合的教育影响。由此把综合教育由保教机构的课程建设推向建构幼儿园教育生态系统，再推向建立社区婴幼保教系统。

几十年来，幼教领域里的师生互动以及广泛的人际互动给我带来了无限的欣喜和灵感，这种互动还在发展着，我愿以有生之年持续地与孩子们互动，享受他们给予的欣喜和灵感！

赵寄石

学前教育学科建设

建设具有中国特色的幼儿教育

一、见闻与启示

去年九、十月间,我参加了南京师范学院学前教育考察组,到墨西哥、美国和英国去访问。这次访问使我开阔了眼界,增长了知识。我感受较深的是:我体会到了我国社会制度的优越性,看到了我国幼儿教育发展的潜力,从而增强了信心,愿进一步为发展我国幼儿教育事业,更好地培育我国幼年一代健康成长而努力。

先谈谈三个国家的幼儿教育的情况和特点。

墨西哥是一个近年来在发展中国家中幼儿教育发展比较快的国家。由于妇女就业率不高,教育部门办幼儿园着重是为中下层家庭的幼儿提供1～2年学前教育,为6岁进入小学作准备。全国入园幼儿约200万,其中5岁幼儿约150万,占该年龄幼儿总数的68%;4岁幼儿约50万,占该年龄总数的25%。

墨西哥的幼儿教育由联邦政府统一领导。公共教育部的基础教育司下面设学前教育处,联邦政府驻各州的教育总署设学前教育办公室,各区配备协调员、检查员等,对幼儿园进行行政和业务领导。1981年,联邦政府颁发了统一的幼儿教育纲要,在直属联邦政府领导的幼儿园里贯彻执行。联邦政府正在资助建立一批样板幼儿园,以促进幼儿教育的发展。

除直属联邦政府的幼儿园外,墨西哥还有州属幼儿园,少数为富裕家庭子女办的私立幼儿园和为劳动妇女服务的日托机构。

全国有幼儿教师55 000人,助理幼儿教师3 000人。幼儿教师由四年制中等师范学校的幼师专业培养。助理幼儿教师只经过一年专业培训,一般担任农村幼儿园教师。助理幼儿教师通过在职进修,学完中等师范幼师专业的课程,取得中师毕业证书就可成为幼儿教师。

美国和英国都是工业发达的国家,在幼教设施、师资培养、科学研究等方面有不少相似之处,但也各有一些特点。

美国的公立幼儿园附设在小学里,免费招收5岁幼儿,半日制,主要是学前教育,以促进幼儿各方面发展为目的,为6岁入小学作准备。

20世纪60年代中期以来,美国联邦政府拨款开展了一项"幼教占先方案"(Project Head Start,意思是占据优先地位的幼儿教育方案,开创于1965年),针对低收入家庭子女的特殊需要,设计专门的教育计划,招收3~5岁幼儿,目的是使贫困家庭儿童经过1~2年学前补偿教育,进入小学时能达到较高的起步,缩短与中上层家庭儿童之间的差距。

20世纪70年代以来,美国试行在各种类型的幼托机构中招收身体或智力发展有缺陷的幼儿,改变过去把有缺陷的儿童与正常儿童隔离的措施。他们认为这样做可以消除有缺陷儿童的孤独感和自卑心理,同时还可以培养正常儿童对他们的关心和爱护。

美国上述两项措施对其他国家幼教发展的趋势产生了较大的影响。

此外,美国还有为招收就业妇女的子女办的整日制日托机构以及"保育学校"、"蒙台梭利学校"等私立幼托机构。

英国学制规定儿童5岁进入小学。为5岁以下的幼儿服务的多种设施可以归纳为教育和照料两种类型。"保育学校"或小学附设的"保育班"是专门进行学前教育的,由教育部门领导,实行免费、半日制教学。据统计,有25%的3岁幼儿和50%的4岁幼儿受过这种学前教育。"日托中心"是为就业妇女照料幼儿的,招收0~4岁的幼儿,由社会服务部门领导。20世纪70年代以来,英国开展了把教育和照料两种任务结合起来建立"结合中心"的实验,正在逐步推广。

"学前游戏小组"是英国幼儿教育中特别活跃的一项工作。最初它是为弥补保育学校的不足，于60年代由母亲们自愿组织起来的，后来逐渐成为母亲们参加义务工作和学习育儿方法的场所，现在已经遍及全国各地并且得到政府的承认和资助。

美、英两国幼托机构的师资水平相仿。美国的幼儿园和英国的"保育学校"都是公立的，要求幼儿教师是四年制高等院校儿童发展或学前教育专业的毕业生。其他机构的保教人员一般需要经过五年的专业训练或在职培养。这两个国家都很重视在职进修，采取各种措施提高师资水平，以期保证教育质量。

美国幼儿教育的另一个特点是：幼教科研人员不空谈理论，非常注重运用有关学科的理论来指导幼教实践，探索解决实际问题的答案。各种学术团体、科研机构通过科研成果的宣传，对实际工作产生很大影响。例如：美国幼儿教育协会的刊物《幼年儿童》深受广大幼教工作者的欢迎。该协会还每年编写出版各种小册子，供实际工作者参考。美国的资料情报工作做得特别好，如，伊利诺伊州州立大学的资料情报中心，把幼儿教育方面的资料制成缩微胶片供应全国，还把有关的科研文章摘要输入加利福尼亚州的电子计算中心，供全国各地有关人员索取和使用。

访问三国后所得到的总体印象是：他们都很重视幼儿教育，采取相应的措施发展幼儿教育，并且把幼儿教育放在社会诸因素的复杂关系中考察，发挥各种社会力量来办幼教事业。

二、思考与探索

接触了外国的社会情况和幼教工作以后，促使我们思考我们国家的相应方面，进而作出新的评价；同时也启发我们进一步思考和探索我们的幼教工作中存在的一些问题。

出国时，我心里带着一种我国幼教落后的自卑感，50天后却怀着自豪和信心归来。我相信，只要我们进一步发扬我国幼儿教育的优势，激发我国幼教发展的潜力，就有可能使我国幼教事业加速发展，提高质量，赶上世界先进水平。我们对自己国家幼教的好传统，要保持并发扬它；别国幼教经验中有益的部分，我们就吸收进来为我所用；我们需要而别国也没有的,我们就要下功夫创造出适合我国国情的新经验。这样就能走出自己的路,建立起具有中国特色的幼儿教育。

那么,我国幼教的优势和潜力在什么地方呢?

(1) 我国的幼儿教育几十年来肩负着为革命战争、国家建设服务和向幼儿进行全面发展教育的双重任务。为了完成这双重任务,我们的托幼机构历来贯彻"保教并重"或"教养结合"的方针。在英国,"结合中心"只是近十多年来新的发展趋势,而在墨西哥幼儿教育不提"为就业妇女照料幼儿"的任务。目前,随着我国社会发展出现的新情况,正在向幼儿教育提出新的任务和要求,如帮助年轻父母学习育儿方法等。幼儿教育为社会服务的范围将日益扩大,在现代化建设中必将发挥越来越大的作用。

(2) 我国从中央、省、市、县到城市街道、农村社队,已经建立起一整套幼儿教育领导机构和辅导网。为了提高幼儿教育的质量,各级示范幼儿园、中心幼儿园正在发挥作用。为了加速师资培养,多种形式的培训机构和制度已经建立。对照墨西哥,我们不仅也有统一的领导体制,而且教育内容更为丰富。只要我们进一步充实各级幼教干部和师资队伍,重视对他们的专业培训,领导机构和辅导力量的作用能得到充分发挥,就一定能加快提高我国幼儿教育的质量。

(3) 在美、英两国访问时,我看到他们为婴幼儿供应的食品、服装、玩具、用品、设备等,物质条件是比较好的,我们很羡慕;看到他们组织多种学科专家与电视、广播机构协作研究儿童节目,我们也很赞赏。可是,当我向他们提到我国近年已成立了全国少年儿童协调委员会,由妇联牵头把政府各有关部门和各群众团体联合起来为少年儿童的健康发展共同办事,我得到的反应是:"这样的委员会只有在你们国家、在社会主义中国才有可能成立,在我们国家是办不到的。"这使我们深切地感觉到优越的社会制度确实是我国幼儿教育发展的根本保证。

(4) 我国有一支品德优良、思想进步的幼教师资和干部队伍,这里蕴藏着巨大的发展潜力。他们不仅热爱幼儿、热爱本职工作(这与国外同行有共同之处),而且在关心国家前途、人民利益方面,他们具有比较高的思想境界。一位墨西哥同行特别向我提到:她很为自己国家的前途担忧,而赞赏中国人民思想觉悟高。我国广大幼教工作者的工作条件与西方相比,艰苦得多,然而他们热爱事业、刻苦耐劳、积极钻研、富有创造精神等可贵品质,正是我国幼儿教育发展的潜力之一。与西方相比,我们遇到的是前进中的困难,任务虽然艰巨,但前途却是无限美好的。

下面就我国当前幼教工作中存在的问题,谈谈个人的看法。

(1) 关于建立我国幼儿教育理论体系。美、英两国的培训幼教师资和科研机构,在教学中对各种幼教理论兼收并蓄,尽量向各种学派学习;在研究实际问题时,也从各派理论中吸取有益因素进行探讨。

我国的幼儿教育是社会主义性质的,我们应该有自己的理论体系。近年来,我们正在全国范围内总结建国30多年来的幼教经验,其目的就是在探索如何做到以我为主,兼收并蓄,即以老解放区的优良传统和建国以来的实践经验为基础,借鉴别国的有益经验,通过反复实践,建立起具有我国特色的幼儿教育理论体系。我认为,对于各种与幼儿教育有关的理论,无论是本国的还是外国的、历史的还是当代的,我们都要认真学习,弄通精神,不迷信,也不轻易排斥。我相信,坚持实践,反复实践,通过实践,来总结和检验我国自己的经验,同时消化和吸收历史的和外国的有益内容,进一步深入思考,探索规律,中国幼儿教育理论体系是一定可以建立起来的。

(2) 关于尊重孩子。参观三国的托幼机构,印象特别深的一点是,保教人员都很尊重孩子,对孩子平等看待。保教人员对孩子很有礼貌,从不随便干扰孩子的活动,从不高声呼唤孩子,有话要说总是走到孩子面前轻声地用商量的口吻提出来,更不拉扯孩子,必要时还满含感情地把孩子抱起来。他们非常注意保护孩子的情感。他们对待个别身体上、智力上有缺陷的以及由于家庭问题而情感上受到伤害的孩子,态度更是耐心、和蔼。

我国一贯强调热爱儿童,我觉得"爱"与"尊重"既一致又不一致。只从成人的角度"爱"孩子,而不从孩子的角度来谅解他,尊重他,对孩子的成长是不利的。我们需要树立一种发展的观点,把每一个孩子看做一个发展中的人,既重视孩子幼儿期的一般特点,又爱护每个孩子的个别特点。这样,就有可能激发每个孩子的潜力,使他成长为对社会有用的人材。

(3) 关于幼儿园里集体教学与个别活动的关系。在美国,当我们与一位幼儿教育教授交谈时,谈到幼儿园里集体教学与个别活动的关系问题。她说:"怎样处理好集体教学与个别活动的关系,是一个值得研究的问题,我们和你们是处在两个极端。"我觉得,在幼儿园里集体教学与个别活动是可以互相补充、互相促进而不是对立的。集体教学太多,或个别活动太多,都不利于达到教育目的,不利于幼儿的健康发展。我认为,集体教学按规定时间和形式,实施统一教学内容,要求所有幼儿参加,这可以保证教育教学计划的贯彻,但是还不能保证教育任务落实到每个孩子身上。因为各个孩子的发展基础、发展速度及已经达到的发展水平有差异,需要针对每个幼儿的特点开展个别活动,才能取得良好效果。

我省在幼儿教育方面有自己的潜力和优势,有待我们大家共同来挖掘和发扬。

原名《出国考察报告》,发表于《幼儿教育》(江苏),1983 年第 2、3 期

从世界幼教发展趋势看我国幼儿教育的改革

幼儿教育是面向未来的事业。从目标看,它是为提高全民族素质"奠基"的事业;从现实看,幼儿成材经历的时间长,对其预测更为困难,因而这项奠基工作更加艰巨。幼儿教育是世界性的事业,儿童年龄越小,发展规律的普遍性越多,教育规律的共同性也越多,因而各国之间互相借鉴的因素也多。

一、世界幼教发展趋势

要了解当前世界幼教发展趋势,需要追溯到20世纪40年代后期。在第二次世界大战期间,许多国家儿童的生命安全和身心健康遭受了严重的威胁。战后,人们十分关注年轻一代的健康成长问题。联合国救济委员会利用战时救济工作的剩余经费建立了一个为儿童谋福利的基金,优先资助受侵略国家的儿童,着重提供食物、衣服、药品等生活必需品,以满足儿童健康方面的需要。资助范围从欧洲逐渐扩大到亚、非、拉美各洲;资助内容从直接提供物质发展到提供技术和咨询服务,从而促进各国依靠本国力量发展儿童福利事业。与此同时,在欧洲的几位幼教专家的倡议下,成立了世界幼儿教育组织,其宗旨是促进各国幼教事业的发展和对幼儿的研究,使儿童享有幸福的童年和家庭生活,从而对世界和平作出贡献。该组织召开的世界会议先后对幼儿的基本需要,学前教育机构的任务,学前教育工作者的培养,儿童的第一需要——游戏,儿童的权利等问题进行了研讨。在这两个世界性组织的影响下,幼儿教育从为某些国家某些阶层儿童所享有逐渐发展到为广大幼儿服务。但是,这一时期的幼儿教育还属于福利事业,旨在满足儿童的基本生活需要。

20世纪50年代后期,世界上发生的对幼儿教育的发展有重要影响的两件大事:其一是1957年苏联发射世界上第一颗人造地球卫星,轰动了整个世界,资本主义各国开始加强对科学技术和科学教育的重视,对幼儿进行知识教育和科学教育问题重新引起了人们的注意;其二是1959年联合国第14届全体会议通过发布《儿童权利宣言》,阐明了发展和普及幼儿教育的重要性和必要性,并提出要使所有儿童能在道义上和物质上有保障的条件下成长,要爱儿童,了解儿童,使他们的性格得到全面、和谐的发展,等等。

20世纪60年代,发达国家意识到要培养出高级科技人才,就必须重视提高人的文化技术素质,尤其要重视幼儿教育。他们试图运用幼儿教育来缩小教育机会的不均等,给家庭经济条件差、家长文化水平低的儿童(称为社会条件"不利"儿童)以较好的"生活起步",使他们入学以后不会过分地落后于中产阶层的儿童。美国于1965年开展一个"幼教占先"(或译"开端教育")项目,为"不利"儿童提供一年学前教育。项目内容包括四个部分:① 教育。组织有利于促进幼儿智力、社交、情感发展的各种学习经验和游戏。② 健康。对幼儿进行内科、牙科的检查和治疗,提供合理的营养,重视心理卫生。③ 家长参与。要家长通过参加学前班的保教工作提高家庭教育的知识、技能。④ 社会服务。联系其他社会服务机构帮助家长解决困难问题。20年来,这个项目还建立了一套相应的保教人员培训制度,并且通过追踪研究取得数据证实了这种方式的教育效益。这些年来,这个项目不仅在国内得到普遍发展,而且在其他发达国家甚至发展中国家也产生了广泛的影响。英国在第二次世界大战结束后,因迫切需要人才而重点投资于高等教育,然而很快就意识到这不是解决问题的根本办法,从而转向重视幼儿教育,把工人居住地区列为发展基础教育的优先区,加强对幼教和小学教育的投资和引导。60年代中期,英国的一些母亲自发地成立了游戏小组,这不仅为幼儿提供了共同游戏的机会,而且为母亲们提供了交流保教经验的场所。这种组织采取专职人员、半专职人员和普通母亲相结合,专职人员、半专职人员和义务人员相结合的方式,方法灵活多样,并且成立了全国性游戏小组协会进行领导,深受广大母亲和幼儿的欢迎。近年来,英国政府对游戏小组给予一定的资助鼓励。这一时期的世界幼儿教育在发达国家是趋向普及、面向"不利"儿童,从而对发展中国家的幼儿教育产生了促进作用。

六七十年代,世界上社会发展和科研发展的某些方面对幼儿教育的发展产生了影响:① 妇女对自己的社会地位和作用的看法起了变化,妇女走出家庭参加社会生产不仅仅是为了增加经济收入,也是为了自身发展以及为整个社会的发展作贡献。因而年幼儿童的母亲中就业人数增加,对幼托机构的需求也提高了。② 社会学的观点及科研成果被引进幼教领域,使人们看到在现代化条件下,要满足幼儿社交和智力等各方面发展的需要,仅仅依靠家庭是不能解决的,因而对集体教养的需求增加了。③ 心理学和生理学方面的科研成果激励幼儿教育的发展,如对婴儿期心理发展的新认识、早期刺激对脑结构和化学变化的影响,皮亚杰关于儿童思维过程及其影响因素的见解、认知结构以及早期学习与后来学习的关系,从社会阶层的差别研究儿童学习与语言发展的关系等。使人们更加认识到早期教育的可能和必要。科研成果的运用和交流所产生的作用使人们能通过科学研究了解幼儿的各种需要,并有助于制定发展幼教设施的政策。此外,通过国际会议及其他形式的国际交流,科研成果的影响日益扩大,促进了各国幼教的发展。这一时期的幼教发展,一方面是由于适应各地区、各民族、各种不同经济文化水平的需要而出现多种类型的幼儿保教机构;另一方面出现了各种探索幼儿保教机构课程的实验研究和保教人员培训的研究,使幼儿教育的科学水平逐步得到提高。

20世纪80年代以来,通过国际交流,人们总结了前一阶段幼教发展中存在的问题,提出今后发展的建议。在普及方面强调发展"非正规"幼儿保教,在提高方面重视扭转片面强调智育的倾向。1981年,联合国教科文组织召开的学前教育协商会,对一份世界学前教育调查报告进行分析后指出:在工业化国家里,幼儿园、保育班等正规体系的学前教育已经普遍发展,其原因是工业化引起的家庭教育职能的变化;在发展中国家,妇女参加社会生产引起了对幼儿教育需求的变化,然而在这些国家里,正规的学前教育机构只能满足经济条件优越的城市家庭的需要,正规幼教模式还得不到普及。学前教育的要领正在随着社会的发展而发生变化,不再把学前教育看做正规小学教育的延伸,也不宜把学前教育仅仅建立在发展心理学的原则上,而正在转向范围更为广阔的社会学观点,包括面对家庭里和社会上的儿童。目前当务之急是建立一些与发展中国家和地区的社会、文化背景相适应的模式,重点转到结构的灵活性,社区的参与,尤其重视家庭的职能,把母亲看做这个年龄阶段儿童与环境之间最重要的媒介。因此,学前教育应包括促进零到六七岁儿童全面发展的一切活动。1986年11月,联合国教科文组织召开的国际幼教专家会议,专门讨论低费用多种途径发展幼儿教育的问题。为了使幼儿教育的含义更明确、更全面,会议将惯用的"幼儿教育"改为"幼儿保育和教育"。会议提出,今日世界大多数儿童所在的发展中国家幼儿保教设施的数量和范围还很有限,迫切需要探索切实可行的低费用高效益发展幼儿保教的多种途径。强调从各国、各地区经济、文化背景的实际出发,动员多方面的力量,挖掘多种资源,采用多种"非正规"的形式发展幼儿保育和教育,以满足各种不同的需要。

1985年6月在日本召开的"日、美、欧幼儿教育、保育会议"指出,幼儿保教已逐渐成为各国教育中的优先课题,今后的发展和研究应从幼儿园的物质建设转向幼儿的心灵建设,要纠正偏重智能发展的倾向,要从"智育中心"转向培养幼儿人格的全面发展,特别要重视幼儿社会性和情感发展。据美国专家介绍,美国的一些幼教工作者将皮亚杰的认知理论与蒙台梭利教学法结合起来创立新蒙台梭利体系,强调儿童的自觉性、创造性和自发性,要求幼儿在集体活动和有秩序、有规则的活动中,遵守集体秩序,培养儿童对集体的正确态度和应有的自信心、自尊心。他们认为美国的儿童现在自由过度,需要强调自律。有位西德专家认为,在70年代,人们片面地把早期教育理解为只是智力开发,忽视幼儿的游戏,把学校制度的评价标准生搬到幼儿园。她同意福禄贝尔的主张:在游戏中培养幼儿是一切教育的开端。上述信息对我们端正幼儿教育基本观点很有借鉴价值。

概括上述情况可以看出,世界幼教的发展趋势具有以下特点:

(1) 从40年代后期到50年代末,幼儿教育的重点是保育,满足儿童基本的生活需要,具有福利事业性质。

(2) 60年代初至70年代末,发达国家幼儿教育转向广大社会条件不利的儿童,并从满足基本生活需要的保育转为研究儿童各方面和谐发展的保育与教育相结合的科学事业。

(3) 进入80年代以来,人们从发展中国家幼教发展的实际情况中发现,幼儿教育的"正规化"思想妨碍着幼儿保教在世界范围的普及,因而提倡从各自社会、经济文化特点出发,开发多种资源,采取各种形式,面对广大幼儿,发展幼儿保教事业。

从上述发展趋势中可以得出这样的启示：发展中国家和地区，可以从各自社会对幼教的需求出发，吸取教训，避免走全盘"正规化"的弯路，直接进入第三发展阶段，迎头赶上当前世界幼教发展的大好形势，就有可能使幼儿保教在较短时期内得到普及。

二、我国幼儿教育需要改革

放眼世界幼教的发展趋势，回顾我国的幼教历程，展望发展前景，当前，我国幼儿教育需要从整体上、根本上考察现状，考虑改革措施。

1. "幼儿教育"的观念需要扩展

对"幼儿教育"含义的理解和解释，决定着实践中所采取的各项具体措施。我国的托幼机构是全日制的，贯彻保教并重的方针，这是老解放区建立的优良传统，我们应该十分珍惜，并加以发扬。然而，把幼儿教育局限于幼儿园教育，把入园率作为幼教发展的标志，是不利于短时期内在全国范围内普及幼教的。因为越是办园困难的地区，越是需要加强幼儿保教。因此，幼儿保教服务的对象应该包括进入幼儿园以及进不了或不必进幼儿园的儿童。从服务对象的年龄阶段来看，幼儿保教应下延到新生儿，甚至胎儿期，上延最好到8～9岁。科研和经验都证明，从出生至3岁期间的幼儿保教，无论是与幼儿的身体发展、动作和语言发展、生活习惯和能力的培养等方面，均有密切的关系，其重要性甚至超过3～6岁阶段。此外，如果幼儿保教能包括对学龄初期儿童的服务，则更有利于做好幼儿园和小学的衔接，提高小学教育效益。普及幼儿保教的含义与普及义务教育不同，应从优生优育的角度普及科学育儿的知识和方法。可以把多年来行之有效的两条腿走路、多种渠道办园的方针扩展为挖掘社会潜力、动员多种力量办幼儿保教，包括全日制托幼机构、非全日制托幼组织（需要因地制宜创造多种形式）、非入园入托的家长（包括父母、祖父母等）培训、家庭托儿保育员培训、城市街道及乡、村妇女干部培训等，以适应不同经济、文化地区的不同需要。

建立恰当的"幼儿教育"观念需要有明确的理论基础。幼儿教育必须掌握发展规律，才能促进幼儿身心的健康发展。那种仅仅了解幼儿期各个年龄阶段的特点是不够的,还需要从终身发展的角度来考虑生命最初几年发展的重要意义。从目前我国幼教发展具体情况来看,需要借鉴社会学、生态学的知识,重视各种社会因素对个体发展的影响。在我们这样一个幅员辽阔、人口众多、经济发展不平衡、自然条件差异大的国家,要使1.3亿幼儿都受到一定程度的幼儿教育,引进多种学科中合理而有效的观点并综合地加以运用,是很有必要的。在幼教事业的发展、理论建设、师资培养、科学研究等方面,都需要加强跨学科的研究。

2. 幼教理论和实践的体系急需建立

自从全国幼儿教育研究会成立和中央教育科学研究所幼教研究室建立以来,我国幼教科研迅速发展,同时形成了一支群众性的幼教科研队伍。我国幼教科研的一个明显特点是面向实践,立足于幼教第一线。原教育部幼教处制定《幼儿园教育纲要》,编写幼儿园全国通用教材,目前修订《幼儿园教育纲要》;中央教科所幼教室前几年开展的幼儿身体发育、语言发展等方面的大规模调查以及目前进行的国际教育成就评价协会学前项目;全国幼教研究会正在进行的五个专题的协作研究,各省、市幼教研究会开展的各种专题研究,都是面向实践的群众性研究。课题来自幼教实践的发展和改革的需要,人员来自幼儿园、各级师范学校、行政机关、教育科研机构。大量的幼教第一线人员的参加对确保我国幼教科研为幼教实践服务的方向起了重要作用,而理论工作者和实际工作者的结合又使科研成果产生了实际效益。1979年以来,幼教科研的发展就是以建设具有中国特色的幼教教育理论和实践体系为目标的。从这个目标考察现状,目前需要扩大研究范围,加强基础理论和方法论方面的探讨,并着手建立体系。从近年来已开展的工作来看;调查多,实验少;微观的研究多,宏观的整体探索少;改进教育内容、方法多,为决策部门提供咨询少;经验性研究多,理论性探讨少。因此,迫切需要在多年来实践和研究的基础上进行总结,初步建立一个适合我国国情的理论和实践体系的框架,使今后各种课题的研究都能在这个框架中找到位置,使其成果能纳入整个体系中。

3. 幼儿保教队伍的培养需要全面考虑

幼儿教育观念的扩展,服务范围的扩大,必然引起幼儿保教队伍在结构、专业范围、专业化程度,以及培训制度、内容、方式等各方面的变化。多年来,我国幼教师资的培养基本上包括两个层次:三年制幼儿师范学校培养幼儿园教师,四年制高师学前教育专业培养幼儿师范的专业教师。未接受职前培养的幼儿教师则采取各种形式进行短期培训,这方面的工作与"正规"幼师相比是面广量大,但还只是作为"应急"措施。近年来,为适应幼儿园发展的需要,中学办幼师职业班、幼儿师范办在职培训班、高师办函授教育等,这些"应急"措施应当逐步纳入轨道,形成制度。

从提高幼教质量的角度考虑,保教队伍中有几种人员的培养在当前特别需要重视:

(1) 建立一支散居儿童的保教队伍,并对非入托入园儿童的家长进行科学育儿的指导。可以进一步发挥城市街道和农村村级计划生育、儿保、妇女干部的作用,对她们进行计划生育、胎儿保健、婴幼儿保健、保育、教育等方面的综合性培训。

(2) 0~3岁婴幼儿保教人员的需要量很大,但是对她们的培养在我国的"正规"师资培训制度中还没有一个位置。0~3岁的保教是幼儿阶段教育的基础,只有重视这三年的保教,"奠基"工作才能真正落实,因而这支队伍的建设不可延误。

(3) 保证一个幼儿园的教育质量,园长是关键。经验证明:凡是受过正规职前培养,当过几年幼儿教师,然后转为园长的胜任力就强,当然最好还要接受短期园长培训。在目前未受正规职前培养而有较为丰富的幼儿教师经验、组织能力强的经过园长培训也能胜任。

(4) 农村的乡幼教辅导员和城市的区幼教干部中,凡是有丰富的幼儿教育经验并当过园长的胜任力就强,县、市、省的幼教视导员亦如此。这些人员在担任幼教干部之前,如果接受短期专职培训,效率还可进一步提高。发挥各级幼教干部的辅导、视导作用,代替现行的群众性互查评比,可以减少压力,提高效益。

(5)幼儿师范专业教师是幼儿教师的培训者,如果自身具有较为丰富的幼儿教育经验,对提高教育效果是非常重要的。可是,我国多年来高师学前专业招生对象为应届高中毕业生,这是一个不容忽视的"先天不足"。好几位外国同行来访时对我国"幼儿教师的培训者本身未曾当过幼儿教师"这一点表示惊讶,不可理解。而在不少国家,培养某一级教师的人员必须亲自当过这一级教师。这一点是值得我们借鉴的。因此,高师学前教育专业的招生对象应改为幼儿师范毕业并具有至少两年实践经验的幼儿教师。

(6)受过正规职前培养,具有几年实践经验的幼儿教师除了可以转为园长、幼教干部,进入高师准备当幼师教师以外,应给予高层次的在职进修,使他们在幼教第一线更充分地发挥作用。目前这一层次的培训在我国还属空白。

4. 加强科学管理,充分发挥潜力,为促使我国幼教走到世界前列而努力奋斗

我国已经建立起一支幼教工作队伍,他们热爱幼儿,忠于事业,既是实干家,又是探索者。这支队伍的人数正在不断增加,水平正在逐步提高,如果进一步加以组织,充分发挥各种社会力量的作用,其能量将是无限的。这种统筹组织各方力量,积极发展幼教的新经验已经在一些市、县陆续涌现。建议有关领导部门组织力量,发挥行政领导和群众咨询结合的作用,对我国幼儿教育从整体上研究这个系统的结构,进一步协调各要素之间的相互关系,促进彼此间更加积极地相互作用,以提高这个系统的整体效益。

从20世纪40年代以来世界幼教发展历史来看,我国幼教的起步并不晚,并且由于优越的社会制度和各项有利的政策,使我国幼教在某些方面处于世界领先地位。可是闭关自守和十年动乱使幼教在一段时间内出现停滞甚至倒退。经过70年代后期的恢复以及80年代以来的发展,我国幼教领域已是欣欣向荣,前景美好。只要我们抓住改革开放的良机,把握改革关键,脚踏实地,乘胜前进,进入世界幼教前列是大有希望的。

发表于《南京师大学报》(社会科学版),1987年第3期

回顾与展望

——为提高中国幼儿的生活质量而努力

面临21世纪对儿童的挑战,在20世纪80年代末90年代初这个关键时期,反思过去十年的变化,计划未来十年的发展,从而争取在20世纪末为我们年幼一代的发展提供较好的生态环境。这一点有特别重要的意义:我们中国学前教育工作者为有这样一个机会与来自世界各地的同行共聚一堂交流思想、感受和经验,深感欣喜!

新中国成立以来,学前教育(或称幼儿教育)就是由幼儿园实施的,为参加社会劳动的母亲及其3～6岁的幼儿服务。虽然幼儿园的数量已增加100倍,到80年代中期,全国入园率只有24%。在1 733 300所幼儿园中,只有6.4%是当地教育部门办的,其余大多数是由厂、矿、企业、街道等单位办的。所有幼儿园每天至少为幼儿提供8小时的保育和教育,每周6天。幼儿园的教育是以统一的模式实施教育部颁布的《幼儿园教育纲要》。

合格的幼儿园教师必须接受三年幼儿师范的教育,相当于高中文化水平(在九年义务教育后)。这种教育是由幼儿师范学校和普通师范学校的幼师班承担的。师范大学的学前教育专业设置四年制和两年制课程,专门培养幼儿师范教师。

70年代末以来,受到改革开放政策的影响,学前教育的观念发生着变化,学前教育的实施、保教内容和模式以及师资培训也面临相应的变化。

一、观念的变化

由于受到当前世界上儿童发展和早期教育观念的影响,学前教育作为促进幼儿发展的职能正在得到承认,并逐渐地付诸实施。某些实验课题对以下两个重要观点进行了学习研究和尝试运用。

(1) 皮亚杰建构论的观点：儿童通过与周围的人、事、物的直接交互作用而得到发展。

(2) 布朗芬布伦纳的人类发展生态学的观点：人的发展是发展中的个人与变化着的环境之间渐进的交互作用的过程。

因此，儿童作为一个被动的接受者的地位正在转变为他本身发展的主体。教师的作用则从灌输知识和训练技能、行为转变为促进儿童发展过程中的积极性、主动性和创造性。

同时，从未来公民的质量要求和当代独生子女的特点出发进行考虑，应对所有儿童进行早期教育，越来越迫切。然而，从幼儿总人口的数量和我国物质资源的限制出发考虑，在近期内大量发展幼托机构是不可行的。因而，学前教育的概念正在扩展到为所有零到六七岁儿童提供保育和教育。由此，为高质量的家庭保育和早期教育提供指导，亟待引起重视并采取措施。

二、设施的变化

由于农村经济体制的改革，村里的集体托儿组织不再像往年那样迫切需要。但随着现代农业和乡镇企业的发展以及义务教育的普及，对学前教育的需求迅速增长。在比较发达的省里，各县的每个乡都办一所中心幼儿园作为示范，几乎所有的村都办起学前班或混合班，几乎所有6岁的幼儿和部分4岁和5岁的幼儿都能入班接受学前教育。学前班和混合班将随着经济状况改善而在广大农村地区日益普及。发展学前一年教育是我国当前的教育政策之一。

由于正规学前教育在近年内不可能广泛发展，尤其是在广大农村人口中，需要考虑其他相应的措施。要为不入园幼儿的家长提供关于科学育儿和早期刺激方面的教育。随着祖辈退休人员数量的增加，可以发展半日制幼儿班或游戏小组，以适应幼儿早期集体生活的需要。上述想法一旦被当地群众及领导所接受，各社区内现有的人力、物力资源可以被挖掘出来，为年幼一代的健康成长服务。

三、教育内容和课程模式的变化

在我国实行改革开放政策初期，新的观念开始冲击传统的学前教育,改革的行动开始出现,十年来这个领域里的基本观点逐渐转变。正是对幼儿园日常活动中教师与幼儿的交互作用的研究使中国的幼教工作者在观念上和实践中产生了切实的变化。我们相信,只要坚持研究和实践,将来还会出现更大的变化。过去所做的为将来怎样做提供了启示。

20世纪70年代末以来,高师和幼儿园的教师对幼儿园音乐、美术、科学、数学、语言、体育等科目的教材教法进行了合作研究。最初,这些课题探索的是教师如何培养幼儿的能力而不是灌输知识。随着研究的不断发展,各个课题运用新的观点进行试验,激发了教师和幼儿的积极性,给教学内容和方法带来了变化。后来这些研究成果编写成一套关于幼儿园小、中、大班各科教材教法的书,在全国各地广泛传播。事实证明,这样的研究小组对于理论与实践的结合并促进幼儿园和高师的教育改革是有效的。

1983年以来,在幼儿园里,除传统的分科教学以外,整体课程的各种模式开始得到实验。这些课题把幼儿园课程作为各种经验的整体来设计,由一系列主题或活动构成。同时对各科之间的相互联系进行探索,使传统的模式更有利于促进幼儿的发展。随着各种实验研究的逐步深入,教师在各种活动中的不同指导作用成了研究的重点。

随着学前班和混合班的发展,出现了对这些班的课程模式的研究,以适应各种不同经济文化背景的需要。上述这些研究课题的影响正在全国各地逐渐推开。原来的学前教育观念正在发生变化,以适应社会的变化。从各种研究课题中涌现出来的幼儿和教师的主动性、创造性正在给中国幼教领域带来日益增长的生机和活力。

四、工作人员培训的变化

农村学前教育的迅速发展引起了培训足够多的合格教师的问题,因为,幼儿师范学校的毕业生主要分配到城市幼儿园。为了适应这一需要,80年代中期的某些县里的职业高中设置了幼教班,为来自乡镇的初中毕业生提供3年专业训练。在这些县里,学前教育的质量明显地得到了提高,而社区的支持也相应地增长。此外,一项新的制度建立了,为不具备职前专业培训的人员提供机会通过自学考试取得幼儿园教师证书。由此,大量有经验的职工成了合格的教师。各幼儿师范学校还设置在职培训中心,短期培训班在全国各地广泛举办。通过多种形式的培训,学前教育工作人员在数量和质量上正在增长和提高。

当前我们面临的关键问题是幼教领域里的观念更新和实践改革。一方面,当正规形式的幼儿园教育经历改革时,正规的师资培训就需要相应地改革;另一方面,非正规学前教育的需求迫切,对有关人员的培训问题需要采取相应措施。这里的关键是编写培训课本和承担实际培训的人员在基本观点上需要有所转变。我们的经验表明,这种转变只能来自参与研究教师与幼儿的交互作用,某些这类变化已经出现。上述六科的研究小组总结了研究成果,编写成师资培训教材,其中一套教材已由人民教育出版社出版。

上述协作课题中有的已扩大到包括幼儿师范的教师,由三个层次的教师共同研究教师与幼儿的交互作用,探讨新的观点、内容和方法。这样的研究自然地给幼师和高师的教学内容和方法带来变化,并且这样的变化已开始在某些课程中出现。虽然变化是渐进的,然而迈出的第一步却是重要的。

至于培训非正规幼教的工作人员,要求幼儿师范学校在现有的教师培训课程以外,设置其他课程为广大家长、保育员、为社区服务的半专业幼教人员提供培训。相应地,高师的课程也应包括培养能设计各种非正规幼教设施并能培训相应人员的专业工作者。

为了提高幼儿师范教育的质量,近来在全国各地区建立起一种高师—幼师联络网。在有的地区,这种联络网扩展为包括各级幼教干部、幼教辅导员、科研人员,不限于三个层次的学前教育教师。这种措施把基层实践与理论思考、政策制订与学术研究等各方面的力量协调起来。这一点可以预示中国学前教育未来发展的潜力。

对十年来的工作进行回顾以后,要构想未来的发展计划,并不太难。重要的是采取行动,以自信和坚毅的精神,向着21世纪稳步前进。

(1) 随着学前班、混合班在全国逐渐普及，要探索多种课程模式，以适应不同社会文化的需求，尤其是边远和少数民族地区。要编写有关的教师指导书和师资培训教材，以保证学前教育达到一定的质量。

(2) 以非正规形式为3岁以下儿童提供高质量的保育和教育，这是一项艰巨而迫切的研究任务。可在比较发达的农村地区开始进行实验，以证明这种措施的重要性和可行性，从而使家长和决策者信服。可在高师培养这方面的专业工作者，将创建有效的设施和培训相应的人员结合起来进行。

(3) 在开展实践研究的同时，学术探讨需要加强。在当前特别需要一种具有中国特色的指导思想来建立一个学前教育体系以适应广大的人口和多样的社会文化背景。半个多世纪以前，我们的前辈提出了这一宏愿。现在是该认真考虑的时候了，在今后十年内要有所作为。

(4) 在全国、省、县各级要建立一种协调机构，将有关学前保教的人力、物力资源组织起来，使得为所有儿童的发展提供较好的生态环境这一设想，在20世纪末能够得到实现。

本文为1989年香港"21世纪婴、幼儿教育与发展国际会议"的特约报告

重新思考学前教育专业

10年来，我国学前教育领域里的改革，随着全国改革开放形势的发展而发展着，尤其是在幼儿园教育方面，正在由局部改革向整体改革推进。然而，我国未来社会的需求，当前国际幼教发展的趋势，迫使我们不得不对学前教育作为一个专业领域进行宏观思考，对高师学前教育专业的设置重新进行全面的思考。

一、人类的未来对学前教育的挑战

面向未来的挑战，对学前教育来说，与其他层次的教育相比，更为严峻。其理由是：

从目标来看,学前教育是为目前尚不存在的未来社会培养人才(高教、职教直接为现今社会培养人才),那个社会将是什么样,它对人才的需求又是什么,都属未知数,目标越遥远,预测性越模糊,人们的责任感也就越淡漠。

从任务来看,虽然在道理上学前教育被承认为"基础的基础",但因其不属于义务教育范围,在政策上和经济上受到重视的程度不如小学教育;又因传统观念的束缚及科学信息传递的限制,人生最初几年的重要性尚未广泛进入人们的意识之中,因此,孩子总不如成人受到尊重,儿童教育不如成人教育显得迫切。

在人类未来的发展中,人口素质可以说是一个核心问题,而人口素质与学前教育的关系比其他层次的教育更为密切。我们面临的人口问题的三个要素方面,即人口数量、人口质量、人口结构,都与学前教育直接有关。而控制人口数量与提高人口质量的关系,处理恰当可以互相促进;处理不当,就会互相妨碍。

在人口问题上,各国学术界都在探索一条使人口生产与生态环境互相协调、互相促进的道路,这一点对我国来说尤为重要。对学前教育界来说,利用人类发展与生态平衡方面的信息来思考学前教育在其中可能发挥的作用,是未来研究给予的启示。在我国,人口数量和资源、环境的矛盾日益尖锐。以耕地来说,1952年以来人均占有面积直线下降:1952年,2.82亩;1962年,2.29亩;1970年,1.84亩;1983年,1.45亩;到20世纪末可能降到不足一亩。虽然每亩地单产有所提高,但自1984年以来人均占有粮食的数量连年下降。我国人口学研究者认为,根据我国未来的淡水、能源、耕地、矿藏等自然资源状况,以及保证生态平衡出发,推断我国优化人口的规模宜放在7~10亿。按照目前的发展趋势,到21世纪上半叶人口达到15~16亿才趋于静止,此后就要确定优化的人口递减速度,以达到优化的规模。[1]

---

[1] 侯文若:《展望21世纪全球性人口问题》,载《未来与发展》,1988年第3期。

我国人口的质量问题更是令人吃惊和担忧。

(1) 1987年4月首次全国残疾人抽样调查结果是每1 000人中有50名残疾人。由于我国医学水平的限制和不正之风的存在,计划内第二胎的病残儿比率高于正常群体。

(2) 第三次全国人口普查中以自己申报为准的文盲和半文盲人数,全国达2.35亿,占统计人口的1/3,如果按扫盲条例的标准进行测验,未脱盲的人数会更多,而农村复盲率又高达20%左右。

(3) 在控制生育方面,到1987年底,城市妇女的总和生育率下降到1.25%左右,远远低于更替水平(2.16%),而农村妇女的总和生育率仍高达2.60%左右,在更替水平之上。因此,身体素质和科学文化素质相对较高的城市人口越来越少,而身体素质和科学文化素质相对较低的农村人口越来越多。这与世界总人口发展趋势相似,到20世纪末将达到62亿左右(1987年7月11日达50亿),新增人口中,92%出生在属于第三世界的发展中国家。

再从当代的幼儿将来需要承担的社会任务来看,由于妇女生育率下降和人口平均寿命提高,人口结构老化与科技—经济—社会发展之间的矛盾日益尖锐。到21世纪我国人口规模达13~14亿时,65岁以上人口将超过20%,60岁以上人口占1/3。更值得注意的是,当今世界人口老化程度较高的发达国家都是经济先发达,人口后老化,而我国则将是人口先老化,经济尚未发达。另一方面,世界科技—经济—社会发展的速度日益增加,适应变化能力较强而作为创造力主要基础的年轻人相对减少,会给社会发展和变革带来困难。此外,随着科技—经济—社会的协同发展,劳动者的知识与智力将占日益重要的地位,社会的物质生产与精神生产都将成为劳动者将智慧变成服务于人类的物质形式的过程。据预测,21世纪我国社会建设所需人才中,高级人才只占15%左右,而一般熟练技术工人约占85%。我国人口素质的现状,无论从身体素质、基础文明到文化知识、科技能力,直至个性各方面的发展,与上述要求相距甚远。

由此可见,人口素质确实是社会发展中的一个至关重要的问题,全面提高人口素质,应与控制人口数量并列为头等国策。而学前教育在改善人口素质方面是可以有所作为的,也是负有重大责任的。

二、学前教育迎接未来挑战的对策

有的学者指出,现时代发展战略的基本任务是:合理有效地利用现有的自然和社会资源,尤其是社会智力资源,最大限度地提高社会的科技—生产能力,创造更多的财富,以满足广大人民日益增长的需求;而一切战略思想家的主要任务,就是要根据迅速变化的客观形势,不断提出新观念、新思想和新方针。[1]关于合理有效地利用社会智力资源,应该既包括已经进入当今物质生产和精神生产领域里的劳动者的智力资源,也包括未来劳动者即当代儿童潜在的智力资源。而后者的重要性尤其不可忽视,因为它直接关系到人类未来的发展。正是在充分发挥儿童作为一代人的潜在智力资源这个问题上,学前教育领域里存在着可以进一步开发的资源。

当前,人们对于违反自然法则对大自然任意摆布所造成的资源破坏和生态恶化日益重视并采取措施,对人口数量的控制也已采取对策。然而,对人口质量问题,例如对儿童身体的摧残和智力资源的损害,却尚未引起广泛的、足够的重视。在经济发展落后的地区,由于粮食、饮水、保健等供应的限制,儿童或是得不到生存的保证,或是缺少发展身体和智力的基本条件。这在世界人口中有数以百万计,在我国人口中也存在。在我国经济较为发达的地区,却由于传统观念的妨碍以及现代科学知识未能普及,有利于促使儿童潜能充分发展的社会生态环境尚未广泛形成,违反自然法则拔苗助长造成损伤儿童身心健康发展的情况,尤其令人关注。

进入20世纪以来,人们对人类自身发展的研究在广度和深度上日益加速,在多种学科领域里积聚了大量的研究成果,对个体生命头几年的认识尤为显著。研究者不断地揭示个体发展的规律、个体生存

---

[1] 周孝正:《21世纪的中国人口和优生》,载《未来与发展》,1988年第3期。

其中的社会环境的发展规律以及发展中的个体与其变化着的环境之间不断变化的交互作用的规律。这些都为合理开发人的潜能从而提高人的素质提供了理论基础。值得重视的是,科学研究是在较小范围内进行的,其成果需要在较大范围内运用,使广大实际工作者能掌握以取得广泛效益,从而为提高一个民族、一个国家,甚至全世界人口的素质作出贡献。

20世纪80年代以来,联合国教科文组织、联合国儿童基金会等国际组织采取多种措施宣传与贯彻"儿童权利宣言"(1959年联合国文件)的精神,试图为广大儿童提供有利于发展儿童潜能的社会条件。他们动员多种力量,运用现有的理论和科研成果,结合各地区、各民族的社会—经济特点,探索为广大幼儿服务的多种途径和措施。

1981年联合国教科文组织召开学前教育国际协商会,确定学前教育的范围包括促进零至六七岁儿童全面发展的一切活动;并根据对70年代工业化国家和发展中国家学前教育状况的调查,提出当务之急是建立一些不仅费用低而且与发展中国家和地区的社会、文化背景相适应的学前教育模式,并要取得各国的决策者、计划者、行政管理者更多的支持。

80年代初,联合国儿童基金会总结了30多年来改善世界儿童生活境遇的工作经验,并汇集近年来在社会科学和自然科学领域里取得的突破,提出开展一场儿童保健工作的革命,争取到20世纪末世界儿童健康状况得到迅速好转。保健革命的内容包括:推广口服补液疗法,普及儿童免疫,提倡母乳喂养,推广运用儿童体格发育图表。其基本观点是把社会的力量组织起来,训练半专业工作人员,把儿童保健的知识、技能普及到贫困地区的家庭。

儿童保健革命的内容之一是,运用口服补液使正规医院的静脉输液疗法变成贫困地区家庭随手可用的方法,从而每天能挽救一万多名因感染性腹泻引起脱水的儿童的生命。这一成果给我们的启示是,学前教育领域里存在着极其丰富的促进幼儿各方面发展的理论知识与科学方法,长期以来只能为条件好的正规的学前教育机构所用,当务之急是使它们跨出"正规化"、"专业化"的小范围,进入广大学前教育机构、家庭、社区,成为广大儿童都能享受的权利。问题的关键在于要经过像"补液"那样从"静脉输入"到"口服"的转换,而这种转换的实现有赖于学前教育专业人员从"专业化"、"正规化"的思想束缚中走出来面向学前儿童中的大多数,从自己专业的小圈子里走出来,迎接全民族、全人类人口素质的挑战。

多年来,我们学前教育专业人员把自己的专业范围限于幼儿园教育(家庭教育、家长教育也未超出入园幼儿的范围),而这种教育又是少数条件好的正规化的幼儿园才适用。我们有一种专业偏见,认为"提高"才是我们的任务,而搞"普及"则不利于学术水平的发展,不应由我们这个层次承担,这种思想的形成是有其复杂的历史原因和社会原因的。

口服补液疗法被称为"可能是本世纪最为重要的医学进步",可见昂贵的只能为少数人享用的疗法转变成低价的、被广泛使用的,也是一种重要的科学进步。这种疗法是由对保护人的生命和生存权利怀有高度责任感和使命感的医学科研人员发现的。

自然科学打开实验室大门,与生产技术结合,走上为生产服务道路的历史,对我们有所启示,从蒸汽机问世开始,经过西门子对科学技术一体化的发展,爱迪生对技术科学化、科学技术社会化的发展,到爱因斯坦的相对论与量子力学一起成为新技术革命的先导。40年代初的曼哈顿工程(适应全球性反法西斯战争的需要),动员一万多名科学家和工程技术人员,实行多领域、多部门、多地区的合作,人、财、物、信息交叉纵横,创建了战略性巨型科研工程。当今以"硅谷"、"科学公园"为特征的现代战略工程正在全面地改变着传统的产业格局,建立着新时代的经济秩序。由此可见,要使科学理论运用于实践而产生预期的效益,需要在理论与实践之间架起一座桥梁,就是应用研究,其成果就是技术。在社会科学领域里也需要架起这样的体现从理论到实践的转换规律的桥梁。

面对国内社会各个领域的改革开放不断深入以及国际幼教向多

层次、多类型、多渠道的发展趋势,我们学前教育专业人员除了更新学前教育观念以外,还需要承担起两项任务:

(1) 在理论与实践之间提供一种转换技术,把可用以指导实践的理论变成可以直接付诸行动的技术,把有效的实际经验变成体现一定规律的可以复制的技术。这是理论实践化与经验科学化同时进行的过程,其结合点是技术。

(2) 运用系统科学方法论(被认为是当今时代的主要思维方式)加上战略意识(被称为当代经济、社会发展中的第一个意识),把已经存在的理论观点、实践经验、科研成果等综合起来构成一个系统工程,探索其整体功能,提高其整体效益。

三、学前儿童保教系统工程的建构

理论是实践的先导,观念是行动的前提,学前教育专业的改革首先要求观念的更新。

自20世纪50年代以来,我国的学前教育是指三至六七岁儿童的集体保教,是以幼儿园教育为主,家庭的任务是配合幼儿园进行教育。对3岁以下的儿童虽有托儿所承担集体保教工作,但3岁前保教并未正式进入学科领域(只是在少数机构进行教学与研究)。至于家庭教育虽在我们这10亿人口国家的各个家庭里每时每刻都在进行着(自觉地或不自觉地,有益的或有害的),但尚未正式纳入科学轨道。因此,从全国的儿童人口来看,75%儿童(全国平均入园率是24%)的学前教育是处于没有专业管理的状态。

从社会发展对人才的需求和出生头几年在终身发展中的重要性这两方面来看,在我国,充分发展出生至六七岁时期的潜能,提高未来人才培养的起点,比任何其他国家更为迫切。我们作为较高层次的专业人员应该自觉地用战略的眼光承担起改造专业观念的责任,以适应客观形势发展的需要。

我在此建议,把学前教育的概念转变为:出生(或包括胎儿期)至六七岁(入小学前)儿童(城市的、农村的、家里的、入托幼机构的)的保健(身体保健和心理保健)和教育(体育、智育、德育、美育)。

学前儿童保教
- 学前——出生（或包括胎儿期）至六七岁（入小学前）
- 儿童——城市的、农村的、家里的、进入托幼机构的
- 保教
  - 保健——身体保健、心理保健
  - 教育——体育、智育、德育、美育

从上述基本概念出发考虑学前教育作为一个学科领域的范围。这个学科领域通俗地说，相当于社会上各行各业中的一个专业，是指广义的学前教育专业，相对地说，把高师设置的学前教育专业理解为狭义的学前教育专业。本文思考的学前教育专业包括广义的和狭义的两个层次。

广义的学前教育专业的范围如下：

学前保教学科领域
- 学前儿童的发展，包括胎儿至六七岁儿童的身心发展
- 实施学前儿童保教的机构
  - 家庭
  - 托幼机构（多种类型）
  - 社区（街道、村）
- 保教人员的培训
  - 父母及其他家庭成员
  - 托幼机构保教人员
  - 社区的有关人员

上述内容中大部分目前已经存在，需要的是加以组织，形成网络，加强薄弱环节，发挥各部分之间积极的交互作用，取得整体效益。在当今改革开放全面深入的时刻，我们需要面向未来、面向世界，从宏观上探索我国学前儿童保教现代化的道路。什么是我国学前儿童保教的现代化？我认为应该是：运用现代科学知识、技术研究我国学前儿童作为一代人的发展与保教，为他们提供与所在社会的经济、文化条件相适应的有利于促进其发展的物质、精神条件，使他们的潜能得到尽可能充分的发展。20世纪60年代开始于美国、英国逐渐向其他发达国家推广的学前补偿教育，就是向广大儿童普及学前教育的措施。我们本来可以在50年代学前教育向工农开门的良好基础上加入这个行列，以赢得20年提高人口素质的宝贵时间。目前必须充分利用一

切有利条件补上这一课,把面向广大儿童作为目标建构起一项学前儿童保教系统工程。

学前儿童保教系统工程的建构首先要有明确的理论指导,其中学前儿童保教基础理论反映本专业的特殊规律,对上述各类实施学前保教的机构及各种保教人员的培训发生专业指导作用。这种基础理论的框架如下:

学前儿童保教的基础理论
- 学前期个体发展的规律
  - 生理发展
  - 心理发展
- 个体所生存的社会环境的发展规律
  - 社会与经济
  - 社会与教育
- 学前儿童与环境交互作用的发展规律

在我国实施学前儿童保教的三个不同层次的社会机构:

学前儿童保教的实践范围
- 初级机构——直接以幼儿为服务对象
  - 家庭
  - 托幼机构
  - 社区
- 中级机构——培养直接为幼儿服务的保教人员(现有幼儿师范学校和幼师班,职业幼师改革后,培养对象扩大到包括幼儿教师、保育员、保健员、社区幼儿保教干部、家长等)培养学前保教的培训人员、管理人员
- 高级机构——(高师学前教育专业将随中级机构的改革而进行相应改革)

随着学前教育概念的更新和实践范围的扩大,科学研究的内容与组织形式也必须加以调整与补充。

```
                    ┌ 现状调查 ─┬ 我国学前儿童发展状况
                    │           └ 我国学前保教机构 ┬ 数量发展
                    │                              └ 质量水平
学                  │ 前人理论与 ┬ 本领域与其他领域的理论科研成果
前                  │ 实践的研究 └ 经验总结
儿                  │
童                  │           ┌ 课程设计与实施 ┬ 保教机构
保 ─────────────────┤           │                └ 培训机构
教                  │ 通过应用研究├ 科学管理       ┬ 保教机构
的                  │ 建立转换技术│                └ 培训机构
研                  │           └ 地区性学前儿童保教系统工程的
究                  │             设计与实施
                    └ 学前儿童保教理论与实践体系的建立
```

关于学前儿童保教系统工程的具体框架,目前还难以构思,不过上述几方面内容应该是这一系统工程的必然要素。在深入探讨这些要素及其相互关系的过程中,总的框架将会逐渐具体化。

至于高师学前教育专业的改革首先要从基本概念的变革中引申出来。服务对象年龄的下伸,初级机构范围的扩大,直接影响中级机构的培养目标、课程设置等。这些又都直接影响高师学前专业的性质、目标、课程设置等。根据目前我国学前儿童保教这一学科领域的现状及其专业发展的需要,高师学前专业应该办成培训与科研一体化的机构。在不同层次上,以不同的形式将培训与科研结合起来,使之相互促进。要做到这一点,首先招生对象要提高专业起点,要先经过中级机构培训,具备初级机构实践,这样才能保证高师不再束缚于重复中级机构的培训任务,能放开手脚大胆探索自身改革的道路。

目前,我国学前教育领域里多种矛盾之一是,对高师学前专业毕业生的需求出现"饱和"(至少江苏省如此),而各种不同层次的教师、园长、校长、幼教视导员、幼教辅导员等又迫切需要进修提高。我们完全可以抓住全面深入改革的有利时机,从宏观上思考学前教育改革的整体框架,根据当前社会的需求与自身的可能,逐步试行,在促进整个领域提高的过程中求得自身的发展。

发表于南京师范大学华夏教育图书馆主办的
《华夏教育图书馆通讯》，1988年刊

为建立具有我国特色的学前教育理论体系而努力奋斗

进入20世纪90年代的第一个年头，我校的幼儿教育被列为江苏省教委重点建设学科之一，这既是幼儿教育学科本身发展的需要，也是我们南京师范大学学前教育专业发展的需要。幼儿教育作为一门学科在世界范围内至今还处在学科发展的初级阶段，在我国尤其如此。

80年代，我们学前专业的科学研究重在对幼儿园教育进行实践研究，包括对幼儿园各科的教材、教法以及教育、教学规律的研究，对幼儿社会化、德育、游戏等的研究，对幼儿园教育的整体研究。"七五"期间，为提高学科的理论性，强调对实践的理论指导以及实践过程中的理论思考。进入90年代，面对幼儿教育学科中理论亟待发展的需要，我们的研究重点开始向理论建设转移。

建立一门学科的理论体系，从哪里打开思路呢？

首先，要明确建立一门学科的目的。幼儿教育作为一种社会现象，自古以来就长期存在，并且在人类历史进程中随着社会、经济、文化、教育的发展而越来越受到人们的重视。幼儿教育作为一种社会实践，在长期发展中积累了丰富的经验，其中的某些规律也逐渐地被人们所认识。然而，作为一门学科，要能自觉地去认识幼儿教育产生和发展变化的规律，并且能有效地去加速当前的发展，以及预见其发展前景，幼教学科的现状与此差距尚远。面临21世纪的全面挑战，幼儿教育承担着为尚未来到的社会做人才培养的奠基工作，它迫切需要一门相应的学科能科学地探究幼儿教育这一社会现象的特殊矛盾，揭示其发展的客观规律，作为改造这种社会现象的指南。

其次,要了解学科发展的现状。40年来,我国尚未建立起具有中国的社会主义特点的学前教育理论体系。现有的体系是沿用50年代学习苏联的学前教育体系。80年代在继承和发扬我国幼教先驱的思想及借鉴吸收当代西方理论观点的过程中,学科基本观念和内容有所更新,但原有体系变动不大。学科研究对象限于3~6岁儿童在学前教育机构内的教育。这种体系不符合60年代以来世界幼儿教育发展的趋势,因而不能满足我国幼儿教育进一步发展的需要。

1960年,联合国教科文组织提出"终身教育"理论,提倡保障各国国民接受教育的权利,要作为全民教育加以制度化。70年代这种理论得到蓬勃发展,要求人们不再把教育限制在学校阶段,而要贯穿在人的一生,渗透到人的生活的各个方面。它冲击了传统教育观念的框架,激发了对教育体制、结构、内容、方法等的相应改革。1990年3月在泰国召开"遍及全民教育大会",集中了来自各国政府、国际机构、非政府组织、教师、父母、社区等各方面的力量,号召为所有的人提供接受教育的机会,尤其要动员正规教育系统以外的人们参与办教育。那是将终身教育思想落实到具体行动的一次广泛动员,关系到20世纪最后10年间人类社会经济、文化教育的发展和人的素质的提高。幼儿教育的性质、特点以及目标、内容、方法等需要在终身教育的背景中重新加以考察。

80年代初,在巴黎召开的"学前教育国际协商会"分析了60年代和70年代世界各国幼儿教育发展的情况后提出,移植工业化国家发展幼教的模式很难满足发展中国家广大幼儿对保育和教育的需求。因而,这次会议以及后来召开的各种有关儿童发展与教育的国际会议反复号召,要针对各国、各地区的社会、经济、文化以及民族传统的特点,充分利用当地各种人力、物力资源,通过多种渠道,采取多种措施,使广大幼儿享有保育和教育的权利。尤其是90年代的第一个秋天,在纽约联合国总部召开的"世界儿童问题首脑会议"上,把人类面临的异常严峻的儿童问题提到了前所未有的高度,要求各国政府首脑作出承诺,要为本国儿童创造良好的生活环境,使他们能够健康成长。为此,我国政府总理与联合国儿童基金会签署了协议。对此,幼儿教育学科义不容辞地要承担一定的责任,作出应有的努力。

第三,要认识学前教育理论建设在我国的特殊需要。美、英等西方国家似乎不太重视对学前教育理论体系的建设。他们的一般做法是,将生理学、心理学、社会学等有关的理论观点直接运用到幼教课程发展及实验研究方案中,从而发挥实践研究中的理论指导作用。这样做,在那里的广大幼教工作者和家长中是比较可行的,其原因是:① 在西方工业化国家里,儿童发展和教育方面的新观点与整个社会文化背景差异不大,容易被接受;② 一般幼教工作者的文化和专业水平较高(大专或本科毕业),对新的观点容易领会并付诸实践。

在我国情况则不同:① 中西方文化的差异本来就很大,加上改革开放仅十多年,对新的观点不易接受;② 广大幼教工作者对有关学科的理论观点不熟悉,直接运用有困难。因此,我们要借鉴儿童发展和教育方面的理论和经验,需要跨越两个差距:① 中西方文化背景之间的差距;② 西方生理学、心理学、社会学等有关理论观点(我国这些方面的研究很少)与我国幼儿教育实践之间的差距。要跨好这两步,必然有一定的规律可以遵循。这就需要立足我国幼教实践,在继承发扬中华民族优良传统的同时,借鉴吸收国外的先进思想观念,建立起一种面向未来的、适合国情的理论体系,以指导和推进幼儿教育不断地向前发展。

认清了建立幼教学科的目的、学科发展现状以及建立理论体系的特殊需要,就可以进入对建立理论体系本身的思考和探讨。思考一种理论体系,先要弄清学科的性质、特点,确定理论在该学科中的地位和作用,然后才能探讨理论的结构和方法论(即建立什么以及怎样建立)。

弄清幼教学科的性质和特点,就是要确定它属于哪类研究范围,并断定它处于什么发展阶段。幼儿教育学科,与其他教育学科一样,研究的是社会现象,是研究人类怎样通过自身的社会实践引导和促进人类自身的发展。幼教学科的特点在于它研究的是终身教育全过程中的初始阶段,具有鲜明的独特性。既然如此,幼教学科应属于社会科学的范围。

要断定幼儿教育处于学科发展的什么阶段,就是要弄清它已经认识了什么,目前需要认识什么,发展前景是什么。虽然幼儿教育作为一种社会现象自古以来就长期存在,但作为一种自觉的社会实践为期不长。人们有意识地研究这种社会实践的规律为时尚短;有目的地用已经认识的规律去指导社会实践,并从实践中进一步提炼客观规律,为时更短。目前的认识,大量的还属于经验性的。因此,它处于学科发展的初级阶段,属于准理论科学性质,它的科学性将随着认识这一社会现象的逐步深入而渐渐提高。

确定学科性质的另一个角度是它的研究目的,是要解决理论问题还是实践问题。幼儿教育需要建立一种能指导实践,促使实践的科学性日益提高的理论体系,其最终目的是使幼儿教育这项为未来人才培养的奠基工作能提高其质量和效益。因此,这种理论体系需要包括能为实践提供充分科学根据的基本理论和能将基本理论转换成为操作实践的技术理论。由此,可以设想幼儿教育学科包含基本理论、技术理论、教育实践三个层次。其中基本理论和技术理论构成其理论部分,技术理论和教育实践构成其实践部分,而技术理论是连接理论与实践的中介或桥梁。教育学科经常受到"理论脱离实际"的责难,原因之一是在学科建设中缺乏对这个"技术"层次的思考和探讨。

明确了学科的性质及理论在学科中的位置,建立理论体系的思路就比较清楚了。虽说原有的学前教育体系不能适应当前幼教实践发展的需要,但事物的发展不能割断历史,理论发展尤其如此。目前建立我国的学前教育理论可从两个方面进行:

(1) 对原有体系中的概念、变量、陈述、格式等理论基本要素重新进行考察,并加以确定、调整、更新、充实;同时,对原有体系的基础理论,即教育哲学、心理学、社会学等领域中的新发展加以探讨并吸收,从而建构基本理论的框架。

(2) 80年代我国幼教实践的发展所以能超越理论建设的步伐,是由于借鉴和吸收国外新的理论观点直接用于指导幼教实践的改革。对这些实践研究的过程和成果进行概括，探讨其中的规律，就能建立起技术理论的框架。

在建构这两个层次的理论的过程中，不断地发挥各自的特点及两者的相互作用。可以预见，一旦条件成熟，学前教育理论体系可望得到建立。这将是一种漫长的集体劳动的智慧结晶，最终将为人类的知识宝库作出一份贡献。

发表于《学前教育研究》，1992年第3期。

中国学前儿童保教系统工程的思考

我国学前儿童保育与教育，在其发展过程中积累了许多宝贵的、具有民族特色和社会主义特点的经验，尤其是自从实施计划生育头等国策以来，对优生、优育、优教开展了多方面、多领域的实践和研究，成效为世界瞩目。为了更好地发挥各个方面的整体功能，目前需要也有可能从理论上建立"中国社会主义学前儿童保育和教育系统工程"，可先提出一个框架，逐步发展完善。这样做并不是要专门设计一个体系，而是要设法把目前存在的关于学前儿童出生、发展、保育、教育等各方面、各领域的实践和研究相互沟通，形成整体，找出各部分之间的关系，使它们能在积极的相互作用中得到更好的发展，从而促进整体功能和效益的提高。

下面对"中国社会主义的学前儿童保育和教育系统工程"这个名称作一点解释：

"学前儿童"指从胎儿至入学年龄（6岁或7岁）的所有儿童。"学前教育"这个概念已从入学前一年或幼儿园三年的教育扩展为促进出生至六七岁儿童身心发展的一切活动。这是1981年在法国巴黎召开的"学前教育国际协商会"上讨论确定的。从目前我国计划生育和"三优"（优生、优育、优教）工程的实践来看，上述"学前儿童"概念完全适合我国现实，从而有利于促进学前保教的整体性发展。

"中国社会主义的"指这一系统工程要反映我国社会主义的特点，以及进一步发挥社会主义制度的优越性。我国对世界儿童问题首脑会议作出了承诺，从1991年3月18日签署到1992年3月9日公布《九十年代中国儿童发展规划纲要》，在一年内制定出这样全面而具体的行动计划，说明了我国社会主义制度的优越，反映了我国在儿童发展和保教的各有关领域里的实践基础。现在，我们可以从理论上设法沟通，寻找联系，拓宽实践的思路，使各有关领域能在整体中及相互联系中发挥各自的作用。

"保育和教育"是指促进儿童发展的一切活动。1986年在法国巴黎召开的国际幼教专家会议上讨论会议主题"低费用多种途径发展幼儿教育"时，与会人员一再重申将"教育"改为"保育和教育"。对贫困地区儿童首先要解决保育问题，若是只强调"教育"就容易把大量有迫切需要的对象排除在服务范围之外。1989年我国发布的两个幼教法规中提出："幼儿园的任务是实行保育与教育相结合的原则，对幼儿实施体、智、德、美全面发展的教育，促进其身心和谐发展。"从理论上说，这个任务同样适用于所有的幼儿。这里明确了保育和教育与儿童发展的关系，实施保教结合的目的是促进儿童身心和谐发展。

"系统"是指由各个要素（即部分）组成的具有一定结构的整体，其各要素之间是相互联系并相互发生作用的。世界上的事物都是相互联系、相互作用的。但人们对它们的认识是由局部到整体逐渐发展的。系统理论的出现使人们更加自觉地把事物作为整体来看待，并探索其各要素之间的关系及相互作用。每个系统都有它特殊的结构，是由它的要素之间的特殊关系和相互作用形成的。把学前教育建成系统乃是要用整体的观点，探索其特殊结构，恰当处理各要素之间的关系，发挥其整体功能，提高教育效益。

"工程"是指正在形成和发展过程中的整体。这里包含两层意思：一是由部分联系起来按照一定结构形成整体，二是整体的框架不断发展逐渐完善。对学前儿童保教系统工程来说，"工程"——也包含形成系统及整体发展,强调"系统"发展的过程。学前保教系统是一个开放的动态的整体,它将随着社会的发展而持续地发展下去,没有结束的时候。然而,作为一个系统,当它的结构被我们所认识,它的各要素之间的关系得到恰当处理时,外界的适度影响可能引起系统内部的积极的自动调节而出现良好的运行效果。

我们在这里设想要建立"中国社会主义的学前儿童保育和教育系统工程"(详见图1),并不指望某个行政部门或理论研究单位来充当工程的总指挥,而是希望各有关领域在研究本领域的发展规律的同时,能考虑与相关领域的联系以及自身在"系统工程"中的位置和作用,从而从多方面来促进"系统"的良好运行,提高"系统"的整体效益。

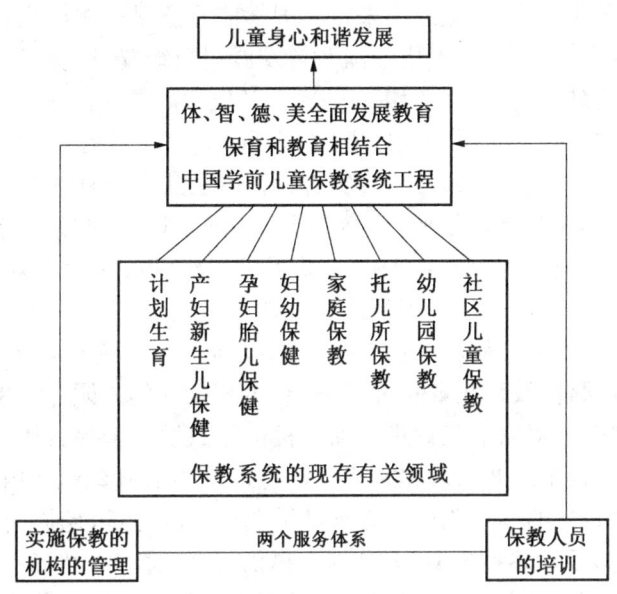

图1 中国社会主义的学前儿童保育和教育系统工程框架示意图

几点说明:
(1) 示意图尚未形成"系统"的结构,只表示了某些关系,更未能显示"工程"的发展动态。

(2)"系统工程"的建立以目前已经存在的有关领域为基础,图中所示领域尚不全面。

(3)从工程建设的角度将实施保教的机构的管理和保教人员(包括托幼机构和家庭里承担保教任务的人员)的培训作为两个服务体系来建立,以保证系统工程的有效发展。

发表于《幼儿教育》,1993 年第 2 期。

重视和发展社区幼儿保教工作

"社区儿童保教"是近年来在我国学前儿童保教领域里新发展起来的一部分。从《九十年代中国儿童发展规划纲要》所提出的目标和措施看,这是一个需要特别重视并大力开发的新领域。这个纲要的目标中提出"3~6 岁幼儿入园(班)率达到 35%"、"各省(自治区、直辖市)、各地(州、市)和 90% 的县要有一种以上儿童校外教育、文化、科技、体育、娱乐等活动场所,使 90% 儿童(14 岁以下)的家长不同程度地掌握保育、教育儿童的知识"。并提出积极发展学前教育,要坚持"动员社会力量,多渠道、多形式地发展幼儿教育"的方针。这里有一个问题是值得深思的,即到 20 世纪末,我国 90% 儿童的家长要不同程度地掌握保育、教育儿童的知识,而 3~6 岁幼儿的入园(班)率只要求达到 35%。3 岁以下儿童进入保教机构的数量也未提具体要求。显然,这里仅仅把幼儿保教和家长教育理解、限制在托幼机构内,是达不到纲要之目标的。幼儿保教必须动员全社会的力量,挖掘当地人力、物力资源,采取多种渠道、多种形式提供与当地社会、经济、文化发展相适应的保育和教育,以满足学前儿童发展及家长抚育儿童的需要,这就是发展社区幼儿保教的出发点和目的。

社区教育是在终身教育思想的指导下蓬勃发展起来的。70 年代初期,联合国教科文组织在《学会生存》的一份报告中指出:50 年代开始的世界经济、科技的迅猛发展对传统教育思想产生了冲击。那种把人的一生划分为学习、工作、退休三个阶段的观点与社会的变化和发展已不相适应，必须按照教育贯穿人生始终的观点重新考虑学习、工作、闲暇和退休生活。并要求改革教育体制、结构、内容和方法来与之相适应。这种思想带来了冲击，使教育的时间范围扩展到从出生至生命末期；另一方面扩展到全社会，渗透到生活的各个方面。

在终身教育思想的影响下，1981年的"学前教育国际协商会"将学前教育由学前一年下伸至零岁，学前教育包括为终身发展打基础的促进儿童身心发展的一切保育、教育活动。会议还号召：要根据各国、各地区社会、经济、文化以及民族传统的特点，挖掘当地各种人力、物力资源，采用多种形式的保教措施，使广大幼儿享受到保育和教育的权利。

1986年11月，联合国教科文组织在巴黎召开了一次国际幼教专家会议。主题是：低费用、多途径发展幼儿保教。一些国家的主要经验是：根据需要与可能采用非正规的形式为幼儿提供最基本的保育和教育。针对发展中国家的一般状况，会议提出发展幼儿保教的指导思想，其要点是：为经济、文化条件不利的儿童优先提供服务；要考虑儿童、家庭、社区及整个社会的利益；发展幼儿保教选择的途径要与家庭、社区的期望及当地经济、文化条件相适应；要把儿童作为完整的个体对待，促进其各方面的发展。不应分属卫生、教育、福利等不同部门管理。各国、各地的保教设施应有各自明确的计划和设想，切勿不假思索地模仿、搬用别人的模式。

1989年6月，联合国儿童基金会在意大利国际儿童发展中心召开"早期儿童发展全球研讨会"，着重讨论处境不利的儿童的早期发展问题。研究怎样将儿童早期发展的科研成果和满足早期儿童发展的政策转变为促进儿童发展的具体方案，从而提高各种措施的实际效益。这次会议不再停留在一般号召上，而是针对实际状况提出制定"促进儿童发展的方案"的基本原理及工作重点，作为设计和实施方案的具体指导。会议重申了以下基本原理：

（1）儿童权利：儿童有权利使自己的潜能得到充分发展。任意抑制其发展是违反儿童基本权利的。联合国大会 1959 年 11 月 20 日通过的《儿童权利宣言》和 1989 年 11 月 20 日公布的《儿童权利公约》是设计和实施早期发展方案的依据。

(2) 提供良好的成长环境：支持父母和社区强化积极的传统价值观；纠正性别、民族、种族歧视，提高妇女、儿童的知识水平，有利于控制生育。

(3) 社会的经济效益：促进儿童早期发展可减少治疗疾病的费用；减少流生、留级生，提高教育效果；减少少年罪犯、烟酒伤害及其他有害的行为，从而提高社会的经济效益。

(4) 方案的整体效益：将儿童的健康、营养、教育等方面的方案与儿童发展方案相结合，与社区发展方案结合，使之相互促进，提高效益。

这次会议提出近期工作的重点是：首先深入儿童生存与发展处于高度危急状态的地区，重视 2 岁以下儿童的保教工作，广泛提高社区成员参与保教的意识和保教技能，发掘不利环境中有利于促进儿童发展的因素。

根据上述基本原理和工作重点，会议提出了五种相互补充的儿童发展方案，供各国、各地在结合当地实际情况制定方案时参考。

(1) 直接为儿童提供多种形式的保教机构。例如：家庭托儿所、单位托儿所、综合性儿童发展中心、正规和非正规的学前教育场所等。

(2) 培养保教人员(孩子的父母、兄姐等家庭成员，社区群众等)以改善儿童的生活环境。采取的措施有：进行家庭访问，对父母实施教育，培养儿童教儿童，利用宣传手段等。

(3) 动员社区的领导和群众以及社区工作人员采取积极的行动，改善社区儿童保教的物质条件和社会环境。

(4) 加强实施儿童发展方案的力量。对设计和实施方案的人员进行实验性培训，从中提高认识并改进技能。

(5) 广泛宣传儿童发展方案，使社区的政策制定者和广大群众提高认识，共同创造重视儿童早期发展的社会气氛，并广泛传播促进儿童早期发展的知识技能。

上述方案虽然是针对处境不利的儿童的,然而对我国 90 年代幼儿保教的发展同样有借鉴的价值,我们从中可以得到以下几点启示:

(1) 幼儿保教必须面向所有儿童,尤其要重视那些处在经济、文化不利条件下的儿童。要千方百计创造条件,让他们的身心发展与时代发展相适应。

(2) 面向所有儿童实施保教,就必须开展社区保教(农村以村为单位,城市以街道或居委会为单位),动员全社区的力量,挖掘人力、物力资源,采取多种形式的保教措施,为儿童提供良好的物质和精神环境。

(3) 要全面落实对幼儿进行保教,必须重视发挥家庭教育的作用,提高父母及其他家庭成员的保教意识以及科学保教的知识技能。

在我国,发展社区幼儿保教的责任由谁来承担?这个问题是值得我们幼教工作者乃至每一个社会成员思考的。幼教工作者应该从自身的历史使命和社会责任出发,主动地思考在发展社区幼儿保教这个新的领域里能够发挥什么样的作用,然后逐步地付诸行动。

发表于江苏《幼儿教育》,1993 年第 6 期

现代化的幼儿教育是面向未来的教育

一、什么是幼儿教育现代化

教育的现代化,是面向未来的教育,不是以当前的现代化物质水平为参照的,幼儿教育尤其如此。因为幼儿教育培养的是未来社会的建设者,所以在考虑其现代化问题时要有"超前"意识。这里说的"超前",并非指对幼儿进行拔苗助长式的提前开发,而是要求我们广大幼教工作者具有未来意识,面向人类未来的发展,认真思考和探索未来世界的社会成员需要具备什么样的素质,怎样在幼儿时期奠定基础。现代化对教育来说,首先是教育观念的现代化,它的具体内涵会随着

时间的推移而不断发展，然而它应该始终面向未来。这一点对我们这个研讨课题十分重要。

幼教观念的现代化是一个持续发展的动态过程，它的内涵不断更新，范围逐渐扩展，从而达到持续地深化和提高。以"发展观"和"整体观"这两个幼教基本观点为例，多年来我们强调的是：幼儿是发展着的个体，他们的发展彼此间是有差异的，教育要促进每个幼儿在原有水平上得到发展；幼儿身心的各个方面是作为一个整体发展的，各种教育措施应该对幼儿形成整体影响。这样的观点对研究幼儿园课程结构和教育过程中师生互动的规律是十分重要的，而且在十多年来幼教改革实践中取得了效益。然而，从幼教观念现代化的角度看，在此停留就不够了。未来社会虽然是个未知数，但从当今世界各种变化的速度、广度、深度来看，今日的幼儿在他们成长历程中，将面临更加激烈的、纷繁的变化，他们需要具有一种适应变化的意识和应付变化的能力以及能在错综复杂的变化中辨别方向的指导思想。幼儿教育怎样为此奠定基础，这是幼儿教育观念现代化过程中需要探索研究的一个重要问题。

二、幼教观念现代化面临什么样的挑战

人类文明的发展在经历了农业文明和工业文明之后，一种新的文明类型即生态文明正在孕育之中，人类现有的生活方式和思想观念正在受到冲击。农业文明为人类生产了粮食，工业文明为人类创造了财富，但同时也制造了人类的生存危机。由于对自然资源无节制的开发利用，使自然生态系统遭受严重的破坏，导致了人、社会、自然的关系失调。正在孕育中的生态文明呼唤着人与自然和谐相处，从而恢复人—社会—自然这个人类生态体系的动态平衡，为子孙后代建设一个美好的生存环境。

面向21世纪教育国际研讨会(1989年11月27日至12月2日)，针对生态破坏威胁着人类生存这一严峻现实，提出要教育青年关心全球性问题，从只关心自我的圈子里跳出来，培养他们学会关心：关心社会和国家的生态利益，关心全球的生活条件，关心其他物种……会

议还指出严重的生态问题迫使人们重新检讨人类的生活方式,考虑倡导全球合作精神,共同来保护人们生存和生活的环境。

面对生态文明的挑战及关心生态利益的号召,幼教观念现代化应把生态观点提到议事日程上来,着力培养广大幼教工作者的生态意识,并将生态观点落实到各自的教育行为中。生态意识说到底,是一个正确对待人与自然的关系问题,把人自己看做大自然的有机组成部分,而不是让人主宰自然,凌驾于自然之上,从而促进人与自然的协调发展。在我们的教育行为中,生态观点主要体现在两个方面:① 对幼儿进行生态教育,培养生态意识,可从保护生态环境入手,这方面的研究已经开始,且已取得成效。② 运用生态观点探索幼教规律,顺应幼儿身心发展的规律,不人为地破坏其自然规律而导致教育陷入困境。这方面的探索有待深入开展。

三、采用什么策略对待幼教观念现代化

幼教观念的现代化问题并不仅仅是行政领导人员和理论工作者需要思考和研讨的事,而应该是一种包括广大幼儿和全体幼教工作者在内的集体实践活动。人的发展是通过个体与其所处的环境交换物质、能量、信息而实现的,对这一基本观点人们已经达到普遍共识。教育的作用(或任务)是把握发展方向和创造发展条件,这也是没有多大异议的。然而,冷静地分析一下教育领域(包括幼教)的现状,就能发现不少违反人的发展规律的做法使我们陷入复杂的困境而难以自拔,以至主要精力不能用来思考和研究关键的问题。

根据上述发展观和教育观,可以探索一下这样的策略:顺应人的发展的自然规律,建立多层次的自我发展机制,提高教育效率。提出这一策略的前提是:幼儿教育的两个法规已经发布5年,保教总的目标和工作原则已明确规定,并在实践中得到验证。因而把握幼儿保教的社会主义方向已经有了明确的依据。广大幼儿教师应该被赋予从各自实际出发,贯彻落实法规的主动权。他们完全可以通过自己与幼儿交互作用的教育教学实践来领会法规的精神,提高贯彻法规的效果,从而推进教育质量逐步提高。

多层次的自我发展机制由幼儿自我发展机制、教师自我发展机制、幼儿园自我发展机制等层次构成。"自我发展"是指通过外部力量调动正在发展中的个人或集体的内部力量,促进其积极主动地向前发展,并不是任其自由发展。"机制"是指一种规律性的自动化运动。形成自我发展机制要通过实践研究,探索运用外力激发内部动力促进发展的规律。处在发展变化越来越迅速的社会里,许多陈旧的、固定的观念和行为正在束缚着人的发展,若是重视把幼儿和教师个体以及班级教师和幼儿园集体培养成开放的系统,使他们能自主地与外界进行信息交流,各个层次的自我发展机制是能够建立的。

（1）幼儿自我发展机制：以培养独立性为主,使幼儿从接受他人控制逐渐地向自我控制发展,教师的任务是把握幼儿的发展方向,从观察每个幼儿的实际情况出发,引导他们在各自原有水平上向前发展。在幼儿入园就开始以正确的发展观、教育观为指导,采取相应的措施,这是可以做到的。

（2）班级教师个人和集体的自我发展机制：在帮助教师更新教育观念的前提下,给予教师贯彻落实法规的主动权,使他们把教育研究和日常教育教学实践结合起来,从而达到观念和实践共同提高相互促进。既发挥每个教师个人的作用,又形成班级保教人员集体的智慧。只要重视发挥教师的教研主力作用,并且给予引导和指导,这也是可能做到的。

（3）幼儿园自我发展机制：应赋予每个幼儿园贯彻落实法规的自主权,在总结原有经验的基础上,经过实践逐渐形成本园的教育教学整体结构,并不断地进行改革达到持续发展,教育质量就能得到保证。行政和教研领导部门的任务是把握发展方向,提供必要的咨询,尊重各园的特点和自主权,鼓励各园建构自我发展的机制。

探索多层次的自我发展机制的中心思想是：幼儿教育发展的主要动力是什么？怎样发挥这种力量以达到幼教的持续发展？幼教的对象是幼儿,幼儿是发展的主体；幼儿教师是教育队伍中直接面对幼儿的教育力量,幼儿的发展依靠他们的教育影响,因而幼教发展要依靠他们发挥主力作用；幼儿园是幼儿集体教育的基层机构，它为实现幼儿和教师的共同发展创造条件。由这三个层次的自我发展构成的体系将在推进我国幼教改革中发挥越来越积极的作用。

主要参考资料：

1. 吕拉昌、黄茹：《生态文明与持续发展》，载《未来与发展》，1995年第1期。
2. 赵小刚：《启蒙教育的重要内容——生态教育》，载《幼儿教育》，1993年第4期。
3. 王一兵：《提高教育质量迎接21世纪的挑战》，载《教育研究》，1990年第2期。

发表于《幼儿教育现代化》（学习参考资料），
南京市实验幼儿园，1995年10月

更新观念适应新世纪幼儿教育的发展

从人类文明发展的历史看，21世纪将是生态文明构建和发展的世纪，而今天的婴幼儿将是承担这一任务的主力军。因此，引进生态观以深化幼儿教育改革具有重大的现实意义和历史意义。的确，我们迫切需要树立生态观，形成生态意识，并落实到我们的教育行为中去。

（一）

观念的更新是一个持续发展逐渐提高的过程。当今世界关于婴幼儿身心发展和保健、教育方面的理论和研究成果非常丰富，我们完全可以通过学习和借鉴用以指导我们的实践，而不需要从头做起。然而，学习和借鉴是为了提高，这就必须通过实践，在实践中消化吸收并转化为自己的意识。这就是说要走认识——实践——再认识——再实践的螺旋式上升之路。实际上，改革开放20多年来我们经历的正是这样一个过程。20世纪70年代末，我们开始从幼教改革的实际需要出发，借鉴有关理论来解决实践问题，促进改革向前发展。然而，每前进一步都会出现新的需要解决的问题，这又促使我们去寻找相应的

理论来解决新出现的问题。在这个过程中,我们运用理论的能力越来越高,改革的效果也越来越好。今天,我国幼教领域出现了非常丰富的前所未有的创新成果就是明证。

但在这里我想强调的是"观念更新"而不是一般地从理论上提出一个新观点,要从我们的幼教改革实践中升华而形成新观念,这种观念应该成为我们自己思想意识的一个组成部分,并且随着幼教改革的不断向前发展而持续深化更新。

现在以"综合教育"改革为例来回顾我们这些年在实践中观念更新的过程。

80年代初,有些幼儿园老师向我们理论工作者提出要求:改革分科教学,把几门学科综合起来教学,以减轻教师和幼儿的负担。当时,我们找到并运用了系统论的一个观点:系统是有一定结构的,系统的各个组成部分形成一个整体,其效果将大于各部分相加之和,从而提出教育内容的综合、手段的综合、过程的综合,并据此建立起主题系列。但在实践中我们发现,这种改革缺乏对教育目标的研究。因此,在1987年开始的"农村学前一年综合教育课程"的探索中,我们首先对教育目标进行了反复研究,从而使综合课程的结构得到了改进。同时,我们认真研究了陶行知、陈鹤琴当年创办农村幼儿园的理论和经验,并以此指导我们的课程设计。从那时开始,我们意识到在课程研究的理论指导方面,继承与发扬我国幼教先驱者的思想和引进西方理论都是必要的,而且两者要尽量相互结合,从而建立起我们自己的观念。

也是从那时起,我们开始接触到人类发展生态学,并提出了"重视社会生态环境对幼儿发展的影响,利用生态变迁促进幼儿发展"的观点。关于前一点,我们积极提倡充分利用农村的各种资源对幼儿进行教育,但对后一点"利用生态变迁促进幼儿发展",直到1993年开始探索"2～3岁儿童综合教育课程"时才有所思考,思考的重点是如何使孩子顺利地过好入园关的问题。

上述观念更新的过程实际上受到多种思想的影响。在这个过程中,我们一方面吸收有关信息进行加工,一方面互相交流共同研讨。可以说,这种观念的更新是集体智慧的结晶。

再以儿童观的发展为例,来回顾我们观念更新的过程。20世纪80年代初,我们受建构论(由蒙台梭利和皮亚杰先后提出)的影响,认识到"儿童的认知是由他自身与外部环境相互作用而逐渐形成的一种结构",因此开始重视为儿童提供操作的机会,强调变灌输知识为发展智力,提倡将发挥幼儿积极性、主动性、创造性与教师的主导作用结合起来。后来我们认真研究了马克思主义教育哲学的主体发展观,把我们的教育目标定在"使幼儿的身体、认知、个性、社会性情感等方面获得全面和谐的发展","为幼儿创设有利于全面发展的、轻松自由的环境,使他们摆脱人为的束缚,得到科学的引导,真正成长为全面发展的新人"。这时,我们开始把幼儿看做认识和实践的主体,重视他们在活动中能动性的发挥,促进他们的主动发展。进入20世纪90年代,在课程改革方面,广大教师就开发幼儿的潜能,发挥幼儿的自主性进行了多方面的探索。近年来,教师们又开始通过直接观察来认识和了解孩子的潜能和发展需要,并采取相应的教育策略,而不是单纯考虑儿童的年龄特征,更强调从儿童发展的实际出发制定教育计划,取得了良好的效果。这是儿童观的一大进步。

从上述发展过程可以看出,幼教观念的变化是广大幼教工作者不断总结自己的教育教学实践经验,研究自己面对的幼儿身心各方面发展的现状而得以实现的。

(二)

回顾历史是为了把握现在并展望未来。今天我们讨论"更新观念"究竟意味着什么呢?在这里作一些概括,提一些建议供大家参考。

"更新观念"首先要提倡用生态观来研究幼教发展的规律。生态观的一个重要观点是可持续发展,幼儿教育要在生态文明中发挥作用,为建设生态文明作出自己的贡献,就必须随着人类社会的发展而积极主动地自我发展。

幼儿教育怎样做到可持续发展?我们认为,应根据生态观把幼儿园建成教育生态系统,具体地说,将课程教育与园务管理结合起来,处理好各部分之间的关系,使之相互促进,产生整体效益。教育生态系统具有开放性,能随时有选择地接纳外界的信息并使之成为自我发展的营养。这里并不提倡大家套用教育生态系统的结构,而是建议每个幼儿园,小至几个班的园所,大至十几、几十个园的集团,从各自的实际出发,总结办园经验,努力建构园本课程,把课程教育与园务管理融为一个整体,使园务管理更有效地为课程教育服务。

怎样建立教育生态系统?我们认为,应认真研究本园课程和园务管理工作,把研究与日常工作紧密结合起来,把日常保教及行政管理当做研究工作来做。实践证明,教师对自己的教育教学进行了研究,就会产生一种发展的能量,形成自我发展机制,从而促进幼儿园产生一种不断追求新发展的内在需要。这一点说明教育生态系统的运转和发展能量来自系统中的集体智慧。

在构建教育生态系统时要重视创立幼儿园文化,因为幼儿园文化是教育生态系统的核心,是幼儿园的品牌形象。幼儿园文化是由幼儿园的全体成员认同的价值观念、情感态度、伦理道德、行为准则和习惯传统等凝聚而成的一种精神力量。这种文化在幼儿园内部对全体员工和幼儿产生潜移默化的陶冶作用,能增强凝聚力,提高教育效果;在幼儿园外部能对幼儿家长及所在社区以及整个社会产生引导作用。实际上,幼儿园文化的各要素是在幼儿园的创办和发展过程中自然产生的,现在的任务是要自觉地加以构建和发展。由于集体保教在我国婴幼儿保教体系中占有特殊地位,幼儿园承担着对家庭保教和社会保教的引导和促进任务,因此构建幼儿园文化,发挥幼儿园品牌形象的作用,尤为重要。

幼儿园教育生态系统以幼儿为主体,教育为中心。近年来,人们对发挥幼儿的自主性,促进他们的自主发展问题,作了不少探讨。我们可以进一步用幼儿园教育的生态观来深入探讨这个问题,对环境的作用,对幼儿、教师、家长三个角色群体的各自作用,各个角色群体的不同活动特点,人际互动作用等进行探讨。近年来对师幼互动的研究比较多,幼儿园教育中的人际互动问题,还需要深入探讨。

最后,对创建园本课程提出一些建议。20世纪90年代初,幼教改革成果日益增多,使得有些幼儿园因忙于"追新"而陷入困惑;另一方面,办特色园的风气盛行一时,使得有些幼儿园忙于标新立异,脱离了本园实际。面对改革中出现的这些问题,我们提倡从本园实际出发,通过总结自己的办园经验,研究自己的日常保教工作,构建园本课程,先形成框架,再逐渐充实。已有的经验证明,在建立园本课程的过程中,保教质量和师资水平可以相互促进共同提高。从本园实际出发,对他人的理论、他园的经验有一个选择的过程,不会盲目搬用。构建初期,要按明确的目标、科学的内容、合理的活动、有效的评价这样的结构来进行,宜着重研究目标经过内容和活动向幼儿发展的转换。园本课程初步建成后,要通过评价从实践中提取新的观念以促使园本课程不断发展。

上述观念是不是能适应21世纪幼教的持续发展,还有什么重要观念我们没有意识到,怎样使这些观念落实到我们的教育行为中去,从而促进幼儿自主发展,等等,所有这些都需要我们大家一起在幼教实践中继续探索和思考。

发表于《幼儿教育》,2001年第9期

幼儿综合教育课程研究

论幼儿园课程改革

当前我国幼儿教育的改革正随着全国各方面改革开放的洪流逐步深化。表现在两个方面：改革面逐渐拓宽，范围日益扩大；改革的焦点逐渐形成，程度日益加深。幼儿园课程改革是当前幼教改革的焦点之一，是在改革实践过程中逐渐形成的。随着改革的发展，大家提出了"幼儿园课程的含义"、"幼儿园课程的理论基础"、"课程改革的指导思想"、"课程改革的发展趋势"等方面的问题。为了便于交流思想、深化研究，我们在这里谈谈自己的观点，供大家参考、讨论。

一、幼儿园课程的含义

在研究讨论任何问题时，对所用的术语（专业性用语）作出明确的解释是非常重要的。同一个术语由不同的人在不同的时代、场合使用，其含义会有不同。有时，同一个人在不同时期用同一个词，其含义也不尽相同。因此，不作明确解释，会造成各说各的话，说不到点子上，问题难以集中，影响交流效果。对"课程"这个词的含义，有各种各样的解释，对幼儿园"课程"含义的解释也有差异。我们使用幼儿园"课程"这个词，随着我们对事物认识的变化而有一个发展过程。

20世纪20年代，陈鹤琴先生创办实验幼儿园研究的四个课题中有一个是对幼儿园课程的研究。他针对当时分科教学的弊端，提出以大自然、大社会为中心的"课程中心制"即整个教学法，注意各科相互联系，强调教材的整体性，因"儿童生活是整个的"。陈鹤琴的幼稚园课程论思想在新中国成立以前的20年间在全国产生了较大影响。1949年以后，在"全盘苏化"的总形势下，幼儿园教育中引进了"作业"

一词,强调通过各种作业进行系统教学。陈鹤琴教育思想被全盘否定,"课程"一词在幼儿园教育中也停止使用了。

1978年我国幼儿教育处在需要重新建设的严峻时刻,幼儿园在恢复正常秩序时面临着对多年来使用的各种教材、教法进行鉴别取舍的难题。为了适应当时幼教第一线实践发展的这一迫切需要,我校学前专业的教师与南京市幼儿园的老师们组成了五个协作科研小组分别对幼儿园语言、计算、自然常识、音乐、美术等科目的教材教法进行了连续三年的实践研究。在研究过程中,我们强调发展幼儿的智力,并且把能力培养看做挖掘智力潜力的基点之一,从而逐步建立了幼儿园五门科目的教材教法体系。同时也发现了一些需要研究的问题:

(1) 由于在十年动乱中把"作业"改为"上课",而当时对幼儿园"上课"的含义并不明确,人们(尤其是未经专业训练的幼儿教师)往往用小学"上课"的概念去对待幼儿园"上课",造成了重上课轻游戏的普遍倾向,上课时老师讲、孩子听的现象也相当严重。

(2) 由于重上课,重各科本身的系统教学,分科教学从一位教师教各门科目发展到两位或更多的教师分别教同一班级的几门课,各科之间越来越割裂。

(3) 由于缺乏对各科之间相互关系的专题研究,而各科的研究却日益深入,各自的系统性加强,要求提高,分量加重,幼儿园老师们提出,如果把各科的研究成果集中贯彻到同一个班级的幼儿身上,则教师难以胜任,孩子难以接受。

三年研究结束时我们于1982年8月写了一篇文章,题为"挖掘幼儿智力潜力促进幼儿智力发展——幼儿园课程研究三年小结",此文载《中国教育学会幼儿教育研究会第二届年会论文、经验选编》(二)。那是我们第一次在发表的文章中使用幼儿园"课程"一词。当时选用这个术语是受到两方面的影响:① 在整理我国幼儿教育发展史料过程中重新考虑对陈鹤琴教育思想的继承和发扬;② 在接触外国幼教资料过程中吸收了20世纪60年代以来西方课程研究中的有关思想。然而,当时我们并未对这个词作出明确的解释。只是从文章阐述的内容和观点可以看出当时的"课程"研究是指对幼儿园各门科目的"教材结构、教学规律"的研究。文章提出了:"需要对每门科目的教育在幼儿全面发展中的独特作用以及各科教育之间的相互关系作深入研究,还需要探索如何把教给幼儿的知识与技能更加科学地组织起来,如何更好地发挥幼儿认识世界的各种手段的作用以及如何把各种方法更加合理地相互配合起来运用。"由此可见,当时"课程"的含义是指每门科目本身的教材结构、教学规律和各门科目之间的相互关系。

1983~1986年,我们与南京市实验幼儿园协作开展了"幼儿园综合教育结构的探讨"的研究课题。那是上述课程思想在教育实践中的发展。当时由于强调幼儿园教育的整体性,探讨整体教育的各部分之间的相互关系,提出了"综合教育结构"的思想。并且对教育内容的综合、教育手段的综合、教育过程的综合三个方面进行了实践探索。当时,虽然未用"课程"这个词,然而"课程"的含义已由单科的教材教法向幼儿园教育整体发展,由强调单科的教材结构、教学规律向强调幼儿园教育的整体结构转移,由着重幼儿园教育各部分本身的教育作用发展为着重各部分之间的相互关系、相互作用,以提高整体教育效益。

回顾"课程"思想的发展过程,我们认为幼儿园课程的含义包括形式与内容两个方面:形式上可以指幼儿园某一门科目的教育教学,也可以指幼儿园整体教育;内容上反映整体结构、内在联系,体现各部分之间的相互作用以及整体功能。例如:幼儿园音乐课程应体现幼儿园音乐教育的整体,包括音乐教育的目标、教材、教法、教育过程以及这些部分之间的相互联系,也就是说要反映音乐教育的客观规律。如果不遵循客观规律,随意挑选教材,排列课题,就不成其为课程。综合教育课程是幼儿园整体教育的一种模式,有它特定的整体结构、内在联系,也就是说反映了一定的整体教育的客观规律。如果把某些教材、教法、活动形式任意拼合在一起,并不能成为课程。因此,到现在为止,我们认为幼儿园课程的含义是:反映幼儿园某一门科目的客观规律的整体教育结构,或反映幼儿园整体教育客观规律的总体结构。这一含义代表了我们近十年来在幼儿园课程研究实践中逐渐发展起来的认识。

二、幼儿园课程的结构

近年来在研究课程改革的理论和实践的过程中,我们逐渐认识到有必要强调课程的总体结构。课程是教育目标借以落实到受教育者身上的中介。幼儿园课程是幼儿园的培养目标落实到幼儿身上的中介,也就是幼儿教师为完成教育任务使幼儿达到预定的培养目标所采取的一切教育措施的总体结构。这里所说的一切教育措施包括所选定的教育内容,所采用的教育手段和方法,教育过程的组织,环境设备的提供等等。而这一切必须形成一个反映一定教育规律的总体结构。要把上述的各部分根据它们之间的相互关系,合理地组织起来使它们发挥积极的作用,从而提高教育的实际效益。

我们曾发现幼儿教师在贯彻《幼儿园教育纲要(试行草案)》时缺乏整体观念,在使用统编教材时缺少选择依据。其原因是缺乏一种办法把教育纲要中提出的教育任务、教育内容与要求、教育手段以及各科的教材、教法组织成具有合理结构的总体。我们针对这一实际需要开展了幼儿园教育结构研究,其目的是为大家提供一种幼儿园课程结构的原理,使幼儿教师能够为自己的班级设计合理的课程。

为什么要让幼儿教师自己设计课程?《幼儿园教育纲要》是全国性的指导文件,统编教材是供选择使用的,它们与小学的教学计划、教学大纲、教科书的作用是不同的。幼儿教师取得了设计课程的主动权,就能结合各地经济文化特点,针对本园本班幼儿的具体情况设计相应的课程。只有这样,幼儿园培养目标才可能真正落实到幼儿身上,从而切实提高教育质量。这样做,既可以为教师提供发挥创造性的机会,也可以防止互相观摩所产生的不切实际的搬用。教师吸取别人经验中的有益因素,纳入自己的总体结构,既丰富了自己的实践,又发展了他人的经验,因而有利于普遍提高幼儿园的教育质量。

因此,我们认为当前我国幼儿园课程改革的焦点是使幼儿教师从被动地制订和执行教育、教学计划转为主动地设计和实施课程。幼儿教师的这一主动权需要通过两个渠道来获得:① 各级教育行政部门要"放权",放手让教师设计和实施本园、本班的课程,行政部门通过对教育效果的评价进行监督,而不用统一计划、统一教材、统一进度使教师置于被动依赖的地位;② 教师本身要在积极提高专业理论水平,总结各自经验的基础上,在教育实践中发挥主动性和创造性,逐步掌握设计和实施课程的技能技巧。

设计和实施课程首先要树立整体观点,要了解课程的结构,处理好各部分之间的关系,从而发挥课程的整体功能,提高教育效益。关于课程的结构,我们借鉴英国课程专家惠勒的课程设计思想,即课程设计应该包括:① 确定培养目标;② 选择学习的经验和内容;③ 组织学习的经验与内容;④ 评价教育效果。

其次要有明确的指导思想和理论根据。进行课程改革,需要对原有课程进行分析,从而保持并发扬其优点,克服其弊端。这就要综合运用教育学、社会学、心理学、生理学等多方面的理论作为指导和依据。设计新的课程需要针对弊端找到相应的对策,从而明确改革的方向和焦点,才能取得实际效益,使改革落到实处。这同样需要具备有理论根据的明确观点作为指导。此外,当前国内外关于幼儿教育和幼儿生理、心理发展方面的理论观点是多种多样的。以不同的理论为基础设计的课程会呈现出不同的模式。随着有关理论的不断发展,幼儿教育的课程模式也日益增多。当前国际上幼儿教育课程研究的发展趋势是要设计并实施适应各个地区、各个民族、各种经济和文化背景、各种自然与物质环境的多种多样的课程模式,而不是要求,也不可能建立某一种到处适用的"最佳"模式。国外的一些研究证明,以不同理论为根据所设计的不同模式,只要符合幼儿教育和儿童发展的客观规律,都能促进幼儿各方面的发展。针对我国地域广阔,人口众多,经济发展不平衡,文化背景不一致,民族特点和社会习俗多样等实际情况,我们认为当前幼儿园课程改革的方向是提倡建立多种课程模式以适应不同的需要。课程研究的焦点是通过互相交流,共同探讨,促使各种模式在各自的教育实践中日益完善起来。这样做符合我国改革开放的总方针。

上述课程结构为考虑课程各部分之间的关系提供了一个框架。各部分之间关系的具体处理,由于所依据的理论不同而有差别。然而,某一个具体课程由于根据的一种理论(或几种理论综合成一种指导思想)来处理各部分之间的多种关系,就能成为一个协调的总体来发挥整体教育功能,这样就能成为一种课程模式。如果缺乏明确的指导思想,随意地把各部分拼合在一起,就难以发挥整体功能,也不能成为一种课程模式。

怎样处理课程结构各部分之间的关系?

(1) 课程的培养目标是根据幼儿园教育纲要中提出的教育任务来确定的。纲要中的任务是概括的、笼统的,设计课程时要结合当地的社会、家庭的特点,针对本班幼儿的发展基础提出具体的培养目标,也就是在实施课程结束时,本班幼儿各方面发展所应达到的要求。培养目标确定得明确、具体,以后对课程教育效果进行评价时,其目的就清楚,措施就能切实可行。以不同理论为依据的课程,所提出的培养目标其重点可能会有差异,但不一定会影响全面发展教育任务的实现。

(2) 培养目标是通过教育内容来落实的,而幼儿时期,如果教育内容渗透在幼儿整个生活过程中成为幼儿的学习经验,学习效果可以提高。然而把日常生活经验构成幼儿的学习经验,必须通过教师根据培养目标选择教育内容,安排成能激发幼儿积极学习的过程。这里很重要的一点是处理好教育纲要中提出的教育内容与要求的各部分之间的关系。选什么内容以及怎样处理其间的关系,也是受设计课程的理论根据制约的。

(3) 教师所选定的内容、安排的经验要落实到幼儿身上产生教育作用,必须通过一定的组织形式,成为幼儿的活动。教育纲要中提出了上课、游戏、劳动、日常生活等七种教育手段。怎样恰当地运用这些手段?首先要明确每种手段在促进幼儿发展中的特殊作用;其次要考虑各种教育手段与学习内容、学习经验之间的关系,要学习什么内容,组织什么活动较为恰当;同时还要考虑各种手段之间的关系,相互搭配运用。学习经验和内容的组织同样受课程设计的理论根据支配。

以上只是概述课程设计中需要考虑的一些问题,供大家讨论。当前幼儿园课程改革正在广泛发展,改革内容日益丰富。我们相信随着课程改革的深化,课程设计和实施的客观规律会日益明显地呈现出来。这将为建构具有我国特点的幼儿园课程理论与实践的体系奠定基础。

本文是作者与唐淑合作撰写的,发表于《学前教育研究》,1988年第5期

幼儿园综合教育结构的探讨

为了适应幼儿教育改革的需要,促进幼儿园教育质量进一步提高,南京师大教育系学前教育研究室和南京市实验幼儿园协作开展了"幼儿园综合教育结构的探讨",为期三年(1983年9月至1986年7月)。

一、"教育结构"问题提出的时代背景

解放后学习苏联,我国的幼儿园教育加强了目的性、计划性,同时采取了分科教学的形式。通过多年的实践,在教育、教学内容怎样适合国情方面作了研究,制定了我国自己的幼儿园教育纲要,分成六个科目进行教学。

70年代末,为了适应幼儿教育从十年动乱的严重破坏中重新建设的需要,我们分科目、分专题研究了教材内容和教学方法,取得了成果。对当时许多幼儿园恢复正常秩序起了促进作用。

80年代初,我们发现了以下问题:

1. 多年来的分科目教学和研究,使各科教学有了系统性。但是,对各科之间的关系和联系缺乏研究,对幼儿园教育内容和过程缺乏整体性的思考。

2. 由于分科目教学和研究的重点放在教材教法上,而教学又一贯地被理解为上课,因而上课被当做幼儿园的主要活动,而其他活动的教育作用很少得到研究和发挥。

3. 由于各科教学对教师"怎样教"考虑多,对幼儿"怎样学"、"效果怎样"考虑少,幼儿的积极性未得到充分发挥;由于重上课,强调集体的统一要求,忽略个别教育,幼儿发展不平衡的现象未受到重视。因而,面向全体幼儿,使他们得到全面发展的教育任务难以落实。

对上述情况进行分析,发现问题的关键在于对幼儿园教育的结构缺乏研究,对幼儿园教育的任务、内容、手段等各种因素之间的相互关系不明确,因而教师缺乏驾驭幼儿园教育整体的观念和能力。从幼教科研为实践服务的观点出发,我们确定了幼儿园教育结构的探讨这一研究课题。

二、探讨的重点和研究的性质

1. 探讨幼儿园教育结构,就是研究怎样更加合理地组织各方面的教育内容,进一步发挥各种教育手段的作用,使教育任务得以全面地落实到全体儿童身上。针对分科教学中的不足,我们提出综合的教育结构,把它作为一种假设,用以回答"怎样"更加合理地组织幼儿园的教育,以取得较好的效益。这就是从综合性入手,带动合理性、效益性,对教育结构进行探索。

2. 探讨对象决定了本课题既不是单纯的理论探讨,也不是严密的实验研究,而是一项探索性的思考和尝试。针对这种研究性质,我们采用了行动研究法,边实践,边研究,在实践中研究,以研究促实践。本课题的价值是探讨过程重于探讨结果。探讨过程中建立的理论观点将为下阶段的实验研究提供较为明确的指导思想和切实可行的理论基础。

3. 探索的内容包括综合教育结构的理论思考和实践尝试,探索的成果表现在指导思想的建立和具体措施的设计两个方面。

4. 这项研究以幼儿园教育实践为立足点,从幼儿园实际出发,研究相应的理论观点。以1983年9月入园的一个小班的教育结构为研究对象,连续进行三年,在教育过程中设计三个年龄班的教育结构,逐步明确指导思想和理论依据。

5. 根据上述需要建立研究队伍,由两个单位的青年教师和老教师组成。一方面,教育实践和理论研究两者相互配合;另一方面,青年教师思想活跃敢于创新和老教师经验丰富,两者相互补充。

6. 探索中的理论思考,借鉴有关理论观点:(1) 对教育结构的分析,运用系统论;(2) 教育与发展的关系,教师与幼儿的关系,借鉴皮亚杰的建构论;(3) 幼儿成长与社会条件的关系,从社会生态学观点考虑。

三、三年探索的成果

1. 经过三年的实践和思考,可以确定我们当时提出的"综合教育结构"有可能回答"怎样更加合理地组织幼儿园的教育,以取得较好的效益"这个问题。我们认为,对这个问题的回答有多种可能性,而综合教育结构只是其中之一。

幼儿园综合教育结构是由小班、中班、大班的三十几个主题构成的一个连续的教育过程。这个教育过程是以尊重幼儿发展规律与发挥教师主导作用相结合为总的指导思想,将三年的教育分成一系列的小阶段,每一阶段按主题组成某一方面的生活经验,使在园的三年生活成为促进幼儿发展、落实教育任务的整体教育。主题的设计是以认识周围生活为基础,从情感教育入手,着重培养良好的行为习惯,发展言语和思维能力,促进幼儿全面发展。每个主题包括:教育目的、集体活动、日常活动、家长工作以及评价等几个部分。这些都是在实践中设计,又经过实践整理出来的。这些主题的设计与实施又是以一定的理论思考为根据的。

2. 对教育结构的思考:幼儿园教育是整个国民教育系统的一个组成部分,它本身又是一个系统,有自己的特殊结构。对幼儿园教育系统,可以从两个不同的角度分析它的组成部分。(1) 教育因素,包含教育任务、内容、要求、手段和方法等;(2) 人的因素,包含保教人员和不同年龄的幼儿两部分。

幼儿园教育结构是上述各种因素之间的相互联系和相互作用的具体表现。教育结构合理,各因素之间的关系处理恰当,就可能发挥积极的相互作用,产生良好的教育效果。反之,就可能互相排斥、互相抵消,影响教育效果。《幼儿园教育纲要》(简称《纲要》)对教育任务、教育内容和要求、教育手段都作了规定。在实施《纲要》时,需要具体分析和恰当处理:(1)教育任务、内容、手段之间的关系和作用;(2)八个方面的教育内容之间的相互关系和联系;(3)各种不同的教育手段之间的相互关系和作用,等等。如果听凭各种因素自发地相互作用,教育效果就难以保证,在分析上述各种关系的基础上,把这些因素组成一个连续发展的教育过程。由此可见,教育结构不是一种固定的框架,而是一种动态的组织。

教育结构之所以成为一种动态组织,是由于它体现了人的发展。幼儿园教育的任务着重是促进幼儿发展,这是与小学教育的根本区别。小学着重在教学生学习各种基础知识和技能。探索幼儿园教育结构,首要问题是探讨教师与幼儿之间的相互关系和相互作用。

3. 对教师与幼儿之间关系的思考:教师与幼儿的关系是教育与发展关系的具体表现。教育与发展的关系是人类社会特有的问题。任何生物的发展都是在个体与周围环境的交互作用中实现的。除人类以外的生物都是听凭自然规律在个体发展和种族绵延中发生作用。而人是在社会中生存和发展的,其中的自然条件也往往被社会化了。因此,人类个体生存的环境包括社会化了的自然条件和社会条件,个体的发展受自然规律和社会规律的双重制约。最重要的是,人能控制环境,有可能按照自身的意愿来改造环境。然而,这种控制和改造必须以顺应自然的和社会的客观规律为前提。否则,非但难以取得预期效果,还会破坏社会生态环境,后患无穷。

幼儿的发展既然是在自身与周围的人、事、物的交互作用中实现的,就会受到自然的和社会的客观规律的制约。教育的作用在于顺应客观规律,发挥幼儿本身和周围环境中的积极因素,引导幼儿向着社会培养人的目标发展。幼儿的身体发育及智慧和道德的发展是依靠他自己与客观环境交互作用自主地建构起来的,而不是由他人强迫灌输达到的。因此,教师的作用是对这种建构加以引导,发挥积极因素的作用,控制不利因素以防止消极影响。我国多年来提倡的"教师的主导作用与幼儿的积极性、主动性、创造性相结合",在理论上是符合上述教育与发展的原则的。然而,在实践中要取得预期效果,还需要一系列具体措施来保证。

教师的主导作用与幼儿的积极性、主动性、创造性之间的关系,也存在一定的客观规律。幼儿是发展的主体,要达到良好的发展结果,必须通过幼儿自身的活动。然而,在双方的相互关系上,主动权又掌握在教师手中。教师的主导作用发挥得好,幼儿的积极性、主动性、创造性才能得到发挥,良好的教育效果才得到保证。反之,教师的作用不恰当,幼儿的"三性"得不到发展,甚至受到压制,也就难以取得预期效果。教师的主动权正是体现在恰当处理"尊重幼儿发展规律"和"发挥教师主导作用"的关系上。一种教育结构的效益如何,取决于教师以上述指导思想为基点,合理地处理各种教育因素之间的相互关系。

4. 对综合教育结构的思考:这里的"综合"是指顺应各教育因素之间相互联系、交互作用的客观规律,把它们组成一个有机整体,使各因素在交互作用中积极发挥各自的功能,从而提高教育效益。设计并实施合理的教育结构是教师发挥主导作用的根本。教育结构的"综合性"体现在以下三个方面和三个层次。

三个方面的综合:

(1) **教育内容的综合**。包括《纲要》规定的八个方面,其中以常识内容为基础确定每一阶段的教育内容。以"主题"的形式出现,尽可能将卫生习惯、思想品德、计算、音乐、美术、体育活动等方面的有关内容结合进去,但不强求综合,八个方面内容各自必要的系统性仍然保持。

(2) **教育手段的综合**。包括《纲要》提出的游戏、体育活动、上课、观察、劳动、娱乐和日常生活等各种活动,强调各种手段的互相配合,发挥各自独特的作用。上课(全班形式或分组形式)是进行集体教学的主要形式,它的作用应得到充分发挥。每一阶段的主要内容是由一定数量的上课(集体活动)和其他活动(日常活动)互相配合起来贯彻的。

(3) **教育过程的综合**。把认知、情感、行为、能力的培养互相结合在统一的过程中。这个过程以认识周围生活为基础,从情感教育入手,着重培养良好的行为习惯,发展语言和思维能力。教育过程贯穿于幼儿三年的生活经验中,运用"学一点,做一点,懂一点"的原则,使幼儿学得活泼而扎实,从而提高教育效益。

三个层次的综合:

(1) **主题活动的综合**。每个阶段集中进行某方面的教育,把各方面内容有机地组织起来,改变六门课各成系统分开进行的形式,也改变课内教学单独自成系统的方式。有关内容和手段互相联系、互相配合,使认知、情感、行为、能力的培养密切结合。

(2) **一日活动的综合**。把一日的各项活动组成连续的教育过程,不停留在互相分割的许多片断上。这种综合,又随着教育要求和幼儿发展程度的提高而不断调整变化,使活动形式的综合服从于教育内容和过程的综合,以促进教育任务的落实。

(3) **个别活动的综合**。每项活动尽可能在各个部分有机联系中进行,既要防止割裂,也要防止强求拼合。个别活动的综合是多种多样的,由内容的性质、活动的要求、幼儿的能力等多种因素决定,有很大的灵活性。

5. 三个年龄班"主题"的设计:主题的设计是对上述思考的综合应用,是从思考到尝试的过渡,是从理论到实践的转换。这乃是幼儿园教育工程的一种具体表现。教育工程的设计为教师提供了发挥创造才能的机会。每一位教师可以根据人才培养目标和幼儿园教育任务,针对本班幼儿的实际情况设计各有特色的教育结构,使幼儿既得到体、智、德、美各方面发展,又发挥各自的潜力,形成各自的个性,为培养社会需要的多种人才打下基础。

综合教育结构的主题设计体现以下实践性指导思想:

(1) 根据"幼儿是主体,教师是引导者"这一总的指导思想,三十几个主题的名称全用儿童的口吻。例如:"高高兴兴上幼儿园"、"叔叔阿姨在干啥"、"我又长大了"、"小问号"等,教师努力从儿童的角度看问题、提要求、安排活动。这不仅仅是词语表达的推敲,也是从偏重考虑"教师怎样教"转到首先考虑"幼儿怎样学"。这是教育观点的转变。

(2) 根据我国社会制度的性质,针对独生子女的特点,强调集体思想感情的培养。幼儿从家庭进入幼儿园班级集体。是走上"社会"的开端,过好"入园关"特别重要。因此,第一天就开始以丰富有趣的生活内容吸引幼儿,同时教给基本的料理生活和相互交往的技能。帮助他们早日适应集体生活。到了中班,通过为班级服务(值日工作),在游戏中为同一目标各尽所能(自愿参加设计和建设玄武湖),让幼儿学习处理个人与集体的关系,在共同完成任务过程中体验爱集体的情感。升入大班,以哥哥姐姐的身份到小班去帮忙照料新入园的弟妹。离园前全班幼儿一起讨论怎样为幼儿园做好事,最后幼儿自己组织一次活动"告别幼儿园"。三年的幼儿园集体生活给幼儿留下了美好的印象,初步形成了集体自豪感,对他们今后的发展可能产生良好的影响。

(3) 尽量利用家庭和社会的现实条件设计主题,扩展幼儿的眼界,给予充分实践的机会。小班"我爱我的家"主题,教幼儿看父母怎样关心自己,想想自己怎样关心父母,说说怎样做"小主人"、"小客人",由家长带领幼儿"现场实践",做过以后大家来谈。中班参观附近生活设施和建筑工地的成人劳动,回园后通过游戏反映所见所闻,创编劳动舞蹈等,都是在教师引导下由幼儿集体动手动脑开展起来。大班幼儿通过调查各自父母的工作(由父母带到工作单位并给讲解),汇报交流,了解各种职业,在"我爱祖国"的主题活动中,收集各地土特产,举办展览,互相介绍,在短短几天内增长了不少社会知识,在"社会化"的道路上一步步前进。

(4) 重视各种能力的培养:使用各种感官观察事物的能力;欣赏文学、音乐、美术作品的能力;运用游戏、语言、歌舞、绘画、小制作等表达认识和感情的能力;礼貌待人,在集体里友好相处,与人合作的人际交往能力等。在设计主题的目的和具体活动时给予落实。

（5）独立性和创造性的发展是相辅相成的。发挥创造性从培养独立能力开始，给予"创造"的机会又能增强独立性。幼儿养成了良好的生活习惯，具有基本的待人处事的技能，就会表现出一定的独立性。在大班，通过"小问号"主题，引出"有趣的植物"、"可爱的动物"、"神秘的天空"、"冬天的'为什么'"等一系列主题，从中学习发现问题、寻找答案的方法。最后一学期在"现代化机器"主题后，接着开展"小小发明家"主题。孩子们从收集材料、设计、制作到办展览说明成品的结构，有的单独边想边做，有的三三两两自愿结合边讨论边制作。他们甚至整个半天忙于"发明"，以前培养的各种能力得到了综合的运用和锻炼。我们期待着了解他们入小学以后的发展和学习，作为评价"幼儿园综合教育结构"效益性的参考。

一种教育结构从开始设想到切实建立，需要经过反复思考和实践，逐步发展而完善。幼儿园综合教育结构的建设刚刚迈出第一步，它只是幼教改革园地里的一株幼苗，究竟具有多少生命力，还有待于实践的检验！

本文是"幼儿园综合教育结构的探讨"研究小组的阶段性总结，由赵寄石执笔，并送交1986年9月在江西省九江市召开的国家教委与联合国儿童基金会合作项目部分项目主任座谈会的学术报告。
发表于江苏《幼儿教育》（现更名为《早期教育》）
1986年12期、1987年1期

农村学前一年综合教育课程研究

在研究农村学前一年综合教育课程的几年中，课题组对研究方向、研究内容、研究方式、方法以及具体研究过程都进行了理论与实践的密切结合、相互促进的学术探讨，为今后建立农村学前儿童保育和教育体系积累了经验和素材，打下了思想认识和理论探讨的基础。

一、世界幼儿保教发展的启示

1982年,南京师大学前教育专业开始执行我国与联合国儿童基金会合作进行的学前教育项目,有机会出国考察、参加国际会议,得到了书刊资料,并与国外同行交流研讨,从而对世界幼儿保教的发展趋势有所了解。20世纪80年代中期,正当我们初步完成城市幼儿园综合教育课程的第一轮探索时,要求改变农村幼教小学化、城市化状况的呼声日益高涨。那时,我们面临的选择是继续深入城市幼儿园改革呢?还是转向农村尝试新的探索?

首先思考的是:为谁服务这个方向性的问题。1959年11月20日联合国大会通过的《儿童权利宣言》中明确提出:"儿童得享有特别的保护,并通过法律或其他途径获得机会和设施,使他在体格、心智、道德、精神和社会各方面,能够在健康及正常的情况下和拥有自由及尊严的处境下发展。"联合国教科文组织在20世纪70年代组织了对世界各国学前教育发展状况的调查,并于1981年11月23~27日召开了学前教育国际协商会,会议从调查报告中发现,大多数发展中国家的学前教育设施是在经济、文化比较发达的大城市,贫困、落后地区的儿童未能受益,其原因是直接搬用发达国家由政府投资为贫困儿童提供学前教育的模式,未能考虑当地社会的承受能力。会议通过充分讨论,提出了把学前教育的概念扩展为:促进零至六七岁儿童各方面发展的一切保育和教育活动。并强调充分利用当地人力、物力资源,为儿童提供与当地经济、文化发展相适应的学前儿童保教。会议号召各国政府和保教专业人员面向广大学前儿童,为他们提供最基本的保育和教育。虽然学前教育国际协商会的文件和基本精神传入我国已经5年多了,由于多种原因,具体行动尚不明显。我们从学前教育专业人员的使命感和责任感出发,决定面向农村,开始为我国80%的广大幼儿服务,探索与农村经济、文化发展相适应的学前儿童保教途径。

明确了为谁服务,就要考虑怎样服务,那就是研究的方式、方法问题。80年代中期举办的一些国际幼教会议反复指出这样一个普遍存在的问题:当今世界在儿童发展和保教领域里,已经有大量新的研究成果,新的理论观点也不断涌现,迫切需要的是将各种理论和小范围的科研成果转化成能使广大儿童受益的实践蓝图。这种转化不能通过"移植"别人的模式达到,而是要从当地的实际出发,挖掘当地的潜力,探索切实可行的办法,创造与当地实情相适应的模式。

从当地实际出发,首先考虑的是,当时农村幼教迫切需要解决的"小学化"、"城市化"问题,而学前班的问题更加突出,因此确定探索学前一年课程的农村化、幼教化。在挑选试验点的调查中发现了某乡中心幼儿园正在开始将分科教学改为单元教学的尝试,就因势利导,以此为基点,组织研究队伍,吸收县教研员、乡辅导员、园长、教师参加课程设计,并使他们成为实施课程的主要力量。课程设计的方式是为教师的教育实践提供可操作的蓝图,在设计中把理论渗透在操作蓝图中,并通过教师的操作实践,发挥其促进儿童发展的作用,以提高教育效果。

然后考虑农村幼教课程研究的起点问题,是以城市幼儿园综合教育课程研究为基础,针对农村特点研究相应的课程,还是适应广大农村教师的习惯,维持分科教学进行逐步改革,是摆在我们面前的问题。当时我们提供了一个"融普及和提高于一体"发展农村幼教的设想:设计思想起点高,实践操作起点低;理论来源多渠道,指导思想简明扼要。那就是运用城市幼儿园综合教育课程的结构和理论,结合农村的特点加以调整,特别是继承我国乡村教育先驱的思想加以发展,从而进一步提高和充实课程的设计思想。这就是高起点。另一方面,在课程设计的各个环节中着重探索教育活动的组织,使教师能从直接仿效入手,逐渐摆脱蓝图而自行设计,从而提高灵活实施的能力。这就是低起点。保证教师能从低起点开始逐步得到提高的措施是简明扼要的设计指导思想和对教育实践的提示。这样做,就把20世纪80年代前期我国幼教改革的成果转化为可供广大农村教师直接操作的蓝图。这就是融普及和提高于一体的切实可行的办法。顺着这个路子前进,经过几年的实践,各地、各园(班)都将有可能创造出具有各自特色的课程模式。

在研究农村学前一年综合教育的过程中,我们经常考虑怎样能在探索农村学前一年课程设计的同时,获得对学前教育课程设计和实施的一般规律的认识。这就是,作为幼教理论工作者,怎样能够在为农村幼教实践服务的同时,取得自身学术上的提高,从而对幼教理论建设作出贡献。经过几年的探索,我们在这方面是有所收获的。

二、研究过程中的学术发展

1. 形成了农村学前综合教育课程的结构

1983~1986年,由我们主持,与南京市实验幼儿园合作开展的"幼儿园综合教育结构的探讨",着重研究了幼儿园教育结构(含有幼儿园教育的普遍性)和综合教育的"综合性"(幼儿园综合教育的特殊性)。我们运用系统论的整体观点和结构观点提出了幼儿园教育结构的表层和深层两个结构层次及表层结构的三组要素。那是幼儿园教育普遍存在的结构。而综合教育的特殊性在于教育结构各要素之间关系的"综合性",使各要素在相互作用中产生综合功能从而获得整体效益。结构的综合性体现在教育内容、教育手段、教育过程三个方面的综合和阶段活动、一日活动、个别活动三个层次的综合。

对上述探索成果作进一步思考时,我们借鉴课程理论的基础概念和结构要素,形成了"农村学前一年综合教育课程"的理论框架。首先明确了学前教育课程的含义:课程是指反映幼儿园(班)某一门科目(或幼儿某一发展领域)的教育、教学客观规律的总体结构,或是反映幼儿园(班)整体教育客观规律的总体结构。可从形式与内容两方面来理解:形式上,可以指某一门科目(或某一发展领域)的教育、教学,也可指幼儿园(班)的整体教育;内容上,反映总体结构,内在联系,体现各部分之间的相互作用,以及整体功能。这就是说,把课程的含义从几门课扩大到包含幼儿在园(班)的一切教育活动。反过来说,把幼儿在园(班)的一切活动如上课、游戏、日常生活活动都纳入幼儿园(班)教育的总体结构中。更重要的是,将原来互不相关的各门课、课内课外活动等形成一个互相联系、互相发生积极影响的整体。怎样能做到这一点呢?我们将原来提出的表层结构三组要素中的"教育任务、内容、手段、物质环境之间的关系及相互作用"与国际上广泛使用的课程发展模式加以融合,提出了一个课程结构:由确定教育目标,选择学习经验和内容,组织学习活动、评价教育效果四个要素组成。

2. 生成了综合教育课程设计的技术

上述课程结构表明的是课程的静止状态。事实上,课程是一种运动着的教育现象,由课程的设计和实施两个步骤完成一个周期(如图1)。

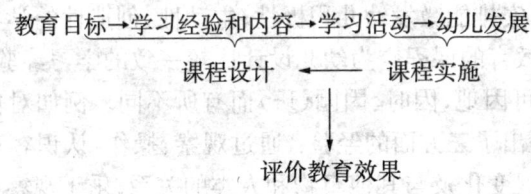

图1 课程设计步骤示意图

课程设计和实施是教育目标落实到幼儿身上的桥梁,是教育借以促进幼儿发展的媒介。而课程设计是实施的蓝图,设计的质量在很大程度上影响着实施的效果。

课程设计是指引课程实施而超前运行的过程,它又是随着教育实践的发展而继续不断地螺旋式向前推进的过程。课程设计就是将前面提出的静止状态的课程结构变成一个运动着的流程,包含以下几个步骤:

(1) 确定教育目标。根据《幼儿园教育纲要(试行草案)》中提出的向幼儿进行初步的体、智、德、美全面发展教育的任务(现在应根据《幼儿园工作规程(试行)》中提出的幼儿园保育和教育的主要目标),结合本园(班)所在地区社会经济发展实况及文化教育的特点,并针对本园(班)幼儿的实际发展水平而确定。当时制定农村学前一年综合教育课程的教育目标是根据《纲要》提出的教育任务,结合江苏省农村经济、文化教育中等发达地区的实况,针对儿童在进小学前一年学前教育的发展水平和要求,确定了教育目标的五个方面:促进幼儿身体健康的发展,促进幼儿认知的发展,促进幼儿表达能力的发展,促进幼儿个性的和谐发展,促进幼儿社会性的发展。对每个发展方面又确定了两三个重点。教育目标是选择学习经验和内容的根据,也是评价幼儿发展和课程教育效果的根据。

(2)选择学习经验和内容。在课程设计的全过程中,教育目标首先要落实到教育内容。对幼儿来说,如果教育内容渗透在幼儿整个生活过程中并成为幼儿的学习经验,学习效果就可以得到提高。然而把日常生活经验构成幼儿的学习经验,必须通过教师根据教育目标选择相应的内容,安排能激发幼儿积极性、主动性、创造性的学习过程。作为学前一年教育的课程应为幼儿设计比较一致的学习经验,至于具体的学习内容可因地、因时、因园(班)而有所不同。例如对促进幼儿认知的发展,提出了三方面的经验:通过观察、操作,认识客观事物的名称、特征、发展变化及与其他事物和人类的关系;乐于观察或参与人们的社会生活,认识周围的社会成果、社会环境、社会机构、社会活动及与人们的关系;在活动中知道一些艺术常识,掌握一些浅显的艺术技能,学会感知艺术美。至于用什么样的具体内容来构成幼儿的经验,则要充分考虑当地自然条件和社会生活的特点。

(3)组织学习活动。选定的学习经验和内容要落实到幼儿身上,发挥促进其发展的作用,必须通过一定的组织形式成为幼儿的学习活动。活动的组织形式是多种多样的,其核心部分是幼儿在教师引导下积极主动地与周围的人、事、物交互作用的过程。在这个过程中幼儿是主体,教师的作用可能是直接指导或启发引导,可能是严格要求幼儿按规定行动或给幼儿充分的自由,让他们各自探索,并决定活动的不同类别、内容和要求。综合教育课程的学习经验和内容是以主题的形式分阶段组织的,每个主题由几十个活动构成,各个活动都有各自的着重点。其综合性是体现在各个活动之间的横向和纵向的内在联系以及活动过程中认识、情感、行为、能力等多方面的发展,并不是把几种活动拼合在一起进行。拼盘式的"综合",花样多、内容杂、重点不突出，难以产生切实的效果。

现在对几种不同类别活动的侧重点及幼儿和教师相互作用的特点作简要分析：① 观察周围环境、科学小实验、数学活动等，让幼儿运用多种感官接触事物，通过动手操作，探索事物的性质、特征、发展变化及事物之间的相互关系，教师的作用是创造条件，激发幼儿的积极性、主动性，重视每个幼儿的探索过程。② 观察社会生活的活动，要到现场去接触人、事、物，由于环境比较复杂，需要精心组织具体指导，使幼儿通过直接接触和参与交往了解人与物、人与人之间的各种关系，并能逐渐地落实在自己的言行中。③ 音乐、美术、语言、文学等活动，一方面使幼儿受到各种民族文化的陶冶，教师要精选作品，指导幼儿欣赏，养成一定的兴趣和爱好；另一方面引导幼儿运用多种手段表达自己的认识和情感，尊重幼儿的创造性，技能上要求不可过高。④ 日常生活活动，要制定行为规范，指导幼儿执行，严格要求，督促检查，形成习惯。⑤ 体育活动，指导幼儿养成自我保护健康和安全，积极锻炼身体的技能和习惯，强调创造条件反复练习。⑥ 通过各种游戏活动来教给幼儿各种游戏技能，包括遵守规则、互相协作的方法，以及检验独立完成任务，自觉遵守日常行为规范等。

近年来活动的设计已经受到普遍重视，活动设计的可操作性受到了广大实际工作者的欢迎。我们认为活动的设计是落实课程教育目标的关键环节。在农村学前一年综合教育课程的设计中教育目标是这样落实的：教育目标→教育要求与内容→主题的教育重点→活动的要求。然后通过实施所设计的活动，使幼儿与周围的人、事、物交互作用而得到发展。离开了课程的教育目标来设计活动，很难把握其方向，其实施效果也很难评价。我们在设计活动时，虽然在理论上知道要把每个活动放在课程的整体结构中来思考，但由于对"学前儿童的学习活动"尚未深入研究，对"活动"的一般规律和"学前儿童的学习活动"的特殊规律的认识还不是很清楚，因而在设计时只能凭直觉经验，缺乏理论依据。对这个问题只能随着本课题研究的逐步深入而作出相应的回答。

(4) 评价教育效果。评价是课程结构不可缺少的要素,也是课程设计的重要环节。严格地说,课程的动态,它的螺旋式运动,由第一个周期进入第二个周期是由评价这个环节连接起来的。正是通过评价对教育目标是否达成取得的反馈成为下一周期各个环节进行调整的依据。我们在设计课程和总结实施结果时,虽然也尝试运用了多种评价工具,采取多种方法,但尚未形成与本课程相适应的评价体系。我们觉得从农村幼教实际考虑,学前一年课程评价应着重形成性评价,结合在日常教育活动中,简明易行。但理论上要构成体系,包括:评定幼儿的发展从而判断教育目标的达成程度,评定教与学的过程从而判断课程的效果。评价应贯穿于课程设计和实施的全过程,这是我们的基本观点。然而评价体系的建成还需要经过深入的思考和实践。

综合上述内容,学前一年综合教育课程的设计技术可由以下几个步骤构成:① 学前课程设计;② 学前一年课程设计;③ 学前一年课程主题设计;④ 确定活动类别和顺序;⑤ 活动的设计。
(如图所示)

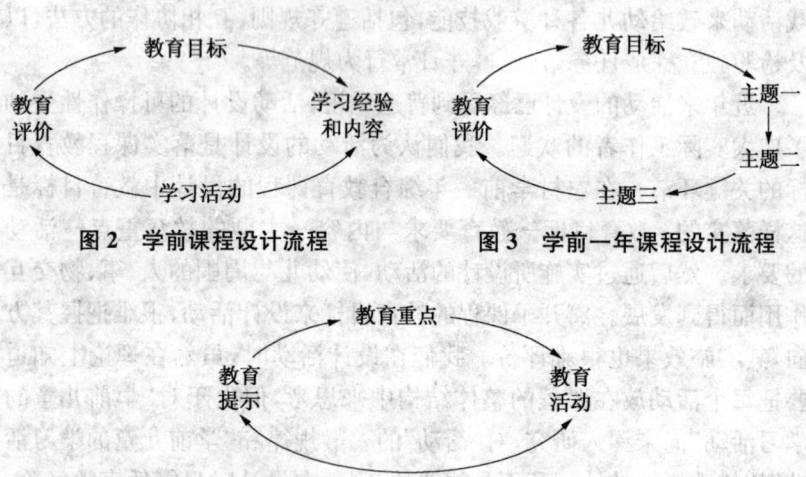

图2　学前课程设计流程　　图3　学前一年课程设计流程

图4　学前一年课程主题设计流程

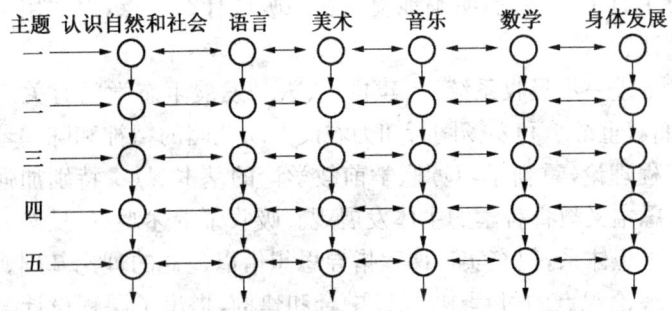

图5 确定活动类别和顺序

图6 活动的设计流程

3. 充实了综合教育课程的深层结构

当我们初次提出"幼儿园教育结构包括表层结构和深层结构两个层次"时,虽然也指出了"深层结构决定着表层结构各要素之间的各种关系,因此是表层结构的基础,即基本的教育思想体系"[1]。至于这个基本的教育思想体系是什么,又怎样用它来处理表层结构各要素之间的关系,当时的认识是不够清楚的,因而表述上也就不够明确。在初次探讨幼儿园综合教育结构时,虽然提出"探索中的理论思考,借鉴有关理论观点:① 对教育结构的分析,运用系统论;② 教育与发展的关系,借鉴皮亚杰的建构论;③ 幼儿成长与社会条件的关系,从社会生态学观点考虑"[2]。但并未加以具体阐述,因为当时对怎样借鉴和运用还缺乏具体实践和深入思考。在设计农村学前一年综合教育

---

[1]《教育研究》,1987年第6期。
[2] 江苏《幼儿教育》,1986年第12期。

课程的过程中,为了要提出一个简明扼要的指导思想,我们比较广泛地学习了有关的理论,明确地提出从中吸收什么观点,怎样用来指导课程设计。

除了进一步吸收系统论、建构论、人类发展生态学的有关观点以外,我们着重继承和发扬陶行知为农民办幼儿园的精神和陈鹤琴的幼儿园课程理论,重新学习苏联学前教学论的基本观点,特别加强了学习马克思主义教育哲学的主体发展观。吸收了上述观点,虽然尚未建成一种思想体系,但充实了课程指导思想借以建立的理论基础。在吸收上述理论观点的过程中,加以融合和建构,提出了课程设计与实施的指导思想,是根据国家教委颁布的《幼儿园管理条例》和《幼儿园工作规程(试行)》的有关保育和教育的目标,遵循学前儿童的发展规律,以农村自然条件和社会生活为背景,制订培养目标,确定教育要求,选择教育内容,设计一系列主题,通过幼儿积极主动的活动,促进农村学前一年儿童全面和谐发展,为入小学作准备,为终身发展打基础。我们将上述指导思想贯彻在设计和实施课程的始终,强调树立正确的教育观念,正确处理五个方面的关系:教育目标与个体发展的关系,教育活动与幼儿发展的关系,一般要求与幼儿实际发展水平的关系,教师的主导作用与幼儿的主体地位的关系,学前班与幼儿家庭、农村社会环境的关系。

综上所述,运用多种理论来促进幼儿的发展,可以设想为一个从理论到实践经历几个转换的过程(见图7)。

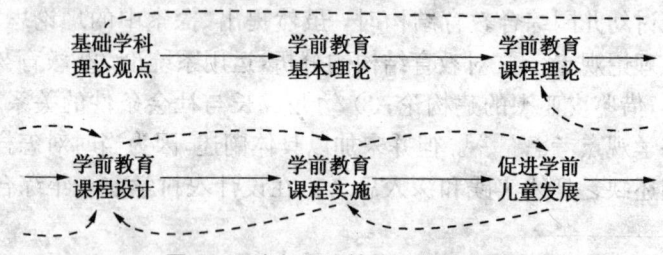

图7 理论向实践转换过程示意图

注:→表示设想的转换过程,┈▶表示实际经历的转换过程。

然而,在研究综合教育课程的设计和实施时,实际经历的学术建构过程却是:运用基础学科理论观点指导课程设计的实施,通过课程设计和实施建构课程理论。从而设想,以课程理论与相同层次的其他理论为基础建构学前教育基本理论,以上对学前教育理论建构的设想已经超出本书探讨的范围,因而不作深入阐述。

4. 发展了课程发展行动研究法

1983年当我们从分科目的课程研究转向幼儿园教育整体研究的时候,努力寻找一种与之相适应的研究方法,发现一点资料:《行动研究——对试验过程进行干预》(当时尚未见到国内有关介绍)。由于资料内容不够具体,只能结合已有经验,在实践中摸索。行动研究给我们的最大启示是:打开思路,敢于探索一些教育实践迫切需要解决而又缺乏现成研究方法的问题。面对改革农村幼教小学化、城市化的难题,我们之所以敢于尝试,并取得一定的成效,正是受益于行动研究。在研究农村学前一年综合教育课程的设计和实施的过程中,我们逐渐摸索到一点学前教育课程发展的行动研究规律。

(1) 研究的课程来自教育实践的需要,不受某种具体的研究方法所局限。这就是说,需要研究的问题,不因难以适应某种科学研究方法的规格而被排斥在研究对象之外。可以从研究的需要出发,灵活运用多种具体方法相互作用,发挥整体功能。

(2) 研究人员由理论工作者与实际工作者密切配合,发挥各自优势,进行交互作用。理论工作者对需要研究的问题进行诊断,提出指导性理论观点,制定设计课程的方案,实际工作者提出需要研究的问题,参与课程设计,承担课程的实施。实施的过程和结果作为对课程设计的反馈,成为调整课程设计的依据。在设计和实施的相互作用、双向转换中使设计方案逐步成熟,课程得到建立。这就是课程发展的机制,这种发展应该是无限制的,既然课程是一种运动过程,就应该继续不断地发展下去。其中的变化在于理论工作者所承担的理论指导和课程设计任务逐渐地向实际工作者转移,使课程的设计和实施集中到具体园、班的教师身上,使第一线的教师承担起实施课程和研究课程发展的双重任务。教师就发展成为教师——研究者,这是当前国际上行动研究法倡导者所追求的目标之一。教师所承担的课程也因得益于自己的实践和研究而发展成为具有本人特色的课程。这是我国学前教育课程改革所追求的目标之一。

(3)在行动研究中,一方面是设计和实施的相互作用双向转换,促使教育实践的质量不断提高;另一方面是理论和实践的相互作用双向转移,促使课程设计的具体指导思想逐渐上升为一般的课程理论。由此,研究人员中的理论工作者得以从具体课程的设计中摆脱出来,通过对课程设计和实施的过程和结果进行提炼,将其中的规律用来指导更多的课程的设计和实施。在这个过程中,实践研究由点向面推开,理论研究由具体到一般再到具体,从中提炼一般规律,用以指导更大范围的实践,从而验证并发展一般规律。这种运动也应该是无限制的,课程理论得以逐步建立并完善,理论工作者的学术水平得以不断提高。理论工作者就发展成为掌握理论与实践之间转换技术的融理论研究与实践研究于一体的技术型的教育工作者。他们将在我国学前教育理论建设和实践发展中施展才能并获得自由发展。

5. 更新了农村幼儿教育工作者的教育观念

一位西方学者曾经指出:教育研究是通过影响教师的态度来发生真正的作用。在这一点上我们有正反两方面的体会。在我们的综合教育研究的第一阶段中发现了一些自称"综合教育"却与综合教育的实质不相适应的仿效产品。由于当时研究尚不够成熟,不宜宣传我们的指导思想,而实践又无法封闭,不胫而走。在建立农村学前一年课程研究课题时,我们就重视农村各级幼教工作者的观念转变问题。因为课程设计得再好,实施者的观念不更新,就会出现穿新鞋走老路;而观念的更新不能限于班级老师,没有园长、乡辅导员、县教研员等各级的支持和指导,课程的改革是难以开展的。本课题所以能顺利进展,其中一个重要的原因是重视对基本观念(儿童观、教育观)的讨论。从制定研究方案开始,通过观察教师和幼儿的具体活动,定期交流和总结,教师参与设计主题活动,教师进行再实践,进一步交流和总结。

在这个研究的全过程中,我们重视结合当时实际宣讲和讨论的理论观点,使之逐渐地渗透到教师的观念和实践中去,使原有的观念得到更新。由于教研员、辅导员的经验丰富、专业修养较高,对实验点的改革,不仅给予支持,还能发挥指导作用。在研究过程中,有的实验点自行设计混合年龄班的课程,有的自行设计从小班开始的农村幼儿园三年的综合教育课程。各个实验点在"七五"规划课题结束后继续往前发展。这正是我们所期望出现的研究效果。

农村学前一年综合教育课程的研究引起了省内外广大农村地区幼教工作者的强烈反应,纷纷要求索取课程设计方案。我们就组织讲习班,结合所设计的主题活动宣讲设计的指导思想,并反复强调听讲学员要从当地实际出发设计有各自特色的主题活动,逐渐建立有各自特色的课程,这种讲习班往往将课程指导思想的讲解与主题活动分析、实际活动的录像以及具体演示等结合起来。把可操作的课程设计方案转化为培训过程,若是讲习班的时间许可,还可以指导学员结合当地的实际设计主题活动,以提高培训学生的操作性,加强学员对设计思想的领会。我们相信,这种课程发展体系将随着教育实践的发展而得到充实和完善,成为提高农村幼教质量的有力手段。

在农村学前一年综合教育课程研究课题结束的时候,我们满怀信心地期待着我国农村学前教育新发展的不断涌现。展望 2000 年我国幼教发展的目标,现有的几种学前教育课程是远远不能满足包括 65%~70%未入园、班幼儿在内的全体学前儿童的发展需要的。开发多种形式的学前教育以适应不同地区的不同儿童的发展需要,这一点势在必行。农村学前一年课程的发展给我们的启示是可以采用以下流程发展多种形式课程:从当地实际需要提出问题—挖掘当地人力物力资源加以组织—吸收当地人员参与设计操作方案—在实施方案的过程中探索规律—建立与当地社会背景相适应的学前教育模式—由当地人员自行继续发展。我们相信,既然为广大农村学前儿童服务的方向已经明确,艰难的第一步已经迈出,以后的步伐必须跟上,也可能走得更加稳妥。我们相信,农村学前教育发展的道路必将越走越宽广,这对我国广大幼儿和广大幼教工作者都是必然的发展前景。

"农村幼儿教育研究"是1987~1991年国家教委"七五"重点研究项目,本文为南京师范大学《农村幼儿教育研究》的学术报告,发表于《农村学前一年综合教育课程设计》,教育科学出版社,1993年版

幼儿园课程研究的回顾与展望

十年来,在改革开放政策的指引下,为适应幼儿教育发展的需要,我国幼儿园课程研究重新起步,逐渐发展,取得了初步的成果。现在有机会与国外同行、港台同胞互相交流,共同研讨,感到十分欣喜!我相信这次国际研讨会将进一步激发幼教界的内在动力,把课程研究推向一个新阶段,使幼教领域里的学术探讨更加繁荣,为幼年一代的健康成长,为21世纪人才的培养奠定基础,作出贡献。

(一)

回顾十年幼儿园课程研究的历程,我们看到了以下几点:

1. 发展趋势

十年幼儿园课程研究呈现出以下发展趋势:

(1)从研究如何更新教材教法到分科目研究课程再到研究幼儿园整体课程;

(2)从研究如何培养幼儿能力,发展幼儿智能到研究幼儿各方面协调发展;

(3)从考虑教师怎样教到先研究幼儿怎样学,再研究教师怎样教。

2. 初步成果

在这个过程中,幼儿的地位和教师的作用逐渐地发生着变化:

(1)幼儿从被动的受教者逐渐转化为自身发展和学习的主体;

(2)教师的着眼点从灌输知识训练技能逐渐转化为激发、诱导幼儿的积极性、主动性、创造性。

幼儿园的这个师生关系用幼儿教育的术语来说就是:教师的主导作

用与幼儿的"三性"相结合。两方面怎样结合,实际上是整个研究的核心。

通过研究,使"幼儿教育的作用是促进幼儿全面发展"这一基本观点得到了澄清。当前研究的中心是:幼儿园教师怎样发挥主导作用,促进幼儿的发展。

3. 研究的特点和经验

十年的研究历程遵循了如下辩证的逻辑:观念的变化→行动的变革→观念的进一步变化→行动的进一步变革⋯⋯

社会经济的发展和改革开放的政策引起了观念的变化,反映到幼儿教育的第一线,使幼儿园日常教育教学产生变革,变革的实践促使观念进一步变化,引起实践的进一步变革。整个研究就是在观念与行动双方变化的相互作用、相互促进中向前发展。

上述变化是运用行动研究法而得到实现的,是幼教理论工作者(高师、幼师教师、科研工作者、行政人员)与实践工作者(幼儿园教师、园长)双方发挥各自优势,密切配合,共同思考和实践的结果。

(二)

上述研究历程分为三个阶段:

1. 第一阶段

20世纪70年代末,我国政府开始实施改革开放政策,幼儿教育受到社会经济改革和国外学术新信息两方面的影响,同时面临各级幼教机构恢复正常教育教学秩序的需要。首先,"幼儿园用什么教材"成为当时矛盾的焦点。观念上受到的触动,开始反映到行动中。共同的社会责任感促使高师教师和幼儿园教师在自愿结合的基础上成立专题研究小组,通过教育教学实践对幼儿园各门科目原有的教材教法进行筛选,并适应新时代的需要创编新教材,探索新的教学形式和方法。研究重点是针对当时我们感到的幼儿园教育中过分重视灌输知识和训练技能的偏向,提出以"挖掘幼儿智力潜力,促进幼儿智力发展"为研究目标,着重探索怎样培养幼儿各方面的能力。

通过三四年的研究,各门科目探索了各自在促进幼儿全面发展中的独特作用以及各科的教育教学规律。初步形成幼儿园各科的课程结构,重新建立起单科课程。在这个过程中也认识到了,要使各科的课程在促进幼儿全面发展中进一步提高效益,需要研究各科之间的相互关系和相互作用,使幼儿园教育产生更好的整体效益。

2. 第二阶段

80年代初,教育部颁布《幼儿园教育纲要(试行草案)》(简称《纲要》),广大幼儿园在贯彻《纲要》时,重新思考怎样向幼儿进行体、智、德、美全面发展教育,才能打好两个"基础"。尤其是为"造就一代新人打好基础"这一任务迫使幼教工作者的视野开始超越本领域当前的工作,开始面向大社会,展望国家的未来。从21世纪人才素质的要求,重新考察当时幼儿园的教育工作,意识到更新教材教法,培养能力发展智力,仅仅是改革的开始,必须深入下去。

正在那时,我国与联合国儿童基金会开始合作学前教育项目,为我国的幼教工作者提供了大量国际交流的机会。我国不仅聘请专家前来讲学,还组织国内学者到英美等国考察,派青年、中年教师出国进修,并引进各种幼教学术资料。在这个过程中以下观点给我们较深的影响:

(1) 幼儿不应该被看做接受和储存知识的"容器",而是自身发展的主体。

(2) 幼儿智慧的发展是通过自我建构(皮亚杰的建构论观点)实现的。

(3) 人的发展是通过自身与环境的交互作用得到实现(布朗芬布伦纳的人类发展生态学观点)的。

传统的观念受到了新观点的冲击,思想上的"平静"被打破了,幼教领域里出现了"改革论坛"。经过讨论,幼儿教育的作用在于促进幼儿各方面的发展这一基本观点在认识上逐渐地得到明确。接着便是在行动上开始酝酿变革,研究者在学习吸收、消化外来学术观点的同时,对本国原有的先进经验和理论重新进行考察,其中有幼儿园面向工农为广大幼儿服务的思想和经验。反映在幼儿园工作的两个方面:① 承担双重任务,既为父母解除后顾之忧,又对幼儿进行全面发展教育;② 贯彻保育和教育并重的思想及保教结合的措施。还对我国幼教先驱陈鹤琴关于幼儿园课程的理论和实践重新进行研究。

当时在研究中考虑问题的出发点是：立足本国当前实际，努力处理引进借鉴与继承发扬的关系，开始探索具有我国特色的幼儿教育理论和实践的体系。

用上述观点对当时幼儿教育的实际情况进行分析和思考，我们认识到有两个问题需要着重研究：

（1）为了造就一代新人，幼儿在教育过程中的地位需要转变，从被动受教转变为主动发展，幼儿的主体地位需要确立，这就需要着重研究幼儿的特点和发展规律；幼儿地位的转变还要通过对教师的作用在观念上重新认识并在行动上重新确定。

（2）为了确立幼儿的主体地位，使他们有可能得到主动的发展，一方面要研究幼儿的发展规律，同时还要研究教育规律。因此在全国统一的《幼儿园教育纲要》与执行该纲要的各个幼儿园之间需要提供一个转换环节，使《幼儿园教育纲要》提出的任务和要求能如实地转换成为幼儿园日常的教育过程，从而在幼儿身上产生效果，促进他们的发展。这个转换环节应有其特定的结构，能体现幼儿园教育的整体功能，从而提高其整体效果。

以观念变化为先导，相应的行动随之而来。幼儿园教育的整体改革，从几个试点开始发展，范围逐渐扩大，内容逐渐多样。这时，课程研究的发展，在单科研究继续深入的同时，进入了整体课程的研究阶段。通过五六年的实践、思考、交流、研讨，逐渐树立起一些基本观点，取得了一定的经验。

（1）幼儿教育的特点是促进幼儿的发展，这个特点首先体现在教师与幼儿的关系上。幼儿园教师的主要作用不是实现教学任务，而是对幼儿的发展进行诊断、促进、补偿，并有针对性地为他们创设一个更加有利于进一步发展的环境。

（2）创设有利于幼儿发展的环境，意味着根据幼儿在与环境中的人、事、物交互作用逐渐发展的规律，重新考察和组织幼儿园的教育。既然每一个幼儿都是作为一个整体发展着的，那么环境对幼儿的影响也应该作为一个整体来发挥作用。这种整体的教育作用是要通过了解各部分之间的相互关系,发挥各部分之间的相互作用而实现的。因而,提出把幼儿园的教育作为整体课程来研究,探索课程的整体结构。这样就使幼儿园课程的概念从六门科目发展为包含幼儿园教育的一切内容、手段、方法及过程。从生态学的观点看,改善生态环境可以激发并加速人的发展。因而,研究整体课程实质上是研究怎样为幼儿的健康成长创造良好的生态环境。

(3) 幼儿园的课程要体现良好的生态环境,需要运用系统论的观点,对各个部分加以合理的组织。生态学的研究表明,环境对人的发展的影响是通过生态系统的三个要素:

活动:某个环境中的某些活动对人的发展特别重要,并不是任何活动都有利于促进人的发展。

人际结构:与长辈、同龄人、其他人建立的不同性质的关系,对人的发展产生不同的作用。

角色:个人在某个环境中所处的地位和承担的责任对他的发展有重要作用。

根据上述观点来研究课程就要探索选择什么样的活动内容,怎样加以组织,在活动中建立什么样的人际关系,让幼儿承担什么样的角色等。还要探索在处理这一切时应遵循什么样的规律才合理,才有效。探索的结果需要形成具有一定结构的模型,可称为课程模式,以便重复地加以验证,逐步地加以完善。实例之一是幼儿园综合教育课程的研究。

(4) 环境对人的影响不仅来自直接接触的微观系统,也来自中间系统、外系统以及宏观系统等各个层次。建立课程模式必须综合考虑所有这些系统的影响。因此,从我国地域辽阔、人口众多、各民族和地区的传统差异、社会经济发展不平衡等特点考虑,要使广大幼儿得到较好的发展,全国统一的模式无法满足不同的需要。这就需要研究适应不同社会、自然特点的多种多样的课程模式才有利于促进广大幼儿的发展,才能适应培养多种人才的需要。这方面研究的一个实例是将城市三班制幼儿园综合教育课程的结构,运用到探索建立农村学前一年课程及农村混合班课程。希望能为广大农村和边远地区探索丰富多样的课程模式提供参考。

(5) 各种课程模式不仅仅反映不同的组织形式,更重要的是体现不同的理论基础和指导思想。在明确的理论指导下设计的课程,经过多年的实践检验,逐步发展和完善,就能形成一种模式。目前在南京市就有分科教学、综合教育、活动教育等几种模式并存,各自在实践中不断发展,有利于促进幼儿园课程改革继续前进。无论是借鉴国外的理论和经验,还是继承发扬本国的理论和经验,都是通过课程的设计和实施,经过实践的检验,被消化、吸收而转变为研究者和实践者的观念和行动,才有利于推进学术研究的发展和教育实践的进步。

(6) 幼儿园课程的研究经历着从部分到整体,再回到部分,并引向进一步整合的过程。整体课程的研究吸收了前阶段各门科目研究的成果,着重探索如何处理各部分之间的相互关系及相互作用,初步建立起整体结构。在此过程中认识到结构的完善、内容的充实有待于对各个部分进一步的深入研究。因而,一方面吸收各种专题研究的成果到整体改革中来;另一方面深入各种不同性质的活动的教育过程,探索教师如何发挥主导作用,激发幼儿的学习积极性、主动性、创造性,从而促进幼儿的全面发展。例如,南京市实验幼儿园综合教育课程研究的第三阶段已进入教育过程的研究。

(7) 根据我国幼教师资队伍的特点,课程研究一开始就采用行动研究法。由理论工作者和实际工作者结合,进入幼儿园教育第一线,发挥各自优势,取长补短,共同研讨,在观念上逐渐靠近,从而在实践上结出果实。形成了一支有其特色的探索幼儿园教育改革的队伍。这次研讨会陈述的论文具体反映了十年的发展历程,但它们仅仅是十年来幼儿园课程改革成果中极其有限的一部分。

3. 第三阶段

当前幼儿园课程研究出现了以下趋势:

(1) 我国幼教界的特点之一是改革热情高,任何探索稍有成果就会吸引不少同行前来参观访问,这是幼儿教育发展和提高的潜力所在,为课程研究向广度和深度发展提供了有利条件。然而,至今尚未建立起一套对我国幼儿园课程模式进行全面系统评价的体系,这方面的研究正在开始。这是确认研究结果必不可少的一步,也是提高我国幼儿教育科学性的重要方面。另一方面,为适应广大幼儿园的需求,各个研究项目举办讲习班介绍其指导思想和实践经验,这样做既有利于较大面积地验证该项目成果的可行性及其效益,也有利于孕育新的课程模式以适应不同的需要。

(2) 通过研究成果由点到面的传播,在职幼儿园教师的观念和行动发生了变化,给教育实践带来了变革。由此,新教师的职前培养怎样适应这种变革,引起了人们的思考,也激发了实践中的探索。这方面的研究已经超出幼儿园课程研究的范围,然而它的研究不能脱离幼儿园课程研究的范围,不能脱离幼儿园课程的理论思考和实践探索。如果教师的职前准备不足,在他们的实践中合理的课程设计难以如实地转化为日常教育活动,也就难以在幼儿身上产生预期的效果。因此,幼儿师范的改革与幼儿园的课程改革需要同步发展。

(3) 高师学前专业正在对我国幼教改革发挥越来越大的作用。一方面,从幼儿园课程改革推向幼师改革、高师改革,逐渐形成一种高师—幼师—幼儿园的科研网络;另一方面,从幼儿园教育的研究向家庭教育、社会教育的研究扩展,形成另一种网络。研究的目的是怎样使广大幼儿能够得到较好的发展,从而建立起适合我国国情的幼儿教育理论和实践体系。当前的发展预示着在今后十年内,对幼儿发展规律的研究和幼儿教育理论的探讨将在幼教学术界占主要地位,并将激发幼教领域的全面改革。

这次国际性的研讨活动为我们全体出席者提供了广泛交流,各抒己见,互相学习,共同探讨的机会。研讨会不对任何研究项目作出评价。研讨的目的是活跃学术思想,促进国际交流和海峡两岸的交流,为世界儿童的健康成长,为中华民族后代的健康成长作出贡献。

本文为"幼儿教育国际研讨会"的特约报告,
1989 年 10 月 24 日,南京师范大学

幼儿园综合教育十年研究的学术价值

幼儿园综合教育的研究是在我国改革开放政策的指引下,在幼儿教育改革的浪潮中产生、发展起来的。回顾十年的研究历程,应当说收益是多方面的。

一、本研究的性质

1. 通过探索性实践研究建立理论体系

20世纪80年代初,我们在总结30多年来我国幼教发展的历史经验时,已经意识到必须建立符合我国实际,能促进我国幼教发展的理论体系。开展综合教育研究,就是试图建立起我们自己的理论体系,而不是仅仅搞一种具体的课程形式。

2. 研究的成果应该促进教育改革

研究的课题和研究方法应根据改革的需要,研究获得的成果又应该促进幼教改革。这样的研究才有价值,这样的成果才有生命力。仅凭主观假设搞研究,其研究结果不可能同实际紧密结合,这往往是因为课题不是完全从实际需要出发拟定的。20世纪70年代末,各科教材教法开始改革,1983年前后,出现了幼儿园教育整体改革的趋势,这同全球范围的幼教发展趋势——由分科教学转向整体教育——是一致的。可是,整体教育究竟怎样搞,当时这在国内尚无先例。于是,南京师大同南京市实验幼儿园一起选用行动研究法来进行幼儿园综合教育的课题研究。

3. 研究的学术价值,对推进改革的影响以及对建构理论的积极作用

课题及方法确定之后,首先面临的挑战之一就是这种研究是不是科学,有没有学术价值。

从课题来看,我们选定以目标为核心的综合教育课程为研究方向,这对于解决分科教学中以教师为中心,以教材为中心,以课堂为中心的偏颇具有积极意义。今天看来,这与《幼儿园工作规程》的精神——促进幼儿身心的全面和谐发展——是一致的,同国际上的幼教

发展趋势也是相吻合的。

从研究方法来看,行动研究法在教育领域,尤其是在课程研究中,是可行而有效的。它对纯理论研究难以着手的复杂的教育、教学问题的探索提供了一种可操作的思路。行动研究法把行动与研究结合起来,具有实践性、系统性强的特点。由于行动研究是在教育科学研究和教育实践之间架起的一座桥梁,能增进两者相互反馈的功能,所以,采用这种研究方法能增加研究的价值。我们十年来的综合教育课程研究的实践也证明了这种研究方法不但灵活、切合实际,而且能对理论体系的建构发挥积极的作用。

4. 探索转化技术是实践研究的学术要点之一

关于幼儿发展与教育的理论,从世界范围和我国历史来看是丰富的,所缺乏的是如何运用有关理论指导改革实践以取得切实的效益,然后从有效的、丰富的实践中提炼规律性的认识以形成理论体系。这是将别人的理论通过实践,转变为自己的理论的漫长过程。这一过程中的转化技术,就包含了理论向实践转化和实践向理论转化的客观规律。

二、本研究的探索过程

行动研究法的优点之一是允许在研究过程中随着对问题认识的变化而改变研究计划。本研究就是随着实践的发展,从比较表面的问题入手而逐渐转移到比较实质性的问题上,使研究得到深化。

(1) 从研究教育组织形式入手,进而确定以更新教育观念为根本。建立本课题之初是想解决分科教学中各科之间的重复、脱节、矛盾等现象,然而当我们深入剖析实践中的教育、教学活动和过程时,又发现根本问题在于教师着重考虑"教什么"和"怎样教",忽视了了解幼儿的发展现状、需要及学习的规律。因此,要合理地组织教育、教学,首先必须明确幼儿在学习中的主体地位,明确教师对促进幼儿发展,引导幼儿学习所应该发挥的作用。这便确定了更新教育观念是个根本问题。

(2) 从研究实践问题入手,我们发现理论指导实践的重要性,从而把理论向实践转化的技术作为探索重点。长期以来,我国幼教队伍形成了好学上进、勤于实践的优良风尚,这是我国幼教发展的内在动力。然而,缺乏主见,不善于思考的弱点也很明显,致使丰富的经验难以积累,清晰的思想体系难以建立。在探索的过程中我们逐渐意识到必须建立一种理论转化为实践的技术,使行动研究中的理论工作者和实践工作者能发挥各自优势、相互促进、有所发展。

（3）从建立整体课程入手,进而确定从探索教育结构起步。课题建立之初我们模糊地提出以"综合性"来克服分科教学中的弊端。可是,怎样综合？从哪里着手？从系统论的观点来看,要使教育发挥整体功能必须搞清构成整体的各要素及其相互关系和相互作用。幼儿园教育的综合性首先应体现在它的结构上,这种结构是由它的各要素之间的相互关系的特殊性形成的。本研究第一阶段即以探索结构为主,并已初步建立了综合教育的结构。

三、第一阶段探索成果的效应

首先,将试点班的初步成果向全园推广,在迁移中继续发展,建立起幼儿园综合教育课程结构,并不断充实、改善。

第一阶段结束时将试点班的初步成果推向全园是出于两方面需要：从全园发展看,需要从局部到整体同步前进发挥整体功能；从课题本身发展看,需要逐渐扩大范围,检验其可行性。进入第二阶段后,由于改革开放的新形势对幼教改革的目标和内容所提出的新要求,广大教师的观念得以不断更新。另外,探索中思考问题的深入,使研究的问题日益复杂,探索过程日益艰难。然而,由于发挥了整体功能,其效益比较明显,初步建立起幼儿园综合教育课程,为后来的发展打下了整体结构框架的基础。

其次,将综合教育思想从城市推向农村,建立起农村学前一年综合教育课程,并逐渐改善转化技术。扩大试点在迁移中求发展的另一个方面,是使综合教育走进农村幼教改革领域。因为,幼教方面的改革若只适合城市幼儿园,其可行性就全国来看,最多只有20%。综合教育思想被用于建立农村学前一年课程,并对农村三年制幼儿园、农村混合班的改革产生了积极的推动作用。

四、十年探索的学术成果

1. 建立幼儿园(班)综合教育课程模式

某种课程若是只在一个幼儿园或几个同类的幼儿园实施还不能称为一种模式。作为一种课程模式,它的基本指导思想和框架结构应能适应多种形式、多种类别幼儿园教育的需要,并为使用者提供不断创新、发展的可能性。目前综合教育课程模式已有城市三年制幼儿园、农村学前一年、农村混合班三种不同类型的模式。在城市三年制和农村学前一年课程的影响下,具有城市郊县和乡镇特点的示范幼儿园的课程正在实践中探索。此外,农村非正规幼教也已经开始探索。从正规幼教推向非正规幼教(正规幼教指学前教育机构内的教育,非正规幼教指学前教育机构以外的幼教),其价值可能会超过从城市推向农村,因为从全国看,接受正规幼教的儿童到20世纪末只占35%。

2. 建立了超越综合教育模式的,具有普遍规律的幼儿园(班)课程设计技术

本研究课题以理论向实践转化的技术为探索重点。探索的结果是形成了以课程为中介,将理论观点逐渐转化为教育活动而落实到促进幼儿发展这样一个流程,我们称之为课程设计技术。这种技术包含两个"转化",即理论转化为可供操作的实践活动,通过具体的活动转化为幼儿的发展。从课程结构的角度看,这两个转化包含:从教育目标的确定,通过相应的教育内容的选择和安排,转化为一系列教育活动的设计;然后通过教育活动的实施落实到促进幼儿的发展。这两个转化也可称之为课程设计和课程实施。至于课程结构的另一个不可缺少的要素评价,应包括对幼儿发展的评价和对课程其他要素的评价。本研究的第三阶段对评估幼儿发展的工具进行了研究,从而可以通过幼儿的发展来评价课程的效益。

3. 将研究主力逐渐从理论工作者向实践工作者转移,从而形成幼儿园(班)自我发展的机制

这种自我发展机制是在探索过程中发现的,经历了一个从无意识践到有意培养的发展过程。进入第二阶段时,由于课题组内的理论工作者难以坚持深入实践共同探索,幼儿园实际工作者必须承担起全部探索任务,班上的教师成了研究的主要力量。正是通过这样的实践,广大教师的观念得到了更新,课程设计的技术得到了提高。当客观实践需要建立新的研究课题时就被纳入已有的课程结构中,不再是孤立地分散进行,而使课程内容得到充实、发展。这种自我发展的机制在某个幼儿园的形成,需要有两个前提:一是要建立起本园的课程结构,二是教师要掌握一定的课程设计技术。这两点,任何幼儿园都可以通过提高教学实践的研究而达到。

从我国国情考虑,幼教队伍中理论工作者的比例甚小,要大面积提高教育质量,使广大幼儿园(班)具有自我发展机制至关重要。这样就有可能使广大幼儿园(班)的改革从一般性的模仿进入不断创新的层次。

五、探索前景

综合教育课程的结构框架和设计流程虽已建立,但远远没有达到完善,以下几个方面亟待进一步探索。

1. 深入微观研究,探索具体活动中教育过程的发展规律

课程设计的意图要转化成为能促进幼儿发展的教育影响,其关键在于要研究教育活动中师生交互作用的具体过程。处理好幼儿主体地位与教师主导作用的关系,是提高教育效益的核心问题。第三阶段虽已进入教育过程的研究,也探索到一些规律。但涉及的面还不广,深度也不够,还需要进行较长时间的探索。

2. 加强宏观研究,探索理论与实践双向转化的机制

本课题的建立就是以建立理论体系为长远研究目标的。经过十年研究,在理论转化为实践方面稍有眉目,而从实践转化为理论则缺乏更深入的思考和研讨。这需要通过广泛的实践,发挥集体智慧,逐渐形成一种理论与实践之间的双向转化的机制。这种机制难以预先设计,要在较长时间的实践中自然形成。

3. 建立交流网络,探索大面积改革提高的发展机制

集体智慧的作用要靠广泛的、多层次的交流才能得到发挥。这种

交流可以产生两方面的效果：一是促进实践上升为理论，二是促使理论在更广的范围内指导实践。为了提高交流效益，一方面要建立交流网络，并形成一定的制度；另一方面要吸引更多层次的人员参与，特别是师资培训者和教研主持者（各级教研员）。通过不同层次的交流，收益将是多方面的，大面积改革提高的发展机制必将逐渐形成。

发表于《幼儿教育》，1994 年第 5 期

托儿综合教育课程研究

1993 年 8 月，我和南京市玄武区如意幼儿园合作开展了 2～3 岁托班儿童教育工作的研究。发现了这个年龄段儿童的潜能，探索了一些相应的教育教学规律，建立起托儿教育的课程。

托班教育研究的主要目标是让孩子们在托幼机构里过上愉快的集体生活。这里运用的理论和经验是：人类发展生态学关于"生态变迁"促进幼儿整体发展[1]；发生认识论关于幼儿认知特点促进认知发展[2]；生态学理论中关于"关键期"的观点促进幼儿身心和谐发展[3]；关于儿童心理发展年龄阶段的理论观点促进幼儿情感、动作、语言等方面的发展[4]。在综合运用上述理论观点指导教师实际操作的过程中，逐渐形成 2～3 岁托儿教育的整体课程结构。经过近 5 年时间，先后由 6 位教师对 180 名托儿进行教育的实践，已经积累起一系列从目标、内容、活动到评价的可操作的教育行为，如意幼儿园正在进行总结。本文仅对课程整体结构的概况及从探索过程中运用理论

---

〔1〕 南京师大农村幼儿教育研究课题组：《农村学前一年综合教育课程设计》，教育科学出版社，1993 年版，第 22～24 页。

〔2〕 庞丽娟、李辉：《婴儿心理学》，浙江教育出版社，1993 年版，第 194～195 页。

〔3〕 周宗奎：《儿童社会化》，湖北少年儿童出版社，1995 年版，第 25～26 页。

〔4〕 王振宇编著：《儿童心理学》，江苏教育出版社，1987 年版，第 263～267 页、216 页。

指导实践并使观念转化为实践的体会作一点阐述。

一、根据系统论的基本观点建立托班教育的整体结构,发挥其整体效益

按照十多年来幼儿园课程改革中建立起来的结构,结合托儿发展的特点,经过思考和实践形成了托儿综合教育课程的结构。这里提出的综合教育,是把影响儿童发展的各种因素组成相互联系、交互作用的有机整体,使环境对儿童发生综合的教育影响,使儿童在与环境交互作用的过程中,身心得到和谐发展。根据系统论的观点,我们理解:课程结构是一个持续发展变化的动态过程;发挥课程的整体效益关键在于处理好各部分(要素)之间的关系,这些关系在实践中的反映和反馈促使整体结构逐渐完善。

托儿综合教育课程结构以下图表示:

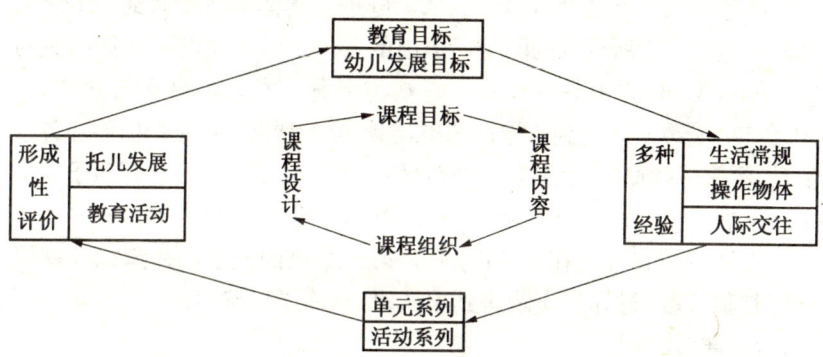

上图的内圈指课程结构的一般要素及其相互关系,外圈是托儿综合教育的课程结构。现说明如下:

1. 课程目标

包含教育目标和托儿发展目标,前者是对教师提出的要求,后者是经过一年教育使儿童达到的要求。

(1) 教育目标。帮助每个托儿顺利地适应托班的集体生活;为每个托儿提供能充分表现其发展水平和特点的机会;观察了解每个托儿各方面的发展情况;有针对性地组织各种活动,引导儿童积极地与周

围的事物、人们交互作用;促进儿童身心的和谐发展。

(2) 托儿发展目标。能适应托班的作息制度和生活常规;积极参与托班的各项活动;喜欢与别人交往;能表达自己的需要;经常保持积极愉快的情绪;从而实现家园平稳过渡,喜欢在幼儿园生活。

发展目标又分解为动作发展(大肌肉动作、小肌肉动作)、语言发展(听、说、交往、欣赏和阅读)、情感发展、习惯养成(生活习惯、游戏习惯)等四个方面。除情感发展以外,其他目标各分三个层次,以便于教师随时观察了解各个孩子的发展状况并引导其向较高水平发展。例如,小肌肉动作中的"舀":① 能从碗中舀起食物往嘴里送;② 能舀起食物较平稳地送到嘴里;③ 能舀起食物不洒在桌上平稳地送到嘴里。语言发展中的"交往":① 愿意回答别人的问话;② 会用语言表达自己的需要;③ 能主动与熟人交往并使用礼貌性的语言。

情感发展目标是针对孩子们从家庭进入集体生活所遇到的情绪波动和适应新环境所遇到的困难而提出的。包含以下几点:① 能摆脱对家人的依恋,喜欢上幼儿园;② 喜欢与老师交往;③ 愿意与同伴玩;④ 会与同伴玩;⑤ 遇到不愉快的事,能找成人帮助;⑥ 能积极参加各项活动,经常保持愉快的情绪。这些具体的发展要求对教师重视孩子们的情感发展及帮助孩子们适应集体生活方面产生了具体的指导作用。

上述课程目标是在 1993 年 8 月第一个班的孩子们入园以前就设计好初稿,现经过几年实践得到了认可,从而予以确定。

2. 课程内容

根据发生认识论中的建构论观点,儿童对外部世界的认识是由他自身与周围环境不断地相互作用而逐渐地建立的一种内部结构。我们把课程内容的基点定在:为儿童提供获得多种经验的机会,让他们在与环境中的事物和人物交互作用的过程中体验"学会本领"的喜悦,从而激发他们"学习"的积极性,达到主动发展的效果。这些经验包含生活常规、操作物体、人际交往三个方面。从几年来的师生互动过程中我们发现了以下规律,对指导孩子们的活动有较大帮助。

(1) 在一日生活的各个环节中获得集体生活的经验,形成规则意识和规范行为。其发展过程是：有规律的生活经验→规则意识→规范行为→良好的生活习惯。

（2）在操作多种物体的游戏中，获得丰富的物理经验，探索和感受物体的形态、属性、质地以及相互关系，形成关于物体的概念和操作的方法。其发展过程是：在接触多种物体中产生探究兴趣→发现不同的感受→形成概念→习得操作方法。

（3）在与同伴、成人的共同活动中，获得丰富的人际交往经验，形成良好的交往态度，发展日常交往语言，并产生对规范语言的兴趣。其发展过程是：交往需要→表述兴趣→积极的交往态度→交往能力。

3. 课程组织

分为两个层次，即阶段教育重点和每日活动要求。

（1）根据教育目标以单元的形式提出每个阶段的教育重点，并根据托儿的发展目标，提出重点要求。单元设计举例：

第一单元：帮助托儿过好入园关

教育目标：

培养托儿对老师、同伴、幼儿园的情感，帮助他们逐渐转移对家庭的过分依恋，比较愉快地适应集体生活。

教育要求：

① 开学前走访每个托儿的家庭：请家长填写托儿生活问卷，详细了解孩子的生活环境、教育条件和方法、家庭成员和孩子的性格、兴趣、习惯等；向家长介绍幼儿园的教育活动，听取家长的意见和要求；以此作为制定计划的依据之一。

② 和新生交朋友：布置好班级环境，邀请新生在开学前一周内分别由家长陪同来园做客，熟悉环境，了解老师。

③ 设计和安排丰富、有趣的游戏，激发托儿活动的兴趣：准备有声响、能活动、色彩鲜亮的动物玩具和人手一个自制拖拉玩具和彩球；开展自由度大的爬爬玩玩的地毯活动；到草坪玩大型组合玩具。

④ 允许各个托儿有不同的适应期，注意把握好适度：为了更好地关注、照顾每个孩子，全班分三批入园，性格开朗、年龄较大的先入园，

年龄偏小、娇气、体质差的排在后一批,每批相隔三天;注意观察每个孩子的活动情况,耐心地帮助他们处理各种问题,允许有困难的孩子逐渐地参与集体活动,不勉强他们介入;不失时机地利用同伴和老师的影响,促使孩子加快适应,鼓励并帮助他们达到要求。

(2) 根据托儿的发展目标建立四组系列活动。

① 一日生活常规:对幼儿从早上入园到下午离园的每个生活环节提出幼儿的行为要求和教师的行为要求(包括主班和配班的互相配合),使教师的课堂管理科学化,便于达到,坚持一致、一贯,对于为幼儿创造一个有序的、舒坦的生活环境产生了良好的作用。

② 室内操作活动:根据小肌肉动作发展的要求设计喂饭、穿珠、敲床、套盒、积砖、积木、撕纸、娃娃家等操作活动,对每项活动提出目的、材料、操作方法、层次要求,便于教师根据单元的教育要求选配相应的操作活动,也便于教师在幼儿活动过程中有目的地观察和指导。

③ 户外游戏活动:根据大肌肉动作发展的要求设计相应的活动,也包括目的、材料、操作方法和层次要求。

④ 集体教学活动:根据单元的教育目的和要求安排一系列的主题,每日组织5分钟(学年初)至15分钟(学年末)的全班集体活动,对每个活动提出要求、准备和教学过程中师生互动的提示。使孩子们从入园起就开始获得接受集体教学的经验;同时使教师能把握住在规定的时间内充分发挥其教育效益。

4. 课程评价

在托儿教育中评价的作用是帮助教师观察了解每个孩子的发展现状,指导孩子的活动过程,引导孩子向前发展,因此着重采用形成性评价的方式。进行评价的根据是课程的教育目标和幼儿发展目标。

(1) 根据幼儿发展的分解目标编制单项的观察记录表格,组织相应的活动(纳入有关的日常活动中)进行观察并逐个记录孩子的表现。对发展较差的孩子注意促进其发展,记录其达到的时间。这样,既不增加师生的额外负担,又使教师能重视促进每个孩子的发展。

(2) 根据单元目标和主题活动目标分析教材和玩具学具的使用

以及教学过程中师生互动的效果,及时肯定有效经验,改进不足,逐渐积累而形成课程的整体结构。

二、在观念与实践之间双向转换的过程中探索两者相互促进的规律,从而提高托儿教育的效益

1. 教师配备

探索课程改革,教师是主要力量。因此在建立这个研究课题时我们首先考虑的是教师配备问题。

我们选了两位既有幼儿园各年龄班的任教经验又有抚育自己孩子的经验的教师配在托班。开学前由我向全园教师讲解10多年来我国幼教领域里出现的新观念,并和园长、两位托班教师共同讨论怎样使这些观念落实到日常教育活动中,集体拟订了教育目标和托儿发展总目标。让教师在园长带领下订出托儿发展各个方面的三个层次要求,使她们一开始就进入设计课程的角色。然后让她们根据所确定的目标和要求设计活动,开展教育教学工作。我只是不定期地去看看,平日由园长承担实践指导。经过第一年的探索,课程结构建立起来了,并积累了一定量的观察记录和活动教案。

第二学年一位教师随着孩子们升班,1997学年她教的这班孩子进入小学,她回来教第五个托班。另一位教师一直留在托班,她对托儿的发展特点和教育规律越来越熟悉。每年新教师(具有二三年本园幼教经验)进入托班,在她的帮助下能很快地进入角色,并能发挥创造性使课程结构在原有基础上不断地充实、丰富和发展。

2. 家园过渡

2岁儿童从家庭进入托幼机构是他一生中走进社会的起步,这一步走得怎么样关系到今后各方面的发展。人类发展生态学的观点认为:影响一个人发展的环境是一个有一定结构的整体,称为社会生态环境,它有几个不同的层次。对2岁的儿童来说,原来生活在家庭里(第一个直接的生活环境称为微观系统),进入托幼机构(另一个微观系统),环境变化促使儿童的生活方式作出相应的改变。同时家庭和托幼机构之间所建立的关系(称为中间系统)也对儿童的发展产生影

响。对于这些变化若处理得恰当,就能促使孩子的发展,处理不当则会对孩子造成伤害。

孩子入托首先遇到的是情绪波动问题。有一种说法:孩子上托儿所、幼儿园哪有不哭的,哭够了就好了。我们竭力反对这种观点。这是漠视孩子的情感,不尊重孩子的发展权利。因此,我们把"帮助儿童顺利地适应集体生活"放在托班教育的首位。课程组织的第一单元就是"帮助托儿过好入园关",单元的教育目标和教育要求就是围绕这一点提出的,并且采用了分批入园的方式。经验证明孩子们"哭"的时间和程度是可以控制的,至少可以降低对孩子情绪的伤害。

我们先从理论上分析了2岁儿童身心发展的特点。出生以来孩子形成了对亲人的依恋,一旦分离自然会导致情绪波动;然而依恋感的满足又会促使自主感的发展,1岁半至3岁间出现要摆脱成人控制获得自主的要求。因此可以用培养自主能力来帮助孩子克服对亲人的依恋。此外,一般独生子女这时还出现与同龄伙伴交往的迫切需要,正好可以发挥托儿集体的教育影响,用丰富有趣的集体活动来吸引孩子们,用培养友好关系来促进孩子之间的交互作用。

做好家园过渡工作的基点是要使每一个孩子比较顺利地从家庭转入集体生活。因此教师的工作要从走访每个孩子的家庭了解他的家庭生活开始,先在家里与孩子交上朋友。有的孩子入园第一天就是来找家访的老师。然后,按照孩子们的特点分成3~4组,每隔二三天接待一组新生入园。第一组由从报名入托的孩子中选出的10~12个年龄较大、独立性较强、性格开朗的孩子组成,两位教师集中精力帮助他们进入新环境。教育活动方面,一位教师按既定日程和常规组织集体活动,另一位照料个别孩子。经过三天的小集体教育,孩子们基本上形成了一定的常规,心情比较愉快,即使有时有人哭,也不致引起大片哭声。这些孩子就自然地成了接待后几组孩子的骨干力量,他们开始会按指令转换生活环节,乐意自己摆弄玩具,从而让教师有时间多照料新生。最后入园的往往是适应特别困难的,这时虽有人哭闹也不会发生很大影响,可以给予特殊照顾,容许延长过渡期,逐渐地适应。

家园过渡是托儿进入集体生活的开端,要使集体生活的各个环节对每个孩子都产生教育作用,持续的常规教育很重要。

3. 常规教育

班级集体常规教育的大环境是托幼机构整体的科学化管理,特别是园长、教师、员工的合理而有序的教育行为。为儿童创造一种安逸、舒坦的心理环境,会在常规教育过程中产生感染作用。班级常规教育是托幼园所整体管理科学化的反映,是园所教育教学水平的体现,是教育目标、发展目标落实到儿童身上促进其发展的重要教育措施。"常规"不只是限制孩子们某些不符合集体要求的行为,"常规"实质上是对全体师生员工行为规范化的科学要求,从而使一个托幼园所日复一日能"自动化"运转的一种机制。

班级常规教育是根据教育目标将整日各个环节、各项活动中师生互动、教师之间互动行为定出规范化要求,使教师对儿童的行为要求、教师之间的行为要求制度化而达到一致、一贯,从而提高教育教学的整体效益。常规教育的目的和结果是达到自我约束而不感到外在压力,自由自在而不扰乱集体秩序。如意幼儿园的先后五个托班每年都是两个教师面对35~38个孩子(生源量大难以控制),日常集体生活却有条不紊,并有时间观察和指导个别孩子。教师、家长和参观者都反映孩子们一天到晚自由自在"很开心",出勤率很高。这里除了教师的责任心、爱护孩子等个人素质外,班级运行的常规机制也发挥了很大作用。

对托儿进行常规教育,教师明确并坚持师生各自的行为规范要求是前提,而培养儿童的"规则意识"也很重要。参观者也注意到孩子们的规则意识很明显。培养规范行为从入托第一天开始并不太难。孩子们从家庭进入托幼集体,由于个人地位、角色和人际关系的变化,各项活动中的行为也需要相应地改变。孩子们初到一个新的环境往往比较胆怯,有些不知所措的表现,这时教师按规定的要求教他们什么事怎么做,他们很乐意学,只要教师坚持,第一次的印象会发生很大作用。特别是把操作、收拾玩具的规则和怎样才能玩得开心结合起来教,孩子们也很容易接受。晨间孩子们陆续入园时,可以在已放好各种玩具的6张桌边选一处搬了椅子坐下玩。规则是:人可以走动,玩具不可搬到别的桌上;玩法可以自由,玩过后玩具一定要放回原处。例如玩积木块,由于桌面空间小,木块放在桌边的篓筐里,各人自取,需要多少拿多少;孩子们各搭各的,边搭边说,无意中互相模仿;当老师发现孩子们较长时间总把积木垒得严严实实时,启发一个孩子"架空"(三块积木搭成桥),孩子们的建构技能从而向前发展了一步,偶尔出现"争抢"或"推倒"别人搭的东西,老师很容易发现并给予指导,帮助孩子学习解决"矛盾"。

　　保证常规顺利落实,教儿童学会按指令行动很重要。指令的方式也要考虑其教育作用,每日固定的生活环节转换不用语言"发号施令",只用小碰铃响三下,发挥提示作用。有的孩子听到第一声就作出反应,有间隔地响三下可适应动作和反应不同的孩子。听到信号大家七手八脚地收拾玩具准备外出或入室。没有大声嚷嚷的,老师重点帮助发展反应慢的孩子。为适应2岁儿童的特点,一个上午集体进出教室三四次,从不要求排队,信号一响,若有事情交代,教师只要简明地说清要求然后在前领路,孩子们跟着走,反应快的先走,动作慢的有充分时间跟上,不必等待。孩子们很会享受这种"自由",也懂得遵守必要的"纪律"。在室外走廊里空间宽敞时大家一起走,进出门口时会一个跟着一个走,从不你推我撞挤着抢先。在规定玩大型运动器械时间内个个爬上滑下钻出钻进,尽情地玩。在规定时间以外没有人溜过去玩的。在草坪养草期间拦上绳子,没人钻过去踩的,即使掉了玩具也会绕了路踮着小脚去捡。这种"规则意识"是在日复一日有序的日常生活中形成的,不可能是成人说教的结果。

　　常规教育能够发挥儿童集体对个别孩子的积极影响以及孩子们相互之间的促进作用。由于常规教育只对儿童在集体中的行动提出必要的、合理的规则,对活动的学习要求不作统一规定,孩子们可以按各自的发展"步伐"前进且得到充分的机会表现各自的发展水平。这样使孩子之间产生一种无形的、没有压力的互相促进的作用。例如,让孩子们在操作玩具时轻声地边做边说,各说各的,逐渐地从"自我中心语言"向"对话"语言发展,带动了一些比较内向的孩子语言交往能力较快地发展。读《婴儿画报》是孩子们的一个特殊爱好,成为如意幼儿园托班的一个特色。每个月收到婴儿画报,孩子们迫不及待地要求老师读给他们听。教师每次朗读都按一定的规则:点读画报名称、故事题目,然后边翻书页展示画面,边朗读文字。根据孩子们的兴趣连续几遍,面向集体读过后把画报放入图书角。每天午餐前孩子们围坐在主班教师身边,点故事名请老师读,连续好几本,真是百读不厌。在图书角里孩子们各自按规则点读封面文字后,边翻书页边按自己的水平讲读(不认字),各读各的互不干扰。有些孩子一学年可以学会七八个故事(看着画面全文背诵);有的孩子不常进图书角,突然能读好几篇。有的家长、参观者问教师是怎样教会那么多孩子读那么多的故事的。实际上就是在上述情况下孩子们自己学会的。托班孩子们的许多能力都是由教师创造条件提供机会,孩子们主动发展起来的。

  托班常规教育的效果在后来三年的幼儿园教育中表现很明显。1994、1995两个学年,托班的孩子集中升入一个小班,另一个小班收新生。新小班的常规教育很困难。直到大班结束,两个平行班的明显差异就是在常规方面。经过托班常规教育的班级规则意识和任务意识强,教师布置学习任务时能静听并按指示操作达到要求,有时还会提醒老师:"还没提要求呢!"1996学年开始把托班孩子一分为二升入两个小班,各收一半新生。在老生的带动下两个班的常规很快形成,发展比较平衡。1997学年用同样的方法收到了相同的效果。由此可见,托班教育着重为孩子们提供充分的机会让他们按各自的发展水平和速度前进,培养最基本的操作能力、人际交往能力以及良好的生活习惯、游戏习惯,对孩子们后来的发展是极其有益的。

  4. 双向转换

  在观念与实践之间双向转换过程中对提高教育效益最有利的是教师的观念与实践两者本身的相互促进,从而使教师的素质得以持续提高,成为托幼园所整体持续发展的根本保证。研究课题初建时,以我作为理论工作者为主提出研究的指导思想,包括课程结构的框架及其理论依据,然后以实践者(包括园长和班级教师)为主设计课程的目标、内容、活动等部分,使指导思想中的观念转化成为可操作的具体措施,并通过课程实施的效果来检验课程设计的可行性。形成了:将"观念"转化为"实践"落实到"幼儿发展"的第一个转换及通过"幼儿发展"检验"实践"上升为"观念"的第二个转换。在反复实践的过程中使"观念"体系逐渐完善,"实践"结构充实丰富。形成了:"观念"⇌"实践"的双向转换机制,从而使促进"幼儿发展"的效益得到持续提高。

在这种双向转换过程中教育效益之所以能得到提高,关键在于:在"实践"的操作中,贯穿在"实践"设计中的"观念"内化成为教师自己的观念,而这种观念在反复实践中深化而融入教师的素质,成为指导实践的一种内在动力,也成为一种能不断摄取各种信息的内部结构。简言之,教师在实施课程中从"要我这样做"转变为"我要这样做",从而在改进教育教学实践中得以发挥自觉的能动的潜在作用。

若是幼儿园教师都有机会在研究自己的教育教学实践中经过双向转换而获得这种自觉能动性,幼儿园保教质量的大面积持续提高将成为可能。我们的经验证明这是可能做到的。

发表于《学前教育研究》,1998 年第 6 期

幼儿园综合教育第二个十年研究的回顾

我们在总结幼儿园综合教育第一个十年研究的学术价值后于1993 年秋进入幼儿园综合教育第二个十年的研究。当时,我刚从南京师范大学教学岗位上退下来,正想"自由自在地"做一些多年来想做而没有时间做的事,于是就很自然地在南京市玄武区如意幼儿园(街道幼儿园)开始了"托儿综合教育课程"的探索。1994 年冬,我又应深圳市华侨城幼教中心(个人承办的幼儿园)的邀请,开始了"幼儿园双语教育"的探索。1996 年夏,南京赵氏幼儿教育研究服务中心成立,我们又开始了幼儿园生态综合教育课程的研究。就这样,不知不觉地又走

了近十年。在这十年中,虽然随着个人角色以及所处环境的变化,探索的课题内容也在不断变化,然而基本观念却始终没有变:顺应幼儿园教育改革和发展的需要,充分吸取我国幼教发展几十年来,特别是20世纪80年代初以来所积累的经验,顺其自然地往前走。

重温前十年总结中提出的探索前景,回顾这十年的探索历程,主要在以下几个方面得到了发展。

一、课程研究范围扩展

1. 课程服务对象的年龄向下延伸。探索2~3岁托儿教育课程是我多年的心愿,也是如意幼儿园迁入新园址后产生的一种新需求。我们借鉴农村学前一年综合教育课程的结构和构建过程,先由我向园长、教师综合阐述2~3岁幼儿身心发展的特点,然后由园长主持带领教师承担课程设计的主要任务。由于托班教师是从有多年幼儿园带班经验的教师中挑选出来的,园长又曾主持过"角色游戏"多年的研究,这个课题组很快就进入角色。在实践探索的过程中,他们的教育观念得到更新,原有的经验得到发扬。经过三年的探索,构建了托儿综合教育课程框架。该课程已成为如意幼儿园的一个办园特色,并为该园正在构建的托幼一体化课程打下了基础。

上海梅山冶金公司中心园托儿所(地处南京)借鉴如意幼儿园的"托儿综合教育课程",结合本单位职工的需求,经过几年实践研究建立起1岁半至2岁、2岁至3岁两个年龄段的托儿课程。

杭州新金都幼儿园为了让孩子们顺利地过好入托关,开展了周末"亲子活动",帮助家长更新育儿观念,提高亲子互动技能,使孩子们愉快地从家庭生活走向集体生活。这样的活动向婴儿年龄段延伸,并发展成为社区早期教育的一种模式。

2. 课程研究领域从单科向整体发展。1994年冬,我开始参与深圳华侨城幼教中心的双语教育研究。为了适应经济特区社会文化发展的需要和家长对孩子学英语的需求,我们立足于整体课程改革,以婴幼儿母语习得规律为依据,探索幼儿英语学习的特点,经过三年实践研究,取得了明显的效果。1996年,在此基础上,我们总结多年来开展整体课程改革的经验,引进美中教育服务机构专家多年研究的叙事性整合课程,开展了双语整合课程的探索,为幼儿园整体课程改革开辟了一个新的领域。经过四年多的实践研究,我们已经构建起"幼儿园叙事性双语整合课程"基本框架,开始进入深化研究逐步完善的持续发展阶段。

3. 更新研究角度,引进生态观,对幼儿园综合教育课程进行深化改革。我们以20世纪80年代的常识科目为基础,将20世纪90年代中期形成的科学、社会、健康等领域中的相关内容综合成生态教育领域,经江苏南京、溧阳等地六所幼儿园三年的合作研究,构建起幼儿园生态教育课程。此后生态教育观念被多所幼儿园吸收并用以推进原有的整体课程改革。有的幼儿园以生态教育领域为主线,整合其他领域的教育。例如,如意幼儿园的托幼一体生态综合教育课程,溧阳城北幼儿园的生态、艺术综合教育课程。有的幼儿园吸收生态综合教育的观念和课程框架,开展具有各自特色的整体课程研究。例如,浙江宁海县实验幼儿园以幼儿社会性发展为主线整合其他领域开展的综合教育课程。

课程研究范围的逐渐扩展带给我们的启示是:从综合教育课程的框架结构和构建过程中可以提炼出有广泛适应性的园本课程构建思路或模式,有利于促进广大幼儿园整体课程的改革。

二、课程构建技术深化

20世纪80年代,在探索综合教育的结构时,我们借鉴一般课程结构的要素提出以下幼儿园课程结构:

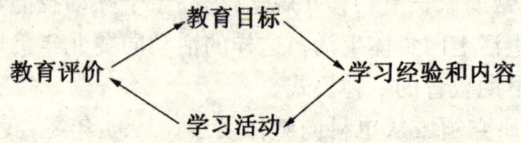

在探索农村学前一年课程时,我们引进了国内外各种与学前教育关系密切的理论观点,提出了一个理论向实践转换的过程:基础学科理论观点→学前教育基本理论→学前教育课程理论→学前教育课程设计→学前教育课程实施→促进学前儿童发展。

开始探索托儿综合教育课程时,我们比较自觉地运用了上述课程结构和转换技术。我们还依据人类发展生态学生态变迁的观点,综合 2～3 岁幼儿的动作、语言、人际交往、情感等方面的发展特点,来指导课程设计和实施。经过六年(即六轮,经历六个班幼儿)的实践和思考,我们确立了托儿综合教育课程的基本观点和教育观念。我们同时还建立起课程设计和实施的整体操作过程,使课程指导思想落实到促进幼儿发展上,从而把课程结构与转换技术融为一体,形成课程发展转换机制。

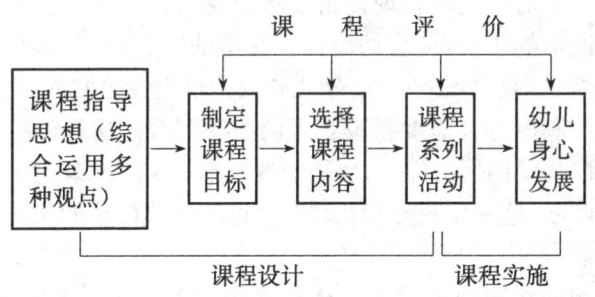

课程发展转换机制示意图

从上图展示的转换流程中可以看出课程中指导思想的形成:① 综合运用多种理论观点制定课程目标,根据目标选择或确定课程内容,根据目标和内容设计系列活动,通过活动促进幼儿的身心发展;② 通过教育评价,了解幼儿的发展状况,再据此来评价活动、内容、目标,并对课程作出调整,使课程的设计和实施处于整体运行状态,在循环中不断地得到改善。这里,第一步是借鉴他人的观点来指导本园实践。第二步是通过本园实践,提炼观念,形成园本课程的指导思想。第一步和第二步的交互作用使园本课程持续发展。这个转换机制中包含两个不同层次的操作:① 课程构建前期:设计→实施→评价→调整设计→再实施→评价→再调整……② 课程发展后期:开始从实践中提升观念,形成理论到实践、实践向理论的双向转换,从而形成园本课程的观念和实践体系的基本框架。这是一个幼儿园的课程开始成熟的外部表现。

在上述课程发展转换机制的运作中,幼儿园自我发展机制逐渐形成,这是由外部压力转化成内在动力,是课程改革持续发展的生命力。这就是说,幼儿园起先是由于面临激烈竞争,意识到必须建立有自己特点的课程来吸引家长和孩子,这时是"要我做";逐渐地在不断克服困难、解决问题的过程中获得了成就感,产生了"我要做"的持续追求,这时不仅仅是为满足别人的需求,也是为满足自己的发展需要。同时满足客观和主观两方面的发展需要,使幼儿园的自我发展机制持续运作。

三、课程建构向教育生态系统转化

课程改革对幼儿园管理提出了新的要求。管理体系若不能及时跟上课程改革的步伐,就会妨碍课程改革的顺利进行。例如,在课程改革中儿童观、教育观的更新,幼儿和教师自主性的发挥,家庭和社区资源的充分利用等都需要行政管理的主动配合。这是许多自觉创建园本课程的托幼园所的经历,也是幼教改革的实践向理论工作者发出的又一次呼唤,这又使我国幼儿教育理论和实践体系的构建进入一个新的发展阶段。

新世纪的到来预示着人类社会正在从工业文明走向生态文明。为了使我们的幼儿教育能在生态文明中立足并发挥应有的作用,我们应运用人类发展生态学的观点创建社会生态环境,把幼儿园建成教育生态系统,即将课程与园务管理融为一体,处理好各部分之间的关系,使之相互促进,科学地运作,产生整体效益。教育生态系统具有开放性,能随时有选择地接纳外界信息并使之成为自我发展的"营养",而不至于对外界环境变化感到困惑、迷茫以至被动地随大流。

怎样把幼儿园建成教育生态系统呢?在建立教育生态系统时,我们可从宏观和微观两方面入手,宏观研究:创建幼儿园文化;微观研究:发挥人际互动优势。

幼儿园文化是教育生态系统的核心,也是品牌形象。幼儿园文化是由幼儿园的全体成员认同的价值观念、情感态度、伦理道德、行为准则、习惯传统等凝聚而成的一种精神力量。这种文化在幼儿园内部对全体员工和幼儿起着潜移默化的作用,可以增强凝聚力,提高教育效益;同时对幼儿家长及所在社区以及整个社会起到传播科学幼儿保教知识的作用。由于集体保教在我国婴幼儿保教体系中占有特殊地位,对家庭保教和社会保教承担着引导和促进的责任,因此,构建幼儿园文化,发挥幼儿园品牌形象的作用尤为重要。

人际互动是教育生态系统运行的能源。在教育生态系统中存在三个角色群体:① 管理保障群体,有决策指挥、管理协调、服务保障等职能;② 教育保育群体,有教育、保育、保健等职能;③ 学习发展群体——儿童,是教育的主体。这三个不同的群体由于在生态系统中所处的位置(角色)不同,他们从事各不相同的活动,同时形成多层次、多视角的人际关系,在相互作用中产生能量,推动系统运行。

任何生态系统都是动态的,不停地运行着的,其中必然存在一定的动力。然而,生态系统中各要素的协调程度和动力的优劣会影响整体运行的效益。在幼儿园教育生态系统中,幼儿园文化是导向,运行的动力则是人际互动。幼儿园文化是发挥人际互动优势的保证,而发挥人际互动优势则是幼儿园文化创建的具体表现。这两个方面又在互动中促使教育生态系统的整体持续发展。

幼儿园综合教育研究经过20年的探索已经逐渐跨越了课程改革的范围,正在走向托幼园所整体发展的探索。我们满怀信心迎接未来,努力为我国幼教改革再创新成果!

发表于《幼儿教育》,2002年第10期

立足本园特点　建构园本课程
——贯彻实施《幼儿园教育指导纲要(试行)》的建议

在21世纪第一个新学年开始的时候,教育部颁发了《幼儿园教育指导纲要(试行)》简称《纲要》。新《纲要》的贯彻和落实,又将使我国幼教改革步入一个崭新的发展阶段。

在教育部下达的有关通知中指出:《纲要》是指导广大幼儿教师

将《规程》的教育思想和观念转化为教育行为的指导性文件。通知中还要求广大教育工作者:依据《纲要》的指导思想和基本要求,根据儿童发展的实际需要,制定教育计划和组织教育活动,进一步更新教育观念,提高教育技能。据改革开放 20 年来我们研究幼儿园课程建设的经验,特别是 90 年代以来我们和几所幼儿园在构建园本课程中,观念得到更新,保教质量和师资水平得以共同提高的收益和体会,我想对广大幼儿园贯彻实施《纲要》提出以下建议。

城乡各类幼儿园都可以用《纲要》作指导,来构建各自的园本课程,从而将《规程》的教育思想和观念转化为自身的教育行为。

为什么建议所有幼儿园都来建立园本课程,是不是每个幼儿园都有能力建立园本课程?

《纲要》的"总则"中指出:城乡各类幼儿园都应从实际出发,因地制宜地实施素质教育。《纲要》的第三部分"组织与实施"中指出:教师要根据本《纲要》,从本地、本园的条件出发,结合本班幼儿的实际情况,制定切实可行的工作计划并灵活地执行。多年来我们在研究课程建设的实践中感到,教师每年或每学期制定教育工作计划是一件负担重、花时多、压力大的事情,其中也有很多"重复劳动"。而通过建立园本课程的办法可以帮助幼儿园积累经验、消除重复劳动、减轻教师工作量。因此,贯彻落实新《纲要》,可以由园长带领全体教师(甚至包括幼儿家长及其他人员)根据《纲要》(以前是根据《规程》)的精神,从本地、本园的实际条件出发,结合本园幼儿身心发展的特点和具体情况,在总结经验的基础上建立课程。这样就可以把贯彻实施《规程》提出的保教总目标和《纲要》提出的"教育内容与要求"、"组织与实施"、"教育评价"等结合本地本园的条件和幼儿的实际,建成一个整体,并处理好各部分之间的有机联系和关系。见示意图:

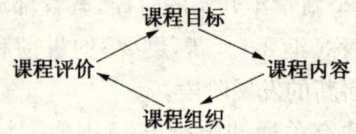

根据基本结构,通过两三年的教育教学实践就可逐渐完善和稳定,并形成本园的课程。班级教师只要结合本班幼儿的实际情况来实施园本课程,不必根据《规程》《纲要》从头做起。这样,教师就可以利用更多时间和精力来观察、了解本班幼儿的发展状况,有针对性地、灵活地实施园本课程中设计的各项活动。

这种建立园本课程的办法是所有幼儿园都能做到的。另外,从广大农村的学前一年、二年幼儿班,偏远山区的混合年龄幼儿班,一般城市的幼儿园,到经济特区的集团化幼儿园,都各有本地、本园的独特条件,生长、生活在不同地区的幼儿也有各自的特点,因此都需要通过构建园本课程来实施相应的教育。

根据我们的经验,建立园本课程可望带来以下几方面的益处:(1)由于课程从本园实际出发,针对幼儿发展的特点,因而更有利于促进幼儿多方面的发展;(2)园长、教师一起研究本园实际,共同探索课程建设,有利于发挥集体智慧,加强凝聚力;(3)建设课程时的实践和思考有利于提高教师队伍素质,提高教师对外界信息的鉴别力,能摄取"营养"为我所用,避免盲目"追新"、"赶潮"而浪费精力;(4)在构建课程的实践中教师们养成的研究、创新精神,能使园本课程随社会的发展和幼儿、家长需求的变化而持续地发展。这一点是园本课程的最大优势,也是幼儿园生存、发展的生命力所在。

下面对构建园本课程的程序及操作方法提出一些建议。

园本课程的构建程序以下图为例:

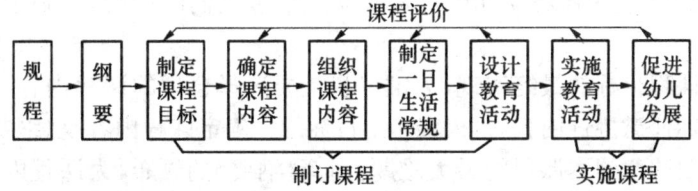

在该程序的操作中,《规程》《纲要》的教育思想和观念一层层具体化,最后落实到一个个具体的教育活动中去,再通过教师与幼儿在各

种活动中的互动来促进幼儿的发展。这个操作程序就是将教育思想观念转化为教育行为的"转换机制"。

这个转换机制的关键是处理上述程序中各方框之间的关系,即发挥方框之间的"→"的作用。这种作用是由《纲要》中的教育思想、观念与本园实际密切结合而产生的。下面,对这一系列转换的操作方法做一点分析和说明。

教育部颁发的"通知"中明确指出:《纲要》是根据党的教育方针和《规程》制定的,因此我们可以说《规程》与《纲要》的关系,即《规程》向《纲要》的转换是在制定《纲要》时完成的。而构建园本课程是依据《纲要》的指导思想和要求从制定课程目标开始的。

《纲要》"总则"部分明确指出,制定《纲要》是为贯彻《教育法》《条例》《规程》,"指导幼儿园深入实施素质教育。""城乡各类幼儿园都应从实际出发,因地制宜地实施素质教育,为幼儿一生的发展打好基础。""教育内容与要求"部分提出:"各领域的内容相互渗透,从不同的角度促进幼儿情感、态度、能力、知识、技能等方面的发展。"由此,我们可以将课程的总目标概括为:向幼儿进行素质教育,促进幼儿情感、态度、能力、知识、技能等方面的发展。并由此结合本地、本园的条件和幼儿的实际对这几个方面制定出一些操作性较强的内容,作为进入本园的幼儿经过几年的素质教育所要达到的目标,也可作为评价幼儿发展的依据。目前一些研究课程建设的幼儿园对课程目标的表述虽有多种形式的提法,但大多与上述几方面发展的内涵相符。因此,准备构建园本课程的幼儿园可从实质上借鉴他们的经验,不必追究其形式。

课程目标的最终实现,关键一步是要选择合理的课程内容,脱离了目标任意挑选内容,是很难达到目标的。确定课程内容是《纲要》颁发之前构建园本课程的最大难题,而新《纲要》的颁布,为课程内容的确定提供了明确而具体的依据。"教育内容与要求"部分明确提出:"幼儿园的教育内容是全面的、启蒙性的,可以相对划分为健康、语言、社会、科学、艺术等五个领域,也可作其他不同的划分。"已经构建园本课程的幼儿园若课程领域的划分不同,可对照《纲要》,检查是否达到全面性(内容范围)和启蒙性(内容深度),不必追究划分的形式。不少幼儿园在研究园本课程时扩展了课程内容,例如增加了英语、电脑操作等,则应纳入或渗透到相应的语言、科学等领域,防止内容偏颇或加重师生负担。

准备构建园本课程的园长、教师们需要认真、深入地研究《纲要》的第二部分,先领会每个领域的"目标",然后根据"指导要点"分析本园实际,从而确定每个领域的内容与要求。根据我们的经验,若能把这个部分按本园幼儿的年龄段区分不同层次(一般园分三个层次,两个年龄的混合班分两个层次),则对课程的整体制定和实施将带来很大便利。当然,一下子要把几个领域的内容确定得很全面,又把层次分得很清楚,是比较困难的。可以先搭其框架,然后通过教育教学实践逐渐充实完善。这里还要提醒大家,要重视积累本园已经创造的经验。各园在实施1981年颁发的《纲要》以来行之有效的内容可以纳入园本课程。

确定课程内容这一步在具体操作时要安排充分的时间进行集体讨论,不要急于求成。先要领会《纲要》"总则"部分提出的总的指导思想:(1)幼儿园进行素质教育是"为幼儿一生的发展打好基础",不只是为上小学作准备。因此,切勿迎合家长心理把小学的学习任务提前来教而忽视幼儿多方面的发展。(2)幼儿园要与家庭、社区密切合作,充分利用各种资源为幼儿创造愉快的、对身心发展有益的环境,让幼儿享受快乐的童年生活;园长、教师有责任帮助家长更新观念,运用科学的育儿方法,防止把成人的意识强加在孩子身上,给孩子带来压力。(3)尊重幼儿的发展权利和个别特点,为每个幼儿创造积极投入活动的机会;以游戏为基本活动的含义在于用适合幼儿特点的方式激发所有幼儿参与活动的兴趣和自主性,使每个幼儿能在原有水平上得到发展;防止以游戏的形式"包装"陈旧的教学方法。每个领域的"指导要点"都贯穿着上述总的指导思想,并结合各领域内容对促进幼儿身心发展的独特作用提出了指导要求。在选择和确定各领域的内容时务必认真领会其含义。

构建课程的第三步是研究怎样把已经确定的课程内容组织起来，使之成为具有一定顺序的、相互联系的多种多样的活动，使幼儿通过这些活动学到所规定的内容，从而达到多方面发展的目标。据课程研究的经验，课程内容的组织大致可分为三种不同的组织形式：(1) 按领域将课程内容组织成各个系列，将各个系列按月分段，通过每月的整体安排来处理各领域内容之间的关系；(2) 将所有领域的内容按单元综合起来，组成单元系列，每个单元围绕某个主题来处理各领域内容之间的关系；(3) 将相互关系密切的几个领域综合组成一系列主题单元，其他领域各自单独组成系列，再用适当的方式处理两种系列之间的关系。这三种组织形式都要保证把各领域的内容形成整体，通过多种活动得到连续的整体运作。各个幼儿园在开始构建自己的课程时，就要确定采用哪一种课程组织形式。这里需要着重说明的是，划分课程领域不等于要求分领域组织活动，而是为了更全面地考虑幼儿多方面发展的需要。

将课程内容进行整体组织形成一定结构后，就要制定一日生活常规，这就是按年龄特点将幼儿一日活动的作息时间分段，并按时段对幼儿的行为要求和保教人员的行为要求进行整体的协调和安排，从而使幼儿在一日活动的每个生活环节中受到教育，获得经验和发展。要做好这一步工作，就必须将《纲要》的教育思想、观念贯穿在一日生活中，转换成幼儿和教师的行动，使师生在互动中共同发展。《纲要》的"组织与实施"部分指出，幼儿园应"科学、合理地安排和组织一日生活"，并提出了四点要求作为指导原则。教师在制定一日生活常规时，都应认真贯彻落实。另外，课程内容中有关自理生活，与同伴交往，收拾整理玩具用品衣物，自我保护，爱护环境等方面的要求都应转换成幼儿的活动常规，逐渐养成他们良好的习惯。保教人员的主要任务是合理分工、明确职责，着重观察每个幼儿的行动，并进行集体的或个别的指导。

在幼儿的一日活动中既要有严格的活动规范和行为规范，也要有自选玩具、自选伙伴、自选活动的机会。实际上，这两个方面是相辅相成的,也是尊重幼儿的独立人格,培养幼儿自主性的必然要求。另外,幼儿初次进入集体生活,对一切都感到陌生,需要知道什么时间做什么事、怎样做,因而对合理的常规很容易接受。只要保教人员对幼儿的行为要求坚持一致和一贯,幼儿的规则意识和规范行为很容易养成。这也是我们8年来研究"托儿综合教育课程"的经验和体会。

设计教育活动是课程建构的最后一个步骤。一日生活常规中每天进行的相同的活动,规定了保教人员怎样组织,幼儿怎样行动。至于每天的集体教学活动、区域活动、户外活动等的时间,在一日作息时间表内虽有了规定,但活动的具体内容和进程需要设计。

20世纪90年代以来不少课程研究的资料中都有"活动设计"部分,这也是幼儿园教师最关心的。这里对设计园本课程活动的操作方法提出几点注意事项:(1)设计活动不可一个一个孤立地进行,而要对一个主题单元或一个月的相关领域的活动作通盘考虑,处理好相互之间的关系,从而明确每个活动在整体中的位置,并确定各个活动在完成课程内容实现课程目标中承担什么任务。也就是说,每个活动要制定具体的目标。(2)根据活动目标选择教材。这点很重要。我们在研究课程时经常发现先选教材再订目标的做法,这样很容易偏离课程总目标,因而难以发挥所设计的活动在实现总目标中应有的作用。(3)设计活动程序时,首先要分析班上各个幼儿的发展情况,设法提供多种机会,调动所有幼儿主动参与活动的积极性,而不可勉强幼儿顺从教师的安排完成教学任务。(4)活动的过程要密切联系幼儿已有的经验,多采用开放形式,让不同的幼儿都有机会操作和表现。(5)设计活动要给实施者留有余地,以便结合实际灵活掌握。这一步工作基本完成了园本课程的制订,至于课程的效果如何,是否能促进幼儿多方面发展,需要经过课程实施的检验,经过实施→修订→再实施→再修订……逐渐完善。

实施课程是将设计好的一个个活动,通过保教人员与幼儿、幼儿与幼儿、保教人员与家长等多种人际互动促进幼儿发展的过程。其中教师与幼儿的互动起到主导作用。《纲要》的"组织与实施"部分提出的指导思想,要贯穿在实施各种教育活动的全过程中。现在概括提出几点操作中的注意事项:(1)对已经设计好的活动要进行思考,领会其中贯穿的教育思想观念,并根据班上幼儿的已有经验及发展情况作必要的调整或补充,这是教师备课的重点。(2)根据设计的活动目标和选用的教材布置环境,提供教具学具,让幼儿有机会按各自的兴趣和需要操作学具,与环境交往。这样既可节省集体教学的时间,又可让每个幼儿都有参与活动的机会。这种操作活动可放在组织活动前作为预备活动,也可放在组织活动后作为延伸活动。(3)活动开始,可用联系幼儿的有关经验的方法激发幼儿的兴趣和主动参与的愿望,对大班幼儿可用设置"问题"的方法来激发积极的思维和探究的欲望。(4)在活动展开的过程中,教师要密切注意幼儿的多种表述和表现,并给予相应的支持、鼓励、应答或引导,指导幼儿进一步发现创造,切勿一味追求完成预定计划。(5)对活动效果的评价,应注重幼儿投入活动的主动性和普遍性,评价幼儿感兴趣的问题是否能得到充分展开,是否对幼儿的发展有所启发等。

课程结构的最后一部分是课程评价。它的作用是根据课程实施对促进幼儿发展的效果来调整课程目标、课程内容、课程组织,使课程整体在不断的运动中得到持续发展。课程是动态的,而不是一种静止的文本。

《纲要》的"教育评价"部分明确指出:教育评价"是了解教育的适宜性、有效性,调整和改进工作,促进每一个幼儿发展,提高教育质量的必要手段"。为做好这步工作,作为课程研究者应重视收集幼儿在各种教育活动中的表现和总体发展的有关信息。例如,对行为习惯(情感、态度及某些能力的具体表现)可列表作定期观察记录;对某些能力和技能可组织相应的活动作观察记录;对知识不作测查,而是观察幼儿在解决实际问题中表现出的运用知识的能力;对个别幼儿或部分幼儿发展中的疑难问题则可采用连续观察写笔记的方式。此外,幼儿的书面作品、活动的录音摄像以及请家长填写的问卷,召开家长座谈会所得的资料等,也是课程评价的重要信息。

一般说来,构建园本课程初期,园长、教师忙于制定目标、内容,设计活动等,难以考虑评价问题。但在课程研究发展到一定阶段时,自然会出现研究评价的需求。课程建构是一个逐渐发展的过程,切不可急于求成。

以上是几年来我们研究课程建设的初步总结,供广大幼儿园参考,期望对贯彻实施《纲要》有所帮助。

发表于《早期教育》,2002年第1、第2期

学前教育课程发展行动研究法
——一种适合国情的幼教研究方法

学前教育课程发展行动研究法,是适应我国幼教改革的需要,立足国情,借鉴国外行动研究法,在幼教改革实践中,逐渐形成的一种研究学前教育课程的思路。

这种研究法经历了:从自发地运用→有目的地试用→初步建立适合国情的思路→进一步向深度、广度发展,可以预料今后它将随着学前教育课程的发展而继续不断地发展下去。

20世纪70年代末,为了适应幼儿园恢复正常教育教学秩序,改革各科教材教法的需要,南京师范学院学前教育教研组的教师们与南京市各幼儿园的老师们,在"以民间协作方式解决实际问题"这一共同设想的指导下,成立了五门课的自愿合作研究小组。今天回想起来,那正是我们自发地运用行动研究的开始(当时还不知道"行动研究"这个名称)。1983年,当我们从分科目研究转向幼儿园教育整体研究时,发现了一个资料:《行动研究——对试验过程进行干预》。虽然资料内容不够具体,但使我们感到这种方法与我们几年来的"民间协作"研究方法相近,从而为我们肯定了这样的做法:理论工作者与实际工作者合作,发挥各自优势,共同探索教育实践迫切需要解决而又缺乏现成方法的问题。从此,我们进入了有目的地尝试运用行动研究法的阶段。经过学前综合教育课程的研究的八年实践,在逐步建立起学前综

合教育课程体系的同时,逐步形成了学前教育课程发展行动研究法。这种研究法是理论与实践密切结合,综合运用多种具体研究方法,融思考和行动于一体的研究问题的思路。它不仅适合于研究学前综合教育课程模式,也可能适用于研究其他课程模式及幼教领域里其他的实践问题。

至于什么是学前教育课程发展行动研究法,为了便于表述,我们对其要点作以下叙述:

(1) 研究的意图是为了对教育实践中需要研究的问题作出回答,即重视对问题的研究提出一种或几种可能解决的办法。

(2) 通过对实际行动的研究改进行动,提高实践的质量,这里的"行动"指研究的对象和研究过程本身两个方面。

(3) 由理论工作者与实际工作者密切结合,发挥各自优势,相互作用。

(4) 以理论为主导,以实践为主体,以理论指导实际行动,在实际行动中作理论思考,思考与行动相互作用。

(5) 通过研究,实践课程得到改进,逐步完善,课程理论得到建立,逐渐充实,在理论与实践相互促进的过程中,建立我国学前教育课程发展的理论和实践体系。

这里需要指出的是"课程发展"这个词的含义。课程从实践上看,是一种动态的教育现象,不宜把它看成一种固定的框架。研究课程的目的是研究怎样使它不断"发展",而不是建立某种"完美的"课程。而行动研究法正适合这种研究的需要,它是一种开放的思路,一方面使所研究的课程能适应客观需要的变化而持续发展;另一方面它自身也随着课程的发展而不断地得到发展。

学前教育课程发展行动研究法是在我们从自发到自觉地运用行动研究探讨课程改革中面临的实践问题这样一个过程中逐渐形成的。借鉴国外行动研究给我们的启示是:教育研究要面向教育实践,依靠实践者来探究实践中迫切需要解决的问题。这仅仅是一种思路,然而作为理论工作者,用什么样的理论观点去认识所面临的问题并提出改进行动的方案,并不属于行动研究应该回答的问题。在这方面,我们继承幼教先驱的课程思想,借鉴国外课程理论,通过亲自参与课程改革的实践,建立起一种课程发展的技术,包括课程的结构及课程的设计和实施。这种课程发展技术是与适合国情的行动研究法在同一实践过程中相辅相成地发展起来的。目前,课程发展技术和行动研究已融为一体,开始形成一个在幼教领域里可操作的系统,因而命名为"学前教育课程发展行动研究法"。

一、推出"学前教育课程发展行动研究法"的意图

在我国幼教改革中,课程研究起步较早,经历了从分科目研究到整体课程研究,从城市课程研究到农村研究,目前正在从正规幼教课程向非正规发展。怎样使这种积极进取主动探索的精神从点向面扩散,使广大幼教工作者从改革的仿效者转变成为自主的革新者,从而使广大幼教机构的保教质量得以逐步提高?这是当前我国课程研究进一步发展必须作出的回答。由于我国人口多、地域广,社会经济、文化发展不平衡,靠仿效几种课程模式是不可能适应如此多的需要的,再说,即使学习仿效别人的经验也必须转化为能适应本地实况的具体措施。从事物发展的规律看,一个幼教机构的课程必须依靠内部力量来促进其发展,外因还得通过内因来发生作用。因此,要使教师从被动地执行课程转变为积极、主动地设计和实施课程,使各个机构都能建立起具有各自特色的课程。怎样能达到这一点?我们认为,学前教育课程发展行动研究法可作为一种尝试。

二、学前教育课程发展行动研究法的结构

这种研究法作为一个系统,是由静态的结构和动态的流程组成的。静态的结构反映的是学前教育课程作为一个整体所包含的要素及各要素之间的关系,动态的流程反映的是建立课程并促使其持续发展的行动过程。

1. 学前教育课程的含义

学前教育课程是指反映学前儿童某一发展领域教育教学客观规律的总体结构,或是反映学前教育机构整体教育客观规律的总体结

构。这就是说,用整体的观点看待学前儿童某一发展领域的教育或学前教育机构的保育和教育,其核心思想是揭示教育的总体结构、内在联系、各部分之间的相互作用以及整体功能。

2. 学前教育课程的静态结构

学前教育课程的结构包含表层和深层两个结构层次。表层结构由教育目标、学习经验和内容、学习活动、教育评价四个要素构成。深层结构是课程的指导思想,是处理表层结构各要素之间关系的依据。课程的指导思想往往是汲取其他学科中适用的理论观点融合而成的具有一定结构的整体思想。如,有的提出"发展观和整体观",有的提出"儿童观和教育观"。深层结构的要素还在探索中。

3. 学前教育课程的动态流程

课程是一种运动着的教育现象,由课程的设计和实施构成一个周期。课程设计和实施是教育目标落实到儿童身上的桥梁,是教育借以促进儿童发展的中介。课程设计是指引课程实施而超前运行的过程,又是随着课程的实施获得新的动力而持续发展的过程。设计和实施相互作用向前推进,促进课程不断发展以适应教育实践发展的需要。

4. 学前教育课程设计和实施的技术

这里提出"技术"一词用以表明课程设计和实施是理论向实践的转换过程,这种转换包含两个步骤:① 根据课程的指导思想处理课程各要素之间的关系,这就是将理论转化为可操作的实践蓝图;② 根据课程的指导思想实施设计蓝图,这就是将渗透在设计蓝图中的理论观点转化为能促进儿童发展的活生生的教育力量。这个转换过程的关键是课程的深层结构中的理论观点要渗透到设计和实施人员的思想中,用以指导课程的设计和实施,这就是观念的更新。实际上,观念的更新与设计、实施的行动是相辅相成互相促进的。

三、建立和发展课程的具体措施

我国幼教改革至今,已经出现多种课程模式,设计新的课程已不是当务之急。更为迫切的是要使广大学前教育机构具有一种能力,将本单位多年来的教育实践形成一个有结构的整体,使别人的经验成为能促进自身发展的营养来摄取,而不像过去那样"跟着潮流转",缺乏自我发展的主动权。每个教育机构只要能认真总结自身发展的历史经验,找出当前存在的主要问题,借鉴别人的观点和经验,设计改进的方案,通过反复实践和思考就能一步一步地得到提高,在这个过程中就会锻炼出一种自我发展的能力。如果所有的学前教育机构都能做到自我发展,我国的幼儿保教质量就会提高,还可能出现许多创新的经验,为建立具有我国社会主义特色的学前教育体系提供丰富而坚实的实践基础。

为了帮助各个学前教育机构进行自我发展,提出以下措施供参考:

1. 整理本机构课程的指导思想,形成课程的深层结构

人们的行动总是由一定思想指导的,但并不是自己都意识到。作为一个教师怎样把幼儿看成学习和发展的主体,怎样发挥自己的主导作用等,往往是在与幼儿接触和交往的具体行动中表现出来的。因此,我们要在保教人员的具体行动中寻找课程的指导思想,把正确的肯定下来,把需要改变的列出来,作为改革的重点。

2. 整理课程的教育目标

据我们了解,大多数学前教育机构不甚关心教育目标问题,对《幼儿园工作规程(试行)》中的保育和教育目标怎样在本机构中落实考虑得不够,很少结合本地区、本机构的实际制定教育目标。然而,教育目标是制定课程结构其他三要素的依据,目标不明确,保教质量的高低很难衡量。当然,在保教人员的头脑里并非完全没有教育任务或目标,但是不清楚、不系统,还可能不一致,制定课程的教育目标是思考本机构怎样落实我国学前教育总目标的过程,也是确保保教质量的保证。

3. 确定学习经验和内容

实现教育目标首先要落实相应的教育内容。如果把教育内容渗透在幼儿整个生活过程中,成为幼儿的学习经验,那么学习的效果可以得到提高。然而把日常生活经验构成幼儿的学习经验,必须通过教师根据教育目标选择相应的内容,安排成能激发幼儿积极性、主动性、创造性的学习过程。确定学习经验可用各种不同的分类方法,例如,

按不同的发展方面：促进身体健康的,促进认知发展的,促进表达能力发展的,促进个性和谐发展的,促进社会性发展的；也可按不同的发展领域：语言、数学、科学、音乐、美术、身体发展、生活常规等。经验怎样分类无关紧要,重要的是要根据目标,结合本机构的实际具体地定出来,不仅仅是定出各科的教材。每个幼教机构在教育内容方面都积累了丰富的资料和经验,只要加以整理,有的给予肯定,有的通过实践加以检验,有的可以改进和发展,逐渐形成一个具有本机构特色的"学习经验、内容库",将有利于课程的不断丰富和发展。

4. 组织学习活动

选定的学习经验和内容要落实到幼儿身上,发挥促进其发展的作用,必须通过一定的组织形式,成为幼儿的学习活动。幼儿在幼教机构中的一切活动都应该成为学习活动,有的是他们有意识地作出努力进行学习的,有的是在自然状态下自发地学习的。然而,对教师来说,所有活动都应该是有目的地安排的。学习活动的组织形式多种多样,其核心部分是幼儿在教师引导下积极主动地与周围的人、事、物交互作用的过程。在这个过程中幼儿是主体,教师的作用可能是直接指导或启发引导,可能是严格要求按规定行动或给幼儿充分的自由各自探索。每个学习活动都是整体课程中的一个独特部分,应该发挥其特有的教育作用。活动的目的、内容和活动的过程是根据课程的目标,所确定的经验和内容以及活动的性质而确定,才能产生其应有的教育作用。在组织学习活动方面,各个幼教机构都有丰富的经验,可以经过整理反复运用,探索其中的规律。组织学习活动不宜在形式上追求"新颖",要着重在活动过程中为每个幼儿提供与周围人、事、物交互作用的机会,才能取得实效。

5. 评价教育效果

评价是课程发展的重要环节。课程作为一个动态流程,从一个周期进入下一周期是由评价连接起来的。每个学前教育机构在建立自己的课程时应包括设计相应的评价体系。从我国幼教改革发展的进程看,目前各个课程模式正在积极探索"评价"这个环节,也有一些专攻"评价"问题的研究课题正在进行着。各个机构可自己设计适用的评价工具,经过互相交流,逐步充实,建成体系。

我们在这里推荐学前教育课程发展行动研究法,希望它能给广大学前教育机构带来自我发展的主动权,能给我国幼教发展带来无限的生命力,也希望它能通过实践达到自我发展。

发表于《早期教育》,1993年第2期

幼儿园综合教育持续发展的前景

20世纪80年代初,南师大学前教育专业的教师与南京市部分幼儿园密切合作,开始了幼儿园综合教育的探索研究。经过20年的探究展开和辐射扩散,现已进入深化提升的研究阶段。综合教育研究的过程发掘了我国幼教师资的潜在能量,展现了幼教队伍的集体智慧,形成了值得自豪的团队创作。这既是综合教育研究的成果,也是我们迈向未来的基础和动力。

从20年研究获得的规律性认识,我们可以充满自信地瞻望幼儿园综合教育持续发展的前景。

一、幼儿园综合教育研究所形成的观念向实践转化的技术能为广大幼儿园建构园本课程提供参考

建构园本课程的意识和技术使幼儿园的课程改革从模仿走向了自建。其间,不仅发挥了园长和教师的创造潜能,加强了幼儿园的整体凝聚力,也涌现了一批各具特色的整体课程。好学上进、勇于创新是我国幼教队伍的优良传统。由此我们可以预见,若是课程建构的意识和技术能够通过广大园长和教师的学习与创新进入更多的幼儿园,那么这些意识和技术不仅能使更多的园长和教师摆脱被动状态,获得自我发展的主动权,而且还能使更多的幼儿园树立信心、找到办法,从实际出发进行整体课程改革,逐步建立自己的园本课程。

建构园本课程并不是一种"时尚",而是贯彻《幼儿园工作规程》,

落实《幼儿园教育指导纲要(试行)》的必由之路,也是当前幼儿园课程改革的必然趋势。每个幼儿园都有自己不同于其他幼儿园的"实际"情况,每个幼儿园每天都在对孩子们进行保育教育的"实践"。因此,针对实际,立足实践,在日常保教过程中研究孩子怎样学习,研究教师怎样引导孩子自主发展,各幼儿园的园本课程自然会建立起来。

建构园本课程的第一步是需要园长带领全园教师对照《规程》中的保教总目标和《纲要》中的教育内容与要求,分析总结本园多年来的保教经验,发扬优点,改进不足,建立一个基本的课程框架(如下图)。随后逐年修订、改进,逐步形成相对稳定的幼儿园三年课程内容和系列活动,并将之作为幼儿园的骨干课程,同时留有空间和时间让各班教师灵活运用。在具体操作时,课程目标和教育评价可以先订粗略框架,逐步完善;各班教师在制定月计划、周计划、活动计划时,可以依据本园骨干课程结合本班实际落实到具体的活动过程中去,促进本班孩子更好地发展。课程实施后,在总结教育教学效果时,通过幼儿园平行班之间的相互交流、互补和创新,可以把取得的成果纳入骨干课程,为下一轮实践提高起点。这样,园本课程就自然在研究中不断发展了。

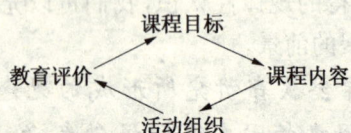

在建构园本课程的过程中,由于经过集体的实践和思考,园长、教师的观念渐趋一致,并逐步形成了自己的办园和教育理念;对外界的"风"、"潮"具有鉴别能力,善于吸纳精髓,滋补园本课程,促进自我发展。经验证明,建构园本课程的过程可以产生三方面的促进:孩子的自主发展、教师的自我发展、幼儿园整体的持续发展。

二、幼儿园综合教育研究过程中所建立的婴幼儿综合教育体系框架可为思考婴托幼一体化教育提供参考

从城市三年走向农村学前一年课程,带动了农村乡镇幼儿园三年综合课程的发展,形成了城乡幼儿园教育互补的综合教育课程。综合教育的研究向托儿综合教育课程及 2 岁以下亲子综合教育活动的延伸，形成了婴托幼综合教育体系框架，这又为建构城乡婴托幼一体化教育网络打下了基础。

开发城区和乡镇行政村的社会潜能来普及科学育儿是我国幼教发展中尚未引起重视和利用的资源。其实，城区和乡镇行政村完全可以立足本地实际，调动人力物力资源，建立社区早期教育中心。比如，可以利用幼儿园周末房屋、设备等闲置资源或城区、村委可借用的房屋、设备组织亲子活动，为 0~3 岁的孩子和家长提供教育和服务。此外，可以发动中师、高师学生队伍中的志愿者，利用假期送教到农村，并利用当地资源带领当地中学生、小学高年级学生一起组织婴幼儿游戏活动。这里顺便说一个志愿者服务的小故事：我写的《家庭教育小议》中提到过一个小女孩，名叫中中，从幼儿园毕业后，她便前往美国上小学，现在正读高中最后一年。去年暑假，她参加了"Amigos"（西班牙语"朋友"，该组织自 1965 年成立以来，每年组织 600 名中学、大学的学生志愿者参加服务）志愿者服务队到地处中美洲的洪都拉斯山区开展八个星期的服务，帮助当地建立社区健康卫生设施。志愿者的费用是学生在家长的帮助下和"Amigos"组织的支持下筹集的，中中通过销售水果获得五千美元，交给"Amigos"组织作为到洪都拉斯的旅费和生活费用。由此让我想到，我们的学生中蕴藏着推广科学育儿的巨大潜力。学生回家乡志愿服务不需要资金，重在组织和动员，广大幼教专业人员完全可以承担起这项任务。

三、深入探索实践向理论升华的技术是当前建立学前一体化课程理论和实践的关键

20 年来，在幼儿园整体课程建构的过程中，有一批幼儿园将观念转化为实践，建立了多种各具特色的课程，我们也从中获得了一些规律性的认识。现在，我们可以在此基础上组织这些幼儿园进行集体回顾和反思，探索规律，从中或许可以发现从实践向理论升华的思路。从综合教育发展的前景看，综合多种研究力量，形成合力，共同实践探索，其效果是可以预见的。这种综合力量可以由省、市教育行政部门、

教科所、高师学前专业、幼教研究会等构成；可以在省、市、城区和乡镇的社区、幼儿园等各个层次上发挥作用；也可以调动所有一线教师、园长、行政干部、教研员、幼师和高师的教师或专业研究人员、学生以及广大婴幼儿家长的力量共同投入科学育儿的普及和实践研究。

我国幼教已走进第二个百年，面临的是越来越激烈的人才竞争。人口众多、民族多样和巨大的潜在能量，这是我们的优势；把握潜能开发的关键期，进一步研究婴托幼儿潜能开发的规律，为提高全民族的素质打好基础，这是我们的责任。让我们所有的幼儿园立足本园实践，从实际出发，把《规程》和《纲要》中的幼教观念，通过建立园本课程落实到每个孩子的身心发展，为建构有中国特色的幼儿教育体系作出应有的贡献。

发表于《早期教育》，2004年第5期

幼儿教育理论与观念

"童年早期工作理想与现实"的感受

一、""童年早期工作理想与现实"情况介绍

澳大利亚童年早期工作协会是一个学术性、群众性组织。它把全国为童年早期儿童服务的教育、保育、卫生保健、社会福利等各有关组织联合在一起。协会主席由联邦政府教育部门幼儿教育负责人担任,各州设分会。协会为政府有关部门和下属组织提供学术上的咨询。

第十七届年会的主题是童年早期工作理想与现实。这里的"童年早期"是指8岁以下儿童的发展、保育和教育,"理想"是指可能或应该达到的要求,"现实"是现在的实际情况。整个会议是通过政策、家庭、课程3个主题讲演和68篇分散进行的报告,以及小组对澳大利亚儿童的发展、保育、教育的现状和发展的前景进行的研讨。

现在摘要介绍年会的三个主题讲演内容。

1. 政策理想

讲演的题目是《正确的政策提高幼儿教育计划的效益》,讲演者是美国宾州费城坦波尔大学教育系幼儿教育教授沃特博士。

沃特提出,我们的理想是社会能把儿童教育放在首位而不是末位,要为幼儿提供有效的教育计划和服务设施,首先需要有正确的政策。制定政策要考虑父母为子女的发展向社会提出的需要。各种幼教设施应该是补充儿童在家庭里得到的发展、保育和教育。应有利于幼儿教育取得效益。社会上有多种支持幼儿教育的力量,如美国就有50个非营利性质的组织支持幼儿教育,一旦有了明确的共同目标,就能发挥很大的作用。

沃特提出了制定幼儿教育计划的几项原则：① 考虑儿童在各个年龄阶段获得经验的连续性；② 多样化以适应个别特点；③ 把身体、智力、社会性、情感等方面发展结合在一起；④ 考虑家庭、社会等方面的影响因素；⑤ 考虑儿童在成长的环境中可能受到的伤害；⑥ 儿童在社会化过程中是积极的主体。

最后，沃特把政策的制定归结为两个原则和五个步骤。两个原则是：① 目标和任务要使所有的人能理解；② 发动各方面的力量进行合作。五个步骤是：① 意识到问题的存在；② 产生探索问题的兴趣；③ 引起尝试解决问题的愿望；④ 找出可行的措施；⑤ 采取行动。

沃特的讲演是针对澳大利亚的幼儿教育发展现状而作的。20世纪70年代以来，澳大利亚的幼儿教育发展比较快，但由于历史原因和政治影响，幼教政策缺乏一致性和一贯性；又由于妇女在经济、社会、个人发展等方面的原因需要走出家庭走上社会的人数日益增多，儿童保育和教育设施不能满足需要。1981年，联邦政府教育部编写的《学前教育》一书，对全国幼儿教育的政策、实施和科研进行了审查。1983年，联邦政府家庭研究所发表了一篇科研报告，呼吁"为制定全国性的儿童保育政策而努力"。

2. 家庭理想

讲演的题目是《教育8岁以下的儿童：善于应付的父母和富有反应能力的儿童》，讲演者是英国塞莱大学心理学系主任麦格克博士。他说初生婴儿要成长为一个社会的人，必须生活在人类社会环境中和家庭中，与周围的人建立社会性的关系。对初生婴儿的反射性动作及后来的无意识行动，父母如能加以利用和引导，就可以成为有利于社会性发展的经验。例如，婴儿在吃奶时往往是吮吸和停顿交替出现，母亲利用停顿与婴儿交往。吸奶时婴儿主动，母亲处于被动；而停顿时母亲主动与婴儿说话，婴儿处于被动。这种主动、被动的交替，活动、停止的交替，是人际"对话"的开端，为日后的人际交往提供有益的经验。稍大的婴儿偶尔转向某物，成人把这当做有意注视物体而加以鼓励，婴儿的注意能力由此而得到发展。成人把婴儿看做一个积极的主体,婴儿的各种能力就能得到发展,反之,则得不到发展。婴儿在半岁以后发展特别快,如果获得丰富的经验,就能学到"怎样学习",如果社会性经验贫乏,就不会学习。随着孩子的不断成长,成人的责任则转变为引导他们与周围环境交往,培养他们做自己能做的事。

从上述麦格克的婴儿发展观中,我们可以领会他讲演题目的基本精神:成人教育儿童,是把儿童看做积极的主体,善于与他们交往,培养他们与周围环境(人、事、物)交往的能力。

麦格克的讲演对澳大利亚的教育也是有现实意义的。一方面,澳大利亚的传统观念是幼小儿童的教育应由家庭承担;另一方面,澳大利亚是个多民族国家,人们的风俗、习惯和养育孩子的方式方法差异很大;此外,核心家庭和单亲家庭的数量日益增加,迫切需要普及科学育儿的指导思想。

3. 课程理想

讲演的题目是《8岁以下儿童的理想课程》,讲演者是美国加州斯坦福大学教育和艺术教授埃斯纳。

埃斯纳原来是一位画家,后来对儿童艺术产生兴趣,从艺术的角度研究学校课程。他主张儿童学习文化应包括艺术方面的学习。他认为把文化学习限于读、写、算是不恰当的。广义的文化学习应该理解为学会运用各种文化手段来感受周围事物的意义以及表达自己对所感受事物的感情和认识。艺术对儿童的成长发展之所以重要,是由于艺术是表达认识和感情的重要手段。儿童表达自己的感受,有3种途径:① 模仿,通过手势、动作、声音、视觉形象等重现自己对人、事、物的看法和想法;② 运用语言描述来表达感受;③ 运用艺术形式重现自己对事物的理解和感情。不同的重现方式可以表达不同的感情和认识,每种方式有它的独特作用。例如,对一棵树或一个公园的感受,可以用艺术语言描述,用笔画出来,用泥塑造等。通过各种手段的表达,对事物的认识就更加全面、深入。学校的课程应该成为一种工具,使儿童能够获得多种感知周围环境(包括其中的人、事、物)和表达思想感情的技能。

埃斯纳指出,人出生时就具备感知系统,它是一种生物结构。然而运用这种感知系统来认识周围世界,却不是天生的,是通过学习和练习而发展起来的。更值得注意的是,通过感知系统所获得的表象是浮移不定、模糊不清的,只有借助某种方式重现出来,才能得到固定而变得清晰。表象只存在于个人的头脑里,通过各种方式重现出来才能让别人分享。因此,从个人发展和社会进步来说,培养感知和表达能力都是重要的。

怎样培养这些能力呢?埃斯纳提出如下建议:

(1)提高运用感官的能力,使儿童学会怎样看、听、摸等,通过各种感官获得不同的感性印象。现在的课程过早地教给孩子抽象的概念和符号,很少为他们提供获得具体事物属性的经验。

(2)发展想像能力。通过想像进行创造是人类特有的能力。课堂的气氛和课本的内容应该鼓励儿童想像和创造,学校的课程内容不应限于文字和数字。

(3)发展运用多种文化方式的能力。不同的方式传递和表达不同的意义,是不可互相代替的。目前美国盛行的各种考试不利于发展多种文化能力。

(4)发展熟练的技能。使儿童掌握重现和表达的技能,技能熟练才能深入欣赏表达的过程和内容。目前学校课程的深度和广度都需要重新考虑。

(5)培养自尊心、社交技能和心理健康。这是学校课程都应该重视的。而发展多种感知和表达技能,可以适应各个儿童的不同特点,从而有利于这些方面的培养。

此外,昆士兰州教育部学前教育处处长坦顿报告了他对学前教育课程的研究。他的观点与埃斯纳是一致的,报告的题目是《各个孩子是不同的——适应发展差异的课程》。坦顿认为传统的学前教育课程采用的是对年龄较大儿童的教学模式,这是不合适的。小学的任务是教儿童自己"学习",而学前教育的任务是促进儿童的"发展"。因此,对幼儿教师来说,了解各个孩子的发展情况,懂得怎样促进孩子各方面的发展,是非常重要的。昆州幼教处正在编写一套帮助幼儿教师了解儿童的丛书。坦顿运用美国哈佛大学加德纳教授1983年发表的关于智力的观点作为理论根据。

加德纳不同意西方社会把智力仅仅看做逻辑的、数学的、语言的能力。根据哈佛大学多种学科方案小组的一项研究,加德纳假设智力至少有七个支流:① 语言的——能用口头和书面语言控制、组织和交流经验(指个人与周围的人、事、物交往的过程);② 逻辑数理的——能从逻辑和数理的方面控制、组织和交流经验;③ 音乐的——能感知和创造音调和节奏;④ 空间的——能辨别方向,能在头脑里形成表象,并能把它们转换成语言、绘画或其他形式;⑤ 身体、运动的——能做出像外科医生、舞蹈家、运动员那样的精细动作;⑥ 自身的——对自己的一种不断的感觉,相信自己的能力,能控制自己;⑦ 人际的——能理解别人,他们感觉怎样,什么东西激发他们的动机,他们怎样与别人打交道,怎样能有效地与别人打交道。

加德纳认为,智力的每个支流都存在着可以确定的发展模式,然而儿童在这些方面的发展各有其独特的方式和自己的步伐,因此,任何发展理论只强调一个支流(如逻辑数理的或语言的发展),不能使教师全面了解儿童的发展过程,从而取得教育效益。此外,各个孩子发展的独特步伐要求教师把直接的、足以了解个别孩子的观察作为制定教育计划的必要基础。加德纳还认为,两岁至七八岁这个阶段,儿童对各种象征(符号)系统的使用、操作、转换和理解的能力,发展和成熟得特别快,某些符号系统,如口头语言,虽然发源于智力的某个特定支流,但它的影响却波及其他各个支流的智力行为。坦顿指出,加德纳关于智力有七个支流的观点是符合实际现象的,因而是不难理解的。教师们从自己的经验中发现各个孩子的发展是不平衡的,一个孩子的各个方面的发展也是不平衡的。

关于象征(符号)系统的发展,坦顿提出了两个不同的等级。第一级象征(符号)系统是指口头语言、角色和假想游戏、模拟其他经验的动作和行为等,第二级象征(符号)系统是指书面符号系统,包括文字、数学等。

最后,坦顿指出,课程的核心是为儿童提供各种经验,使他们有机会实际操作那些与他们的发展水平相适应的象征(符号)系统。由此可见,课程的定义是:在有计划的学习情景中,为儿童组织各种经验,使他们得以对各种想法和情感进行探索、琢磨并采取行动。

这次年会研讨的内容中,对我们启发最大的是课程部分。我们觉得从中可以得到以下几点启示:

(1)学校的课程,尤其是小学低年级,只强调读、写、算能力的培养而轻视艺术和运动能力的发展,不利于充分发挥儿童多种方面的潜力,因而也不利于多种人才的培养。艺术教育和体育运动应该普及到所有儿童,不应仅仅作为培养专门人才的措施。

(2)我国幼儿园教育纲要中提出的八个方面内容是符合人才培养和儿童发展需要的;然而,我们的具体做法需要改变。根本的观点应该是:① 幼儿教育的作用是促进儿童各方面的发展而不是对儿童传授知识和训练技能、技巧;② 儿童的发展是要通过自身活动,与周围的人、事、物交往,运用智力的多种支流来感知并通过多种方式来表达自己的感受。因此,幼儿园的教育计划应该是为儿童组织各种经验,重视儿童活动的过程,而不是强调学习结果。

(3)体育、音乐、美术活动在我国幼儿园里一向受到重视,但由于强调技能训练和教学成果,儿童在这些方面的发展是不平衡的。应该把音、体、美活动看做是儿童与客观世界交往的不同途径,放手让孩子们自然地探索。技能技巧是帮助儿童发展的工具,而不是束缚儿童的框架。

(4)幼儿园教育的八个方面内容,应该理解为促进儿童全面发展的不同途径。每个方面有它的独特作用,各方面又是相互联系、相互影响的。综合组织不同的途径,其意义在于发挥各自的独特作用。例如,对季节的认识和感受,通过观察、游戏以及音乐、体育、美术、语言等各种活动,可以从各个角度发挥各种智力的作用来感知和表达。这是多种经验积累的漫长过程。在短时间内从形式上把各种活动联系在一起是达不到促进儿童发展的教育效果的。

上述想法是否真有现实意义,还有待于通过教育实践作出判断。

这次年会的 60 多篇报告及其讨论是分组进行的。有的要事前报名,迟了就登记不上;有的可以随便选听,也可中途进入或退出。每次报告时间定为 75 分钟,包括介绍调查或研究内容、听众提问、解答或讨论;也有的报告着重实际操作,如计算机、美术活动等。

报告内容可归纳为以下几个方面:

(1) 课程。艺术教育,音乐教育,和平教育,多种文化教育,儿童社会化,幼托机构教育质量,学前和学校教育的衔接等。

(2) 保护儿童。对儿童受虐待的调查,呼吁社区干预虐待儿童问题,暴力电视片对儿童行为的影响,营养,安全(中毒、烫伤、交通事故和游戏场所事故伤亡、家庭游泳池溺死等)。

(3) 土著教育。土著民族幼儿的保教设施,土著幼儿教师的培养。

(4) 家庭。家庭法令,为家庭服务的各种保教设施,家庭邻里环境,为偏僻地区家庭及处于孤独情景中的家庭服务问题。

(5) 为教职工服务的设施。

(6) 师资培养。对在职教职工的培养,对师资培养计划的评价。

(7) 国外幼教政策。新西兰、欧洲等地的幼教政策。

(8) 计算机。共有 8 篇,我们听了其中 3 篇。第一篇是阿德莱德市高莱女士儿童保育中心(全国八个示范教育保育中心之一)介绍运用小型计算机和商品软件计算家长付费和撰写各种报告所需的统计数据。澳大利亚的幼托机构家长付费的计算很复杂,入托费有按周、按日、按小时的不同计算法,家长收入不同,相同的入托时间付费也有不同。该中心的主任说,运用计算机节省下来的行政管理时间,可以更好地用于对儿童的保教工作。第二篇是关于苹果教育基金会提供资金对学前班儿童操作微型计算机的观察研究。把微机操作列为学前班多种活动之一,像"积木角"、"娃娃家角"一样设置一个"微机角",微机上接连装置一个机器龟,儿童通过单键操作(每次只按 1 个键,共

4个不同的键),指挥机器龟前进、后退、向左、向右,进行各种解决问题的活动。第三篇是关于试用苹果Ⅱ微机让4～7岁儿童探索基本数的概念,由科研人员和计算机商行合作。科研人员设计帮助儿童发现数概念的计划,计算机专业人员根据设计制作软件。儿童根据简单的指示对1至20中的任何一个数进行排序以及分成数量不同的各种集合,通过操作,儿童发现数的序列和组成。

二、参加这次年会的几点感受

1. 加强新理论在教育实践中的应用研究

澳大利亚的幼教工作者对国际上的科研新动向十分敏感,并且认真研究,及时把有关观点吸收到本国幼教实践中来。哈佛大学的加德纳关于智力的观点是1983年公开发表的,昆州教育部幼教处处长在自己主持编写的《了解儿童丛书》中吸收了加德纳的观点,并且在澳大利亚幼儿教育期刊1985年3月刊发表文章,陈述自己对加德纳观点的见解和应用,又在这次年会上作了报告。这次年会请了与加德纳观点相似的埃斯纳作了两次学术讲演,由此形成了澳大利亚幼教界当前理论和实践研究的一个发展趋势。由政府教育部门的人亲自动手研究如何将心理学界出现的新观点应用到幼教实践,并通过全国性的学术研讨会来扩大影响,这种做法是很值得我们学习的。

近年来,在我国的报刊上和课堂上介绍国外各种理论流派的有不少(如布鲁姆、皮亚杰等人的观点),但是认真地应用这些理论来研究我国教育实践的不多。各级教育部门负责人及高师教学科研人员应该从教育改革的实际需出发,认真开展应用研究,使教育理论探讨能促进教育实践的发展。

2. 拓宽早期教育涉及的范围

这次年会研讨的内容包括八岁以下儿童的发展、保育、教育几方面的课题,重视研究对象发展的连续性和整体性。从连续性来看,早期教育包括家庭、托幼机构、小学低年级三个阶段;从整体性来看,早期教育把儿童发展、保育、教育几方面相互联系,把家庭和托幼机构、学校并重,甚至把家庭放在更加重要的位置,因为每个孩子都在家庭里成长,82%学前儿童完全生活在家里,18%入园的孩子也有大部分时间生活在家里。

相比之下,我国对早期教育理解的范围太窄,各部门的精力基本上放在托儿所、幼儿园的教育,实际上是面对18%的三至六七岁进幼儿园的孩子和极少数三岁以下的孩子,而学前教育的普及为时尚早。因此,早期教育工作的首要任务应是向家庭普及科学育儿的知识、技能、态度和方法。近年来,家庭教育研究虽然兴起,但大多不是针对82%未能入园儿童的教育。

因此,从早期教育学科建设的角度看,年龄跨度应从初生至八岁,有利于研究从家庭从托幼机构到小学的过渡,范围应包括家庭教育、学校教育、社会教育。这样有利于整个幼年一代的健康成长。

从具体实施来说,托幼机构和小学承担着学校教育任务,而家庭教育和社会教育应由妇联和共青团承担。妇联具有关心家庭、妇女、儿童的优良传统,又是一个具有我国特色的组织。各级妇联和共青团组织可以联合社会上各方面的力量进行调查研究,针对当前家庭里和社会上教育儿童的需要(如独生子女教育问题),提出传播育儿知识和方法,提供咨询等具体措施。

3. 脚踏实地,研究我国幼儿教育急需解决的问题

国际交流与研究我国面临的实际问题密切联系。学习外国的目的是为了扬长补短,发扬我国的优势,克服我国的弱点。近年来,我国幼儿教育、妇女儿童工作、卫生保健等方面的出国考察,参加各种国际会议,接待外国同行来访,翻译外国资料日益增多,对国外的一般情况已有所了解。建议政府部门把有关方面组织发动起来,对我国幼年一代成长中迫切需要解决的问题,进行脚踏实地的实践研究,坚持数年、数十年以取得切实可行的效果,从而创建具有我国特色的早期儿童教育的理论。

注:节选自《澳大利亚童年早期工作协会第十七届全国年会情况报告》,原文与魏振高合作撰写,发表于《湖南幼教》,1986年第4期

西方现代理论对农村学前综合教育课程设计的启示

一、建构论

1. 基本观点

建构论是由意大利女教育家蒙台梭利（Maria Montessori,1870~1952年）首先提出的,后来由瑞士儿童心理学家皮亚杰（J. Piaget,1896~1980年）发展而建立的。

建构论是设计与实施农村综合教育课程,考虑幼儿认知发展的基本依据。

建构论的基本观点是：

（1）儿童的认知（也称智慧）是由他自身与外部世界不断地相互作用而逐渐地形成的一种结构。

（2）人的认知是在遗传下来的反射活动的基础上,经过各种活动中的操作,不断地把外界的信息同化到自身的认知结构中,同时又不断地改变原有的认知结构来顺应外界的环境。人的认识就是随着不断的同化和顺应过程而发展起来的。

（3）认知的发展包括四个因素：成熟、物质环境的经验、社会环境的作用、平衡化。

"成熟"是指认知发展的可能性。如果认知发展未曾达到一定的水平,外界的新信息不能引起认知的同化和顺应的作用。但是,要使认知发展的可能性变为现实,必须通过物质环境的经验和社会环境的作用。

"物质环境的经验"是指儿童通过与外界物质环境的相互作用得到的经验。这种经验有三类：第一类是简单练习,指儿童用行动对物体施加影响,一方面习得物体的特性,另一方面使经验通过主动重复而得到巩固。第二类是物质经验,指通过一种简单的抽象过程,从物体中引出知识,使儿童认识物体的特性。例如,一个球是红色的、软的、圆的。第三类是逻辑数理经验,这种经验不是来自物体本身的特性,而是从施加在物体上的动作的特性得到的。其特性在动作施加影响之前不存在于物体上。例如,3只杯子的"3"不是杯子的特性,而是经过人的动作把杯子归在一起,使它们之间产生了一种数量关系。

"社会环境的作用",主要是指语言和教育的影响。社会知识的传递。虽是由成人担任,但成人传递的知识同样要通过儿童自身的同化和顺应作用才能吸收。

"平衡化"是指自己调节认知结构的一种活动。平衡是指同化和顺应两种活动的平衡,当同化和顺应失去平衡,儿童在认知过程中就出现不平衡状态,这时儿童便会主动去作必要的同化和顺应,以达到平衡,这种自动调节活动,就是平衡化。儿童认知的发展就是同化和顺应的不平衡趋向平衡的交替连续过程。

2. 启示

设计和实施农村学前一年综合教育课程时,必须掌握建构论的基本原理。

第一,要为儿童提供各种机会与周围的人、事、物发生相互作用,通过同化和顺应引起儿童旧的认知结构的变化,建立新的认知结构。激发认知的积极性是靠外界的信息引起同化和顺应的不平衡,从而发挥其自动调节的作用以达到平衡。外界的信息,既要与儿童认知发展水平相适应,又要与儿童现有的认知结构有一定的差距。这种差距过大或小都不能引起不平衡,自动调节作用无从发挥,认知也就不能得到发展。

第二,在认知发展的因素中,重视物质环境经验和社会环境的作用的各自特点,在选择和组织教育内容时,必须区别对待几种不同性质的知识。如果要求认识自然界的事物应该充分利用幼儿各种感官和动作,让幼儿获得直接经验。幼儿教师的作用是指导幼儿感知和探索。如果是要求获得逻辑数理经验,如数学或关于事物之间关系的知识,最好让幼儿通过亲自对物质进行操作来获得。属于社会知识方面的内容,如人际关系和行为规范等,可以由成人直接讲解,说明要求和规则,但必须让幼儿通过自身的实践活动,在活动中加深对人际交往的理解,经过反复练习形成良好的行为习惯。

第三,认知是通过儿童自身的操作活动得到发展的。操作包括动手、动脑以及手脑并用等活动。在综合教育课程的设计与实施时,我们把教育内容组成一系列的活动,构成幼儿的亲身经验。教育重点不能只看活动的结果,而应重视幼儿活动的过程,教师的作用重点放在指导幼儿主动积极地与外界相互作用上。如果幼儿在活动过程中是积极主动的,幼儿的认识必然会有所发展;如果幼儿只是机械地训练,不一定有长远的效益。

第四,由于每个幼儿的先天素质不同,后天教育和环境影响也不同。因此,每个幼儿的认知结构的特点不同,认知发展的水平和速度也不尽相同,在同样的情景中,与同样的外界事物交往,各人所获得的知识经验也不可能相同。在课程设计与实施时,幼儿教师必须了解每个幼儿,在向全班提出统一要求的同时,还要根据每个幼儿认知发展的特点,有针对性地给予指导,使教育目标能够落实到每个幼儿身上。

二、人类发展生态学

1. 基本观点

人类发展生态学是美国生态心理学家布朗芬布伦纳(Urie Bronfenbrenner,1917~)建立的。人类发展生态学的基本观点是:

(1) 人的行为是在自身与环境相互作用的过程中发展起来的。研究人的行为不仅要重视人和环境两方面,还要重视两者之间的相互作用。人不是白板一块,任凭环境给自己施加影响,而是生长着的、动态的个体;环境也不是静止的,而是不断变化的;人需要适应并调整自己所在的环境,而环境对人的行为又会产生一定的影响。由此可见,人与环境之间的相互作用既是双向的,又是不断变化发展的。

(2) 影响人发展的环境是一个整体,其整体结构称为社会生态环境。它包括微观系统、中间系统、外系统、宏观系统等几个不同层次的环境,这些不同层次的环境好像儿童们玩的"套蛋",由一个层次套入另一个层次,其核心是正在发展着的人。

"微观系统"是指人生活的直接环境,如幼儿的家庭和托幼机构。

"中间系统"是指两个或更多的直接环境之间的相互联系,它是随着人进入新的生活环境而形成和扩展的。当幼儿进入托幼机构,家庭与托幼机构之间的相互联系形成的中间系统对幼儿的发展会产生重要影响。

"外系统"是指不是本人直接参与的环境,这种非直接环境中发生的事与直接环境中发生的事产生相互影响。如幼儿父母工作的场所,老师的家庭等。

"宏观系统"是指微观系统、中间系统、外系统中的一些共同的因素,表现所在社会的信念和思想体系。如某一社会、某一文化地区、某一国家的思想观念体系等。

(3) 微观系统是由活动、人际结构、角色三个要素组成,直接环境对人的发展的影响就是通过这三个要素发生作用的。

"活动"对幼儿发展具有特别重要的意义,但不是任何活动都能促进幼儿的发展。一般来说,有利于幼儿发展的活动,具有如下特点:① 它是一个延续的过程,不是一个单独的动作。如用积木搭塔,在河坑里挖沟等;② 它具有一种"动量",表现在对排除干扰,坚持到底,直到活动完成上;③ 在时间上,跨越当前行动的边界,延伸到过去或将来;④ 有预定的目标和达到目的的行动;⑤ 能联系不在眼前直接环境中的人、事、物;⑥ 有一定的人际交往,能与成人或其他幼儿共同进行。一个好的活动并不一定具备上述全部特点,但有利于幼儿发展的活动必定具有其中的一些特点。

"人际结构"是指儿童在某种环境中建立的各种人际关系所形成的结构。幼儿微观系统中的人际关系,是从与主要抚育者建立的双人关系开始的。儿童从注意观察成人的活动,逐渐地参与,达到共同活动、相互作用。在共同活动过程中产生了持久的、亲密的感情,从而巩固了双人关系。在此基础上,幼儿与其他人(包括成人或儿童)建立多种人际关系,形成一定的人际结构,它对幼儿的发展也会产生不同的作用。

"角色"是指个人在某一特定的环境中所处的地位或担任的角色,

它对人的发展起着重要的作用。如在同一环境中同一个人,由于担任的角色变化了,他的行为也会随着改变;同样,在不同的人际关系中所形成的不同角色,他们的行为也不尽相同。

(4) 随着个人在社会生态环境中的地位改变或角色变化,就出现"生态变迁"。这种生态变迁,既是人与环境之间发生变化的结果,又是进一步促进人与环境发生作用的动力,它在个人与环境之间起着一种相互调节的作用。

(5) 人的发展是一个连续不断的过程。由发展所引起的个人特性的变化,不是短暂的,或局限于具体情景,而是在时间和空间上都有一定的连续性;因为在发展所引起的变化同时,会产生概念和行动,及其与生态环境的同型结构。如对生态系统的各个层次形成一定的概念,行动上具有参与相应活动的能力。

2. 启示

在农村综合教育课程设计与实施中,我们吸收了人类发展生态学的理论。

第一,重视社会生态环境对幼儿发展的影响,充分发挥农村社会生态环境的优势。我们认为,在乡、村一级的社会里,生态系统的四个层次与幼儿的关系既具体、明显,又很密切,把学前教育延伸到家庭、父母工作单位以及各种社会机构,充分利用乡、村里自然环境和社会生活中的有利因素,通过恰当地组织,能够发挥农村生态环境整体的、积极的相互作用的优势。

第二,重视幼儿从家庭—学前班—小学的"生态变迁",利用生态变迁,促进幼儿的发展。当幼儿从家庭进入学前班,再由学前班进入小学,由于环境的改变,幼儿所承担的角色也起了变化,为了促进幼儿的发展,在主题活动设计中,第一学期开始有《我们是学前班小朋友》,第二学期开始有《我快要上小学了》等教育活动,教育幼儿认识到由于环境的不断改变,自己的角色地位也变化了,要胜任当前的角色,在各方面要有更高的要求。

第三,重视学前教育在时间和空间上的延续性,在课程设计时既为幼儿作入学准备,又要为幼儿终身的发展打基础。因此,在掌握初步的知识、技能的同时,要重视行为规范、学习能力和学习习惯的培养;另外,也要非常重视对幼儿进行热爱家乡、热爱劳动、热爱农村生活等方面的情感陶冶,使幼儿在认知、情感、行为等各方面都得到发展,为幼儿成为一个合格的社会成员打基础。

第四,重视直接环境对幼儿发展的影响。充分运用学前班集体生活、幼儿家庭生活、邻里生活、村里的成人社会生活的各种活动对幼儿进行教育。要求幼儿在班上、家里、邻里间承担多种角色,建立多种人际关系,履行多种行为职责。例如,轮流值日,轮流当组长,为村里老人和残疾人做事,带领村上幼小儿童游戏等。总之,让幼儿在直接参加或参观、观察的过程中得到发展。

三、系统论

1. 基本观点

"系统"这个概念并不是近几十年内出现的新东西,早在我国古代的农事、医药、工程、天文等方面的知识中就有了朴素的反映,但系统论的建立,还是美籍奥地利学者贝塔朗菲(Lud-wing Von Bertalahffy,1901~1972年)提出的。系统论的基本观点是:

(1) 世界的万事万物都是由大大小小的不同层次的子系统组成的有机的统一整体。

(2) 每个系统是由相互联系和相互作用的各个部分(或要素)构成的。这种联系和作用不是固定、静止的,而是发展、变化的。

(3) 每个系统有一定的结构,结构是有变化的,这种变化是有一定规律的,以便使结构达到自动调节。

(4) 各个系统有自己的特征,这种特征是由各部分之间特殊的联系及其相互作用形成的。

2. 启示

由此可见,系统论观点,实际上是辩证唯物论关于事物普遍联系的观点在科学研究上的运用。我们在研究和设计农村学前一年综合教育课程时,具体地运用了系统论观点。

第一，从幼儿发展的整体出发，组织教育活动。幼儿本身是一个系统，他的身心的各部分是相互联系的，具有高度的整体性。在课程设计与实施中，尽可能在同一个教育过程中促进幼儿各方面全面和谐地发展。

第二，外界环境对幼儿发展是整体地产生影响的。幼儿与周围环境又形成了一个系统，他们总是在与周围环境的人、事、物相互作用过程中发展起来的。我们在组织综合教育课程的活动时，一方面提倡把幼儿带出去，充分发挥乡、村里各种有利因素，对幼儿产生积极的教育作用；另一方面也提倡让幼儿有各种活动的机会，通过与周围的成人以及各种年龄的儿童交往，运用多种感官，获得丰富的经验。幼儿吸收的信息量越多，越有利于幼儿的发展。我们按"主题"的形式，把有关的教育内容组成幼儿的生活经验，便于幼儿在与环境的相互作用中吸收加工。

第三，农村学前一年综合教育课程主要用于村里的学前班。它有自己的特点，一是农村化，二是幼教化。这说明了它不同于城市学前班，也不同于小学一年级，又不完全相同于农村幼儿园大班或混合班大组。农村学前班的教育，是对从家中直接上学前班的幼儿，经过一年的集体生活，作好上小学的准备。它本身是一个完整的系统。但直接进入学前班的幼儿与初进幼儿园小班的孩子一样，有许多东西都必须从幼儿园小班的教育内容开始学习，但是，由于学前班的幼儿年龄大，发展比较成熟，生活经验也比较丰富，因此，进度完全可以加快，重点应该放在行为习惯和学习能力的培养上，为幼儿入学作好准备。

发表于《农村学前一年综合教育课程设计》，教育科学出版社，1993年版

陈鹤琴是我国幼儿教育
科学研究的奠基人

著名的幼儿教育专家陈鹤琴先生为我国幼儿教育的中国化、科学

化付出了毕生的精力。在半个多世纪的教育生涯中,他始终不渝地融理论研究与亲身实践于一体,对当时我国幼教的发展作出了贡献,为幼教领域里的后辈树立了光辉的榜样,留下了宝贵的财富。在纪念陈鹤琴先生诞辰 100 周年的日子里,重读他的著作,结合我国当前幼教发展的需要,深深感到陈先生的科学研究精神尤其值得我们学习、继承并发扬,应在他奠定的基础上建立具有中国社会主义特色的幼儿教育科学。

陈先生在 22 岁时远涉重洋到美国留学,在选择专业时就表示"我是喜欢儿童,儿童也是喜欢我的,我还是学教育,回去教他们好",立志献身儿童教育事业。66 年后的陈先生以 88 岁高龄出席全国幼儿教育研究会成立大会,并语重心长地对发展幼儿教育提出四点建议:围绕一个中心思想,就是要进行"科学实验",包括对于作为幼儿教育基础的儿童心理做全面、系统、切实的科学实验;重视幼儿家庭教育的科学实验;对幼儿园的教育进行系统、深入的科学实验与研究;必须重视和解决幼教玩具、教具的科学实验和制造。陈先生从学习开始,经历实践、研究到推广,辛勤耕耘,孜孜不倦,始终指向一个目的:"教育儿童","为人类服务,为国家尽瘁"。

陈鹤琴先生进行幼教科研有以下几个特点:

一、目的明确,内容广泛

陈先生研究的内容范围很广:从儿童心理、家庭教育、幼儿园教育、小学教育到师范教育,从课程、教材、教法到玩具、教具以及测验工具,从不同历史时期幼教发展的宏观思考到儿童习惯培养、校规训练等一些具体问题。然而,对任何一个问题的思考和研究显然都是指向"怎样把儿童教育好"这样一个中心目标。

陈先生总是把儿童教育问题放在当时的社会背景下来思考,结合社会发展的要求,或针对存在的问题,提出自己的看法。20 世纪 20 年代初,陈先生回国不久就指出"现今幼稚教育之弊病"。随即针对具体问题,开展实践研究,提出了"我们的主张",其中首先提出"幼稚园是要适应国情的"。40 年代后期,陈先生发表《战后中国的幼稚教育》一文,指出要从"战时中国社会与战后中国社会有什么不同"和"战时幼稚教育有什么缺点"两个问题入手来研究,从而明确"战后中国幼稚教育应走怎样的道路"。50年代初,陈先生发表《幼儿教育的新动向》一文,在"为适应全国人民的要求以及教育为生产服务"的号召下,提出新中国幼儿教育的目的是"为祖国培养健全的幼苗","同时解放妇女,使妇女们能自由参加政治的、经济的、文化教育的、社会的建设事业"。由此可见,陈先生致力于研究的是中国化的儿童教育,适应国情发展的儿童教育。

陈先生把儿童教育作为一个整体事业来研究。凡是关系到怎样能把儿童教育好的,无论问题大小他都抓紧机会并创造条件加以研究。他自己成家得子,就研究儿童心理的发展,并针对我国封建家庭教育中的弊端,研究怎样用科学的思想和方法教育孩子。接着创办我国第一所实验幼儿园进行幼儿园教育的实验研究。陈先生把培养师资看做儿童教育事业的重要组成部分,即使在抗日战争期间异常艰苦的条件下,他仍坚定不移地创办实验幼师,通过实践和研究,形成了适合国情的幼儿师范教育。

陈鹤琴先生对待儿童教育,不是作为书斋里的一门学问,而是看做国家、民族的一项建设事业,一种活生生的社会实践。这充分反映了他对儿童的由衷热爱和对社会的高度责任感。这种思想感情正需要我们大家来继承和发扬。

二、借鉴理论,亲身实践

1919年陈鹤琴先生学成回国,带回多种先进的教育思想观点。他针对当时家庭教育中封建的儿童观、亲子关系及幼儿园教育中抄袭外国、盲目效法的弊端,将一些理论运用于亲身实践,经过消化吸收,转化成为自己的观点、主张。

陈先生认为要把儿童教育好,必须了解儿童的心理发展,因此他重视通过亲自观察来了解儿童的发展,并且始终把儿童的发展与儿童的教育密切结合在一起。他对长子一鸣的发展所作的808天的观察记录,既有发展情景的记载,又有发展规律的指点。正由于他运用所学理论作指导,才可能从司空见惯的日常生活现象中揭示其中的科学价值。

  陈先生写的《儿童心理之研究》正体现了这种研究思路和方法。其中"模仿"、"好奇心"、"游戏"等章都是将介绍别人的理论或实验,分析自己观察的资料,以及应采取的教育措施几方面结合起来加以阐述。《儿童心理学》一书的引言就明确提出:"研究儿童心理学是为了教育儿童。"在阐述每个年龄阶段儿童的心理发展时,首先列出"观察实验的步骤",指导学生将实地观察作为学习理论的基础。最后又提出相应的教育措施。这种把心理研究从实验室转到教育实践中来的做法,在当时儿童心理和幼儿教育的教学、研究被割裂的情况下,是尤为可贵的。

  1925年陈鹤琴先生主持幼稚园课程的试验研究,他们"沿着沪宁、沪杭甬路线跑了一趟",并针对调查所发现的问题提出几条原则及课程的标准和方法。其中心思想是把课程看做"当时当地儿童自发的活动","把通常幼稚园里的课程一律废止","让儿童自由去做"。经过半年试验发现未能达到预期的结果,而其中的"大困难是缺少组织",因此第二期试验"就从组织方面着手","同时又坚信我们的初志——以儿童为主,结合于当地的、当时的环境"。经过半年的试验,又针对所发现的问题,改用设计组织,再经过试验,建立起课程中心制。陈先生在课程研究中,坚持"以儿童为主"的基本观点,通过教育实践,边研究边改进,探索出适合当时国情的幼稚园课程,其影响遍及全国各地。陈先生的这种课程研究方法与近二三十年来国际上课程研究领域里提倡的"行动研究法"有一定的相似之处,可见其中反映了一定的教育研究规律。

三、大处着眼,小处着手

  陈鹤琴先生对于儿童教育中的一些具体问题也是兴致勃勃地潜心研究。20世纪50年代,陈先生身为南京师范学院院长,却非常关心儿童玩具的研究和制作,有空就到玩具工厂与技师、工人一起讨论。他当时还找人帮他编写幼儿科学读物,出了一本《水珠儿》,十分高兴地给大家看。这些是他的幼教发展整体设想的组成部分。那时他创立了由附属幼儿园、附属幼儿师范学校、高师幼教系组成的一个系列配套的幼教机构,建立了由儿童教育研究室、儿童玩具研究室以及附设玩具工厂组成的教学、科研、生产三结合体系。陈先生以满腔热情,从大处着眼,小处着手,来实现他多年的愿望。

1940年,陈先生创办实验幼师,实施他的"活教育"思想。大到制定教育目的、课程、方法以及设计在教育、教学中贯彻的具体措施,小到请竹工、木工学习建筑知识,陈先生都非常认真地亲自投入,并带领师生共同实践。

脚踏实地,不说空话,这是陈先生办教育、研究教育的一个明显特点。明确了目的,树立了理想,就朝着既定的方向,从一件一件实事干起,争取得到实际效果。目前的教育研究中,有的抽象地讲理论太多,落到实处不够;有的过多地陷入具体问题,研究目的、方向把握不够。陈先生的研究精神确实是值得学习的。

四、观点明确,热情传播

陈鹤琴先生从不人云亦云,对别人的理论、观点、经验,他都经过实践和思考,转化为自己的信念和主张。他提出的家教原则100条,关于幼儿园教育的15点主张,提倡什么,反对什么,观点非常明朗,又通俗易懂。乍看起来似乎没讲什么"理论",细读起来处处渗透着他自己的看法和做法,表现出强烈的要把别人说服的意图。陈先生怀着极大的热情传播他的信念和主张,因为他急切地希望能改变当时儿童教育现实中的种种弊端。他从不把研究成果束之高阁,而是撰写专著,创办刊物加以推广。正由于他的研究是从当时社会的实际需要出发,又拿出了具体的解决办法,因而受到了普遍的欢迎,也就产生了广泛的影响。陈先生不仅想方设法用文字宣传他的研究成果,而且经常抓住机会向别人讲解他当时正在思考、探索的问题。在陈先生身边会体验到一种全身心投入的强烈感染力。这种思想、感情,对我们后辈来说,确实应该作为最宝贵的财富来继承和发扬。

陈鹤琴先生从事的教育实践和研究大部分是幼儿教育方面的。

虽然其中大部分是在旧中国进行的,当时所处的社会历史时期,具体的国情,作为幼儿教育基础学科之一的儿童心理学的发展,与现在90年代有很大的不同,然而他的实践和研究确实为我国幼儿教育科学当前和今后的发展奠定了基础,尤其是他的指导思想和研究态度更为可贵。

首先是要研究适合国情的中国化的幼儿教育,今天我们要从国情实际出发,面向21世纪,研究具有中国的社会主义特点的幼儿教育;其次,用科学研究的态度对待整个幼教事业,调动幼教领域里各方面的力量,互相配合共同研究,取得实际的社会效益;第三,运用多种理论指导实践,通过实验研究探索我国幼教的特殊规律,建立幼儿教育理论和实践体系。

与陈先生当年的处境相比,我们目前的科研条件已经从根本上改善了。然而,社会的发展对幼儿教育提出了前所未有的严峻挑战。创业固然困难,继续建设和不断发展,也非常艰巨。我们这几代人义不容辞地必须肩负起这一历史使命,把我们所献身的中国幼教事业推向一个新的发展阶段。

摘于南京师范大学编:《纪念现代教育家陈鹤琴先生诞辰一百周年论文集》,
人民教育出版社,1997年版

幼托园所文化建设的探索

一、幼儿教育发展的需要

2004年初,赵氏幼儿教育研究服务中心倡议建立"珍(惜)爱(护)童年工程",争取动员多种社会力量形成合力,为更多幼儿和家庭提供服务。工程的铭言是:"童年不能等待,童年只有今天";工程的价值观是:"人尽其才,物尽其用,综合开发人力物力资源,为提高全民族素质奠基";工程的操作措施是:"建立联系,形成合力,产生社会效益"。

工程的第一项行动计划是:"兴建幼托园所文化协作活动"。由南

京如意幼儿园(集体园)、上海宝钢集团梅山中心园、南京实验托儿所、南师大龙江幼儿园、南京金箔集团金宝宝幼儿园、华澳聋儿康复中心(个人办)、银城花园幼儿园(妇联办)、溧阳城北幼儿园(个人办)、南师大紫金幼儿园等不同类型幼托园所参加。活动的目的是在理论思考和实践操作相互作用中,发挥集体的智慧和力量,探索幼儿园、托儿所文化(简称园所文化,下同)的内涵、结构、机制、功能等,逐渐建立园所文化的理论和实践体系。每学期开展一次集体研讨,由各园主动邀请轮流举行,这也是近20年来我国幼教界惯用的行动研究的一种方式。

关于创建幼儿园文化的问题,笔者在《幼儿园综合教育第二个十年研究的回顾》(《幼儿教育》2002年第10期)一文中提出"课程建构向教育生态系统转化","建立教育生态系统,可以从两个方面入手,宏观研究:创建幼儿园文化;微观研究:发挥人际互动优势"。"幼儿园文化是教育生态系统的核心","人际互动是教育生态系统运行的能源"。对文化与人际互动两者的关系,文章提出"文化是发挥人际互动优势的保证,而发挥人际互动优势则是文化创建的具体表现,两者又在互动中促使教育生态系统的整体持续发展"。

在多年来幼儿园课程改革的过程中,不少幼儿园在提出建设园本课程时对本园的办园目标、理念、园风等进行梳理和提升,实际上开始进入本园文化的建设,只是尚未明确使用"文化"这个词。以上述思想观点为基础开展兴建园所文化的研讨正符合幼儿教育发展的需要。

二、指导思想和基本理论

1. 探索园所文化建构过程中首先提出各园建立本园文化的指导思想用以确认并充实已形成的办园目标、理念、园风等,原则上应遵循:

(1)《公民基本道德规范》倡导爱国守法、明礼诚信、团结友善、勤俭自强、敬业奉献,这是每个公民必须遵守履行的;(2)《幼儿园工作规程》总则中提出的保育和教育主要目标和《幼儿教育指导纲要(试行)》教育内容与要求中提出的各个领域的内容互相渗透,从不同的角度促进幼儿情感、态度、能力、知识、技能等方面的发展,这是每个幼教工作者必须执行的。

2. 在操作和研讨过程中提出相关的理论观点作为借鉴或指导：

（1）借鉴企业文化观念促进园所文化建设：企业文化是新型的管理思想和方式，是以人为中心，以确立企业价值观为核心内容，追求创新与个性的现代管理。

（2）引进人类发展生态学的观念建构园所文化：从"人的行为随着个体与环境交互作用而发生变化"的基本观点出发，以建立园所文化为中心，形成园所教育生态系统，营造良好的生态环境，提高园所整体效益。

3. 教育生态系统的构成要素包括：

（1）环境：每个园所都在一定的时间和空间景观中开展教育，场地、园舍、设施等的创设和利用，造成特定的物质环境，对人们行为的变化产生影响；建立园所文化创设特定的精神（心理）环境，对人们的行为产生陶冶作用。

（2）角色：角色是人在生态系统中的地位及相应的行为。园所的角色分为三个群体：① 管理保障群体：有决策指挥、管理协调、服务保障等职能；② 教育保育群体：有教育、保育、保健等职能；③ 学习发展群体：幼儿，是教育的主体。

（3）活动：各种角色的活动都是与生态环境交互作用的过程。活动是一种进展着的行为，具有动量，本质上是有社会历史性质的实践过程，并且与人的心理、意识、智能发展相统一。活动是有结构的，包括两个方面：动手操作和语言表达，两者互相嵌合；两个层面：外部（社会）活动和内部（心理）活动，两者相互转化。幼儿通过活动自主地与环境互动，与人交往，启发潜在智能。各个群体、各种角色在活动中交互作用，产生能量，促进园所整体发展，促进群体和个体持续发展。

（4）人际关系：一个人在一定环境中关注、参与他人的活动，进行交往时建立的关系，具有交互性。三个群体在生态系统中的角色不同，从事的活动不同，从而形成多样性和协调性的人际结构。

4. 园所文化是其教育生态系统本质特征和形象的综合反映，提出包括精神、制度、物质三种形态的整体文化结构,作为各园总结有关经验的指导观点。

三、园所文化的整体观念

在建构操作和交流研讨过程中,各园建立起本园文化的框架,并形成了对园所文化的内涵、结构、运行机制、功能的共识,树立了相关的观念:

1. 园所文化的内涵:文化是社会发展中形成的行为、思维方式及价值体系。文化是人类对生态系统的适应。园所文化是由全体成员认同的价值观念、情感态度、伦理道德、行为准则、习惯传统等凝聚而成的精神力量。园所文化的形成,一方面受所在社会的影响,另一方面在本园教育和管理的实践中创造并逐渐完善。各园从各自的实际出发,创建本园文化的具体内涵。

2. 园所文化的结构:借鉴一般文化的三种形态,提出园所文化的构成要素:

(1) 物质形态文化:各种直接表现为物质实体形态的人类活动创造物,如工具、建筑、服饰等;园所的园舍、场地以及室内外各种设施、设备等,是园所文化的载体。

(2) 制度形态文化:以规范、价值标准为主要形式的人类创造性活动结果,如经济制度、社会礼仪、民俗、法制等;园所实施教育、教学和行政管理的各种制度、传统等,是园所文化系统运行的保障。

(3) 精神形态文化包含两个层次:

① 观念形态:以观念、理论表现形态为主的精神活动结果,如科学、哲学、艺术、宗教等;通过符号载体外化为意识存在形态,是表层的、外显的精神形态文化。

② 心理形态:属于主观内心的精神性存在;主要通过价值取向、思维方式等表现,是埋藏在人们心灵深处的自我约束机制,是深层的、内隐的精神形态文化,或称心态。

园所的精神形态文化是园所文化的核心。外显的是办园理念、教育观、儿童观、职业道德等,同时要内化为全体成员的情感态度、行为准则等,从而创造一种富有凝聚力和感染力的生态环境,对幼儿、员工、家长产生陶冶作用。

不同文化形态,互相依存,功能耦合(互为因果),构成整体,共同发挥幼儿园教育生态系统整合与导向的功能。

3. 园所文化的运行机制:

(1) 幼儿园是个开放系统,不断地与宏观系统进行物质、能量、信息的交流。物质流来自外界环境,是教育活动的基本保障。能量是物质的重要属性,能量流维持系统的动态平衡。幼托园所的环境创设和一切活动都由各种角色承担,在人际互动中实现。信息是物质的又一个重要属性,是系统组织性、有序性的度量,信息流是物质流和能量流的导向和控制机制。幼托园所的信息流有两个种:一种是向幼儿传递的文化形态的信息;另一种是系统运行中具有导向和控制作用的信息,如教研、科研、管理方面的信息,由内部创生或外部输入。两者密切相连,构成园所文化,成为园所教育生态系统的核心。生态系统各要素及角色群体之间凭借物质流、能量流、信息流互相沟通,实现功能耦合,就会产生一种和谐力,维持系统自我组织,促进系统自主发展。

幼儿园从创建到发展的过程中,一方面受社会文化的塑造,另一方面塑造着自身的文化。园所文化是动态系统,不停地运行着,其动力是什么? 教育生态系统中的三个群体,从事着各不相同的活动,同时形成多层次、多视角的人际关系,在相互作用中产生能量,推动系统运行,因此,人际互动是园所文化运行的能源。

(2) 系统的结构决定系统的功能,和谐的园所文化,通过对儿童、教师(员工)、家长的文化陶冶促进人际关系协调,教育与管理协同,产生整体效应,具体过程是通过相互配合的三种教育实现的:

① 常规教育体现人与社会的关系,是法制教育的起点。常规教育不是对人的束缚,而是使人自由,是以不侵犯他人自由为条件。常规是园所协调运行、个人心情愉快的保证。

② 环保教育体现人与自然的关系,是生态教育的起点。生态观的核心是人与自然和谐,个人与社会协调。个体与群体协调。和谐与

协调从保护生态环境做起,在实践中提高生态意识,养成尊重生命、珍惜资源、保护环境的行为习惯,享受生态环境的和谐,实现持续发展。

③ 阅读教育体现人与自我发展的关系,是智慧发展的起点。语言(符号)是人类文化的现实载体,是决定个体活动和意识的文化手段。生命的质量需要锻铸,阅读是锻铸的重要环节,需要从童年开始。优质的图书是婴幼儿珍贵的精神粮食,其营养价值需要成人加以发挥。婴幼儿处在精神胚胎期,脑部吸收力惊人,像吮吸乳汁那样摄入图书中丰富、优质的信息,成为智慧发展的营养。师生共读、亲子共读、祖孙共读,共读好书,既能享受阅读的快乐,又能享受亲情、友情、多种人际情谊的快乐!在快乐阅读过程中共同锻铸生命质量,为终身的智慧发展奠定基础。

(3) 园所文化在运行过程中一方面产生陶冶作用,另一方面促进文化自身的发展,是多项互动的过程。文化是人类社会活动创造的成果。园所文化建构和发展受所在社会的文化背景的影响,同时在对内部三个群体产生熏陶的过程中持续发展;反过来又对所在社会的家庭和其他社会系统产生影响。园所文化与社会文化在统一中发展,在发展中统一,从而促进人类文明的持续发展。文化就成为一种动态的社会现象。

四、园所文化的构建技术

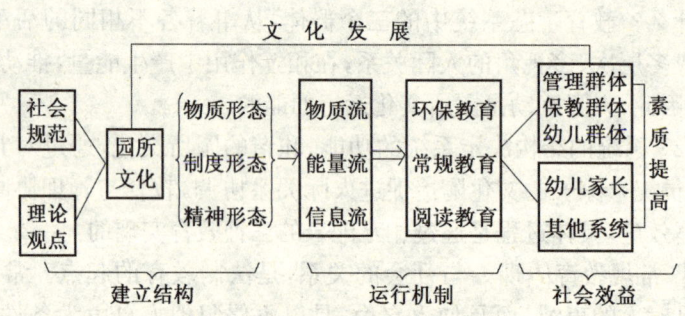

园所文化建构和发展流程示意图

说明:

(1) 社会规范指方针、政策及《公民基本道德规范》和《幼儿园工作规程》《幼儿园教育指导纲要(试行)》的有关部分。

(2) 理论观点指幼教理念及企业文化观念和人类发展生态学的基本观点。

(3) 从三种形态文化转化为三种教育是一个理论思考和实践探究反复互动,不断落实和提炼的渐进过程。

幼托园所文化建设的探索活动还在进行中,参加实践和研讨的各园所已在总结原有经验的基础上形成本园所文化的框架,园所文化的实施和深化,必将推进幼托园所的持续发展,使幼教改革进入一个新阶段。

2005年10月稿

游戏和玩具对儿童心理发展的教育作用

游戏是婴幼儿的学习活动,玩具是婴幼儿的学习工具。活动与工具结合成整体促进孩子自主发展。为什么?心理学家对人的心理发展提出过两种不同的图式:二元图式"客体—主体"和三元图式"客体—活动—主体"。三元图式中的"活动"可以帮助我们更好地理解为什么游戏对婴幼儿的心理发展具有重要的教育作用。本文就是尝试用维果茨基提出的"活动"的观点来探讨幼教领域里的"游戏"这个老话题。

维果茨基等心理学家提出心理发展三元图式"客体—活动—主体",在二元图式"客体(刺激)—主体(反映)"中插入一个中间环节"活动",在主体客体之间起着中介作用。这一点对理解婴幼儿的认知、语言、思维、情感等多方面的发展都是适合的。这一点也为我们理解游戏和玩具对促进婴幼儿身心发展的重要作用提供了理论依据。

根据心理发展的二元图式"客体(刺激)—主体(反映)",孩子看到一个杯子同时听到"杯子"这个词,孩子的大脑通过看和听(视觉和听觉的刺激)多次重复就能在见到杯子时说出"杯子"这个词。这就是说"客体"(杯子的实物和词)重复刺激会直接产生"主体"反映(认出实物或说出词)。因此,人们用多次重复的方式训练孩子认识实物、学习语言。

三元图式提出"活动"在主体与客体之间起着中介作用。这就是说,在活动过程中客体(实物、词)转化为头脑里主观形式的"映象"(也可称"表象"),同样地,"映象"也是在活动过程中转化为活动的产物(认出实物、说出词)。这就是受主体活动中介的"主体—客体"之间的完整的相互作用的双向过程,强调主体对客体进行积极的探索和直接接触。

现在用孩子玩套盒为例说明,对两种图式的理解:(1)根据二元图式教师使用直接教和重复训练的方式让孩子模仿,孩子处在被动地位;(2)根据三元图式让孩子自己尝试,孩子把大的盒子用力按进小的(当然按不进),通过反复探索,才能做到全部顺利地套入。第二种做法就是发挥了主体活动的中介作用,通过不断地操作尝试逐渐领悟各个层次之间的大小关系,孩子才能在处理物体的空间关系方面得到发展。而直接教或机械训练的结果,孩子虽然学会了套入所有的盒子,但不一定得到应有的发展,因为缺少了活动过程中的双向转化。

婴幼儿的学习是自主发展的过程,并不是被动地模仿或机械地接受训练的结果。孩子自主地与环境中的人事物互动就能得到发展。机械地模仿似乎"会"了,但不一定得到发展。游戏作为孩子的学习活动,不可以成为机械训练过程,而要成为孩子自主活动的过程。

那么,活动究竟是什么?

活动是有结构的,有自己内部转化和变化的,有一定发展规律的系统。活动不是简单反映的总和。活动的结构包括(1)手眼协调双手操作和语言表述人际交往两个方面,操作与语言相嵌;(2)外部活动和内部活动两个层面,外部与内部相互转化。

在人类发展的漫长过程中,最初的活动是物质生产劳动。人们使用自己的感官和双手探索摆弄自然界里的各种物体来求得生存,先是徒手,后来借助工具。人们在操作物体的过程中出现了互相交流的需要,逐渐地产生符号,包括有一定意义的呼叫、动作、图画、语言、文字等多种形式。劳动中使用工具和语言交流是人类发展成为与一般动物有本质区别的族类,拥有了超自然的社会性。这就是在人类发展过程中活动所发挥的作用。

　　在婴幼儿发展的过程中,我们也可以看到活动的作用。作为主体与客体之间的活动是孩子自发的学习过程,导致孩子的自主发展。孩子的学习是从出生就开始的,是孩子在与环境相互作用中逐渐适应的过程。以游戏发展过程为例,婴儿的游戏最初使用单一的感官反映或简单的动作参与成人发起的活动。在喂奶时婴儿会偶尔停止吮吸注视母亲的脸,对母亲的说话用表情作出反映;躺在摇篮里婴儿对成人用来逗引他的"摇摇响"或彩条,作出转头寻找或手舞足蹈等反应;四个月左右的婴儿会注视成人说话时嘴唇的运动;六个月的婴儿对成人的说话发出 a、o 等声音,这些是出生半年内婴儿参与成人为他提供的社会性活动与人交往的具体表现。半岁到一周岁之间婴儿学会翻滚坐起、爬(后退、向前)、扶着站起、试着迈步;同时双手开始摆弄各种物体,对成人的言语指令用动作、表情或单词作出应答。婴儿在活动中的参与性从被动反应发展到主动发起反应,从单一表情、动作反应发展到几方面协作表达。这样的发展为他第二年操作摆弄和走动探索的自主活动提供了基础,有活动结构的游戏也就开始了。

　　现在分析一下 2～6 岁间游戏中玩具使用的变化来探讨活动的作用。对 2 岁以下的孩子,玩具的作用是激发活动的积极性,孩子学会走路之前喜欢扔东西,可为他提供沙包、积木块、积塑等让他站着随意扔,再让他蹲下捡起来。孩子会不厌其烦地反复做,既满足了"扔"的要求,也锻炼了腿脚和双手的大小肌肉。四肢着地爬对孩子各方面发展有很大好处,但有些孩子受家长"怕脏"观念的阻碍失去这方面的锻炼。可用颜色、大小质地不同的球激发孩子爬着追逐的动作。这时玩具主要是用来激发孩子的自主动作。

　　2 岁左右的孩子能自如地走动,双手摆弄,并能用语言与成人交往。这时玩具的作用是:(1)让孩子在摆弄过程中理解事物之间的关系,如玩串珠、套盒、扣纽扣等;(2)让孩子借助玩具来唤起自己的经验并表述出来,例如"喂饭"、"哄娃娃睡觉"等;(3)孩子坐在一起各玩各的同时自言自语,逐渐地产生言语交流,这是社会性交往的开始。在搭积木这样的游戏中,孩子先是无目的地摆弄,其次是搭出简单的造型并说出名称,然后再搭出东西;还从各搭各的到合作建构等。在这个过程中,积木块逐渐地从直接摆弄的实物发展到动作与语言相互作用的载体,再到把过去的经验或当前的想像表达出来的工具。

上述实例让我们看到在游戏活动中玩具(实物)和语言(符号)是联系孩子的内部世界和外界环境的中介。孩子通过玩具操作和语言表述,使外部的东西被吸收成为头脑里的表象;同样地,内部表象借助玩具和语言转化为游戏的产物(搭建东西、表演故事、制作玩具等)。这里可以看出:(1)游戏作为一种活动承担着孩子与环境之间的中介;(2)在游戏活动中,玩具和语言又成为游戏者和游戏情景之间的中介。通过两个层次的中介作用,游戏和玩具发挥着学习活动和学习工具的作用,促进婴幼儿的发展。

现在让我们从婴幼儿时期游戏的发展来理解活动结构中外部活动和内部活动的相互转化,进一步理解成人通过引导和指导发挥教育作用。游戏的发展和语言的发展一样是从集体活动→个体活动,也就是先在成人创设的社会性环境中由成人带领孩子玩玩具,做游戏,由成人对孩子说话,孩子虽是活动的参与者,但处在比较被动的地位。逐渐地,孩子参与活动的积极性得到发展,主动性提高,从集体(与他人共同)活动向个体(单独)活动发展,其间经历着外部活动向内部活动的转化过程,孩子的心理得到了发展。另一方面,游戏和语言的持续发展还需要集体活动⇄个体活动(即外部活动与内部活动)的双向转化。由此教师在指导游戏活动或引导语言交往时要注意观察每个孩子的发展状况,既要引导集体交往,也要指导个体表达,使外部活动逐渐地内化成为各个孩子的内部心理品质,这才是游戏促进学习导致发展的真实意义。

发表于《桃李苑》,2004年第11期

尊重孩子究竟意味着什么

幼儿教育工作者的任务是培养幼年一代，使其健康成长，为造就祖国现代化建设人才奠定坚实的基础。目前，在我们这个领域里，正如其他任何领域一样，也面临着一个提高"工作效益"的问题。怎样使由于我们今天的辛勤劳动，在广大幼儿身上播下的种子，在20年以后的国家建设中开花，结出丰硕的果实，这是需要我们大家共同来思考和探讨的。

幼儿是我们的服务对象，我们的责任是教育他们。怎样把幼儿教育成为将来我们社会所需要的人才呢？我认为，"怎样看待孩子"和"怎样认识教育者的作用"是首先要弄清楚的问题的两个方面。本文对"怎样看待孩子"谈一点个人的想法。

我国广大幼儿教师忠诚于社会主义的教育事业，对国家有强烈的责任感，他们都热爱孩子。优秀教师从自己的丰富经验中更加体会到，要把孩子教育好，首先要热爱他们。那么，为什么还要提出尊重孩子呢？我觉得，仅凭"爱"，不一定就能把孩子教育好，必须尊重孩子的发展规律，才能取得良好效果。父母都爱自己的子女，但是父母出于好意而采取的措施不一定都有利于孩子的健康成长，也就不一定能取得预期的效果。教师通过教育实践与孩子建立起感情，可能摸索出一些有效的办法，但是如果能掌握孩子的发展规律，采取相应的措施，收效就会更快。

那么，尊重孩子究竟意味着什么呢？

尊重孩子就是承认孩子是发展中的人。这里包含三层意思：

（1）孩子是人，孩子一出生就是他所在社会的成员，是国家的公民。从这个角度看，幼儿与成人是平等的，有权利受到尊重。

（2）孩子是发展中的人，他所处的发展阶段与成人不同，他的身体、认识、思想、感情与成人不同。从这个角度看，孩子不是"小大人"，他的发展阶段特点应该受到尊重。

（3）孩子是发展中的个人，由于各个孩子的遗传因素不相同，又受到出生后社会环境的不同影响而具有各自的个别特点,作为社会的一个成员,幼儿像成人一样,他的个人特点也应该受到尊重。

概括起来说,尊重孩子就是承认他们的发展是有客观规律的,教育必须遵循客观规律,加以诱导和促进才能提高效益。

在社会主义社会中尊重孩子的最终目的,是使构成我们这个社会的每个成员身上存在的潜力,从出生时开始就能得到发挥,从而促进整个社会的繁荣富强。只有当社会成员普遍地得到发展而成为对社会有用的人材时,社会的发展和进步才有坚实的基础。我相信,教育者在热爱孩子的同时,如能确立起尊重孩子的观点,不断地研究孩子发展的阶段特点和个别特点,尽量做到有针对性地进行教育,就有可能把每个正常的孩子培养成为对社会有用的人。

那么,孩子发展的客观规律究竟是什么呢?按照我个人的理解,孩子的发展包括身体和智慧两个方面:身体指物质机体,智慧则包括认识、思想、感情等精神方面的因素。发展规律最根本的道理是:身体发展和智慧发展都是通过个体与外界环境的相互作用,个体一方面向外界摄取(输入)营养,经过机体各器官的功能进行消化吸收成为机体的组成部分,另一方面把制成的"产品"向外界输出。这就是说,个体的发展是在不断地输入、输出时与环境相互作用进行交流的过程中得到实现的。

身体的发展依靠物质营养,是通过机体的各种器官的功能摄取食物,进行消化、吸收,成为身体所需的营养。同时,还要把制成的"产品"能量输出,用来进行各种活动,把废料排出体外。婴幼儿时期身体对物质营养的摄取、消化、吸收的能力以及输出、利用能量的方式与青少年期、成年老年期不同,有一定的发展阶段特点,这是大家都知道的。孩子对物质营养的摄取不够,消化吸收不良,种种迹象引起我们注意,这是父母和幼儿的老师、保育员都很熟悉并且非常重视的。

人的智慧发展又是怎样实现的呢?人的认识、思想、感情的发展是靠摄取精神营养,由感觉器官和神经系统把外界各种刺激所提供的信息输入大脑,经过加工贮存,成为智慧的组成部分。同时,也要把经过加工的信息向外界输出，进行各种活动。人的智慧就是在不断地输入信息、加工贮存信息、输出信息的过程中，在个体与环境不断地交换信息的过程中，逐渐地发展起来的。这里需要注意的一点是：认识、思想、感情的发展，与身体发展一样，是靠个体主动吸收外界的信息，而不是像个瓶子那样被动地接受别人灌输进去的知识。由个体主动吸收的信息，容易被加工吸收而成为智慧的组成部分。由别人灌输的知识，其中的信息虽然也能进入头脑，但个体处在被动状态，对信息不是积极地加工吸收，就难以或者不能成为智慧的组成部分。因此，对精神营养不足及消化、吸收功能不良的迹象，也同样需要引起重视。

至于个体是怎样主动吸收外界信息的，这是一个非常复杂的问题。根据瑞士心理学家皮亚杰关于"认知结构"的理论，人的智慧的发展在出生以后与外界环境接触就开始了。婴儿在遗传所得的无条件反射的基础上，运用各种感官摄取外界的各种刺激所提供的信息，输入大脑进行加工贮存，逐渐积累，在头脑里建立起认知结构。新的信息输入大脑，被加工吸收到原来的认知结构中去，使它得到了改变。孩子与环境继续不断地相互作用，他的感官、神经系统、大脑的结构和功能也得到了发展，输入的信息越来越多，加工和贮存的能力越来越强，认知结构建立得越来越复杂，智慧逐渐地得到了发展。

皮亚杰的理论中十分重要的一点是：认知结构是通过个体的活动得到发展的，通过手的操作、身体的活动对环境中的人、事、物发生作用，这种自身的活动在外界引起的反应，使孩子有可能去认识和感受环境中人、事、物的各种复杂的相互关系。因此，在教育教学过程中要让孩子通过摆弄物体来认识和学会使用物体，通过处理人际关系（人与人之间的关系）中的各种矛盾来与人们建立良好的关系。在孩子一日生活的各项活动中，不宜用过多的刻板的行为规则来约束孩子。重要的是，教给孩子一些待人处世的基本原则，如不随意干扰别人的活动，不故意破坏东西等，让孩子在解决实际问题过程中学会运用这些基本原则，并且把这一点作为重要的教育内容，为孩子们安排充分的时间来学习。

以上是凭我个人的理解,对孩子发展的基本观点提出一点看法,仅供参考。真正掌握孩子发展的规律,还是依靠各位教师对自己班级中的孩子,通过日常教育教学活动,不断地进行观察和研究。观察和研究孩子的前提是树立尊重孩子的观点。

现在,就日常教育工作中怎样体现对孩子的尊重,提出几点建议,供大家讨论。

(1)尊重孩子,平等相待。① 以礼貌相待,不高声呼唤训斥,不拉扯推撞,不逗弄开玩笑,不当着孩子的面议论他;② 耐心倾听孩子说话,遇事允许孩子申辩,弄清事实真相,耐心进行诱导,不以成人的观点强加于孩子;③ 把集体生活常规作为教师和孩子共同遵守的行为准则,不依仗"权威"强迫孩子服从命令。

(2)尊重孩子发展的阶段特点。① 多观察孩子,了解实际教育效果,不凭主观愿望安排教育教学活动;② 多给操作机会,多提供活动经验,尽量不要求孩子不必要地控制自己;③ 尽可能地多培养独立性、自主性,对各项活动之间的过渡,给予思想准备,让孩子自主地服从客观要求。

(3)尊重每个孩子的个别特点。① 对各个孩子提出合理的要求,多帮助发展差的孩子树立学会本领的信心;② 知道孩子的言行都是有原因的,遇事细心研究,知道孩子犯错误是正常现象,帮助孩子分析犯错误的原因,帮助孩子防止犯错误;③ 多鼓励进步,也允许暂时退步,多鼓励孩子能理解的互相合作,少开展孩子难以理解的竞赛。

注:本文是根据作者在南京市幼教研究会上发言稿整理写成的。在整理过程中,上海幼师退休教师庄曼倩同志曾提供宝贵意见,在此谨表谢意。发表于江苏《幼儿教育》,1983年第4期

面向全体,把每个孩子教育好

农村幼儿园困难很多,要把每个孩子教育好,关键在于农村幼儿

教育要走自己的路,挖掘并发扬农村的有利条件,办出农村幼儿园的特色。

农村幼儿教育的有利条件是什么呢?以江苏省邗江县为例,有以下几点:

(1) 县、乡、村各级党政领导重视幼教,特别重视对幼儿教师的培养。邗江县在霍桥办了幼师职业班进行职前培养,还办了各种短训班提高在职幼儿教师水平。有的乡为幼儿教师支付函授学费及外出参观学习的费用。

(2) 各个部门相互配合,特别是在乡、村基层,幼教辅导员、妇女主任、卫生保健和计划生育干部为办好幼儿园密切合作。

(3) 县幼教干部和乡辅导员力量很强。这支队伍在农村幼教发展中已经发挥了很大的作用,带出了一批很好的幼儿教师。他们是探索农村幼教新路子的主力。

(4) 幼儿教师素质好,年轻、活泼、温和、有文化,她们热爱孩子,好学肯钻。她们担负着把每个孩子教育好的重任,她们也有潜力能做到这一点。

(5) 家长重视幼儿教育。他们送孩子上幼儿园不只是因为家里没有人带,而是希望孩子受到教育,因此乐意配合幼儿园把孩子教育好。群众也关心幼儿教育,愿意出力帮忙办好幼儿园。

怎样充分利用上述条件把幼儿园办得更好,把每一个孩子教育好呢?我从进一步提高教育质量的角度谈一些看法,供大家参考:

(1) 改变立足点。从只考虑"老师怎样教"转到先研究"孩子怎样学"再考虑"怎样教",这是教育观念的转变,是提高教育质量的关键。

为什么要考虑孩子怎样学?

第一,先要从培养什么样的人说起,建设现代化的农村需要有开创精神的人。去年我听到一位县团委书记分析新型农民的素质,他说他们的共同特点是:有文化、有知识、懂科学、能吃苦、肯脚踏实地地干。培养新型农民,老师就要抓住这一点:教他们从小学会用手用脑。

第二，从孩子的特点来说，孩子是好动的，好动是好学的一种表现。孩子需要看、听、说、摸、摆弄。但是，孩子要真会用手用脑，还是要有人教的。任其发展，就会乱动胡闹、坐不定、学不好。

第三，一个班的孩子年龄不全相同，同年龄的孩子发展也有不同，要把每个孩子教育好，就要针对每个人的特点进行教育。我们对孩子的行为品德是比较注意的，但往往从偏重"纪律"的角度来看待"调皮"的孩子。究竟孩子为什么"调皮"，上课为什么坐不定？是听不懂，还是早已学会了？对那些少说少动的孩子，很少引起注意。有一天在幼儿园看几个女孩子跳绳、解绷绷。我随口问身旁的两个男孩：你们会不会？一个回答：会跳绳，不会解绷绷；另一个答：一样也不会。这个"一样也不会"，值得我们重视。我们要培养的孩子是：既能坐下来学，又活泼好动会玩；既能守纪律，又会处理矛盾，解决问题。

现在对比一下，从不同的角度看问题。

从"教"的角度看：我写了教案，讲了课，提出的问题有人答对了；放学了，玩具有人收好了，教室有人打扫了，我的任务完成了。

从"学"的角度看：基础好的孩子，上课听懂了，答对了，学得越好，练的机会越多；基础差的，听不懂，答不出，越来越跟不上。其实，真正需要老师教的，正是后一种孩子。

（2）改变教育教学方法。从实际效果出发考虑教什么、怎么教：

第一，教的东西不宜太多，教一点，就要让孩子扎扎实实学会。从农村的传统来看，五六岁的孩子能学会不少家务劳动。现在孩子进了幼儿园，不可把家务劳动丢掉，而是要列入计划教，让他们回家实际练习。有的种植、饲养劳动可以列入幼儿园一日活动中。有的东西本来是互相联系的，不要硬性分割开来上课。可以互相联系的东西，尽量联系在一起教。需要注意的是：不要从形式上追求"综合"，硬性联系，搞成"杂烩"，这不利于孩子学习。邗江县各乡、村的幼儿园普遍地都在这样做：每月围绕一个中心进行教育，或者根据思想教育要求，或是按照节日、农业劳动季节来安排。

第二，要教孩子怎样学，使每个孩子都有机会学会、练熟。孩子的学习活动可以灵活组织。可以同时活动的，就上大课。需要个别指导的，就分组进行，老师重点指导。

第三，尽可能到现场学习，让孩子有亲身体验。比如大班教古诗《一望二三里》，可以带孩子们到田头路边去学（农村比城市条件好），学会了诗，还可以画成画。

第四，教具运用要恰当，运用教具的目的是帮助孩子学习。孩子要学会用脑想，首先要会用手摆弄东西，用口说出自己的摆弄活动。因此，我们可以用豆子、石子、小棒为孩子们提供人手一套教具。教具不在于做得多、做得精致，重要的是发挥教育作用。

第五，玩具是孩子玩的工具，玩具的作用是促进孩子动手动脑，运动身体的各个部分。教孩子们自己收集材料制作玩具有几个好处：收集和制作本身有利于促进孩子手脑并用，人手一套小玩具随时可以玩起来，玩坏了、丢了可以随时补充。把购置玩具的钱用在刀口上，如买积木、插塑等经久耐玩、适合各年龄班的玩具，也可买一些样品供自制玩教具作参考。各乡、村可根据当地农、副、工业特点收集下脚废料，做出各有特色的玩具。

怎样保证老师把每个孩子教育好？

（1）幼儿园要有最基本的房舍设备，比如有幼儿专用，便于清洗的厕所，有流水洗手的设备，有雨后易干的活动场地以及日常开支经费。乡、村领导如能对基本的物质条件经常检查，保证落实，辅导员和幼儿教师就可以把主要精力放在教育好孩子的工作上。

（2）保证幼儿园正常的教育秩序，各部门、各级领导不宜把老师从班上抽出来，为了完成上级下达的任务而对少数孩子进行加班加点的训练，这是违反教育原则的。

（3）各级领导对幼儿园要作出符合教育原理的评价，促进教育质量的不断提高。为此要建立一种科学的检查制度。

第一，检查标准：检查孩子经过半年或一年的教育在体、智、德、美各方面的发展是否都达到了最基本的要求。希望各地幼儿教师通过实践逐渐订出孩子发展的标准，根据这个标准，提出对幼儿教师和园长的要求。以此来检查教育质量。

第二，检查方法：由辅导员、妇女主任、卫生保健员组成小组，检查本乡的园、班，这有利于看出各园、班的进步，也有利于对他们提出切合实际的要求，指明努力的方向。也可开展乡与乡之间的互查，起到交流经验、互相促进的作用。

第三，奖励办法：检查标准可以分层次制定。对县、乡中心园和村的园、班分别提出不同的要求，对幼师毕业、幼师职业班毕业和只经过短训的教师也分别提出不同要求。各园、各教师自己也可以对照检查。检查后，凡达到要求的都给予奖励，对达不到的，指出努力的方向。

面向全体，把每个孩子教育好，这并不是说要把所有的孩子教成一个样。要求孩子们长成一个样是不可能的，也是没有必要的。四个现代化建设需要多种多样的人才。把每个孩子教育好，是要充分发挥每个孩子的聪明才智，使他成长为对社会有用的人才。要教出聪明的孩子，就要有聪明的老师。怎样发挥老师们的聪明才智呢？一要放，二要帮。放手让她们在教育实践中发挥积极性、创造性，不要加给她们额外的任务，压得她们喘不过气来，要让她们有充裕的时间和孩子们在一起玩、一起学。针对每个教师的特点，帮她们发挥特长，克服缺点，帮她们办出有特色的幼儿园，教出有个性的孩子来，为农村培养有开拓精神的有创造能力的四化建设接班人。

注：本文为作者1985年4月11日在扬州市幼教研究会上的发言，发表于江苏《幼儿教育》，1985年第8期

帮孩子过好入园关

一、欢迎孩子进入集体生活

每年9月都有一批2～3岁的孩子来到托儿所、幼儿园开始过集体生活，这是孩子从家庭走进社会的第一步。这一步走得是不是顺

利、愉快，对孩子各方面的发展至关重要。根据我们1993年以来研究2～3岁托儿综合教育课程的经验，在这里提出一些建议供家长和教师参考。

孩子与家人分离走进新的环境，情绪会有波动，这是很自然的。我们可以用科学的方法尽量减少这种情绪波动。孩子到2岁已经会走路、会说话，能表达自己的需要，有了一定的独立能力。而且2岁左右的孩子往往有一种要求自主的表现，对吃饭、洗手、穿鞋袜等生活活动，他喜欢说："我会"、"我自己来"、"我能"，希望成人放手；对成人要他做什么事，他喜欢说"不"，与成人唱反调，这都是要求自主的表现。我们若能顺应孩子这种自主发展的需要，帮助他们学习自理生活、自选玩具，就能很顺利地培养良好的习惯。此外，这个年龄的孩子还特别渴望与同龄伙伴交往，有的孩子到亲友家串门，甚至不肯回家。孩子的这种发展需要，独生子女的家庭环境是难以满足的。上述事例说明2岁的孩子在身体、智能、社会性发展方面已经具备进入集体生活的条件，只要家长和教师采用恰当的办法，互相配合，完全可以使孩子顺利过好"入园关"，愉快地过上集体生活。

让孩子逐渐地熟悉幼儿园的老师、环境和活动，这是孩子顺利入园的关键。我们的经验是"提前家访、分批入园"。在开学前10天，由班上的保教人员(2位或3位)一起与家长们约定，到每个孩子家里做客与孩子交朋友。保教人员与家长交谈，与孩子玩，也可带一个自己折的小动物、剪的窗花等作为小礼物。在访问过程中可以观察了解孩子的家庭环境，请家长填写关于孩子的健康状况、生活习惯、个性倾向、特殊爱好等的调查表。开学前的一周内让家长带孩子到幼儿园做客。保教人员把孩子入园后接触的班级环境、玩具等布置好，向家长和孩子介绍，让他们随意玩，逗留多久可随孩子的兴趣。可以来园一两次，也可每天都来玩一会儿。有的幼儿园在开学前组织半天亲子活动，让所有家长都带着孩子来玩，孩子之间、家长之间也可以有接触，深受家长的欢迎。

通过家访和亲子来园，保教人员根据本园实际安排分批入园，可分两批、三批、四批,间隔2～3天,例如周一、周四、下周二、周五等。把独立性强、活泼开朗的孩子安排在第一批,分批入园名单要征求家长同意,协商后公布,让家长们心中有数。

孩子们第一天入园的环境布置、玩具提供、活动组织、行为要求等按教育计划规定的安排,班上两位或三位保教人员事前共同讨论,做到分工明确、配合默契,为孩子们创造一个安宁、有序而温馨的环境。孩子们进入一个新的环境第一次的印象很重要,该怎样走路、怎样坐、怎样玩玩具、怎样入厕、洗手、喝水等都与家里的习惯不同,他们对老师的指导很容易接受。一日生活的各项活动主要由老师带头做,让孩子自愿参与,玩玩具、唱歌、做游戏、户外散步、吃饭、睡觉等,都按规定的时间进行,有些孩子跟着做就给予鼓励。经验证明,孩子们初入园生活内容丰富、活动安排有序,加上入园前心理准备充分,孩子们都能顺利地入园,较快地适应集体生活。

有些人认为,孩子离家入园总是要哭的,哭够了就好了,因此开学初期就动员所有成人到班上哄孩子,等他们哭得差不多了才开始正规的教育活动。我们是反对这种想法和做法的。首先孩子走进新的环境之前毫无思想准备,入园时遇到的全是陌生人,孩子由于害怕而哭闹,对他的情绪会有很大的伤害,有些孩子哭的日子比较多甚至造成怕上幼儿园的心理。孩子第一次离家走进社会遇到的这种负面经验可能很容易把对亲人的依恋转移到"哄"他的成人身上,会造成孩子长时间难以融入集体生活,对适应新环境造成了障碍。

因此,我们对接待第一批孩子第一天入园的活动作了精心考虑和安排。主班教师站在门口把孩子一个个从家长手中抱过来亲热地问好,带领他们围着桌子坐下,配班教师和孩子们一起玩。由于桌上的玩具是孩子们来园做客时玩过的,有些孩子就动手玩起来了。等到首批入园的10～12个孩子到齐了,主班教师向孩子们介绍每个小朋友的名字,告诉他们以后每天大家都在一起玩。我们的意图是帮助孩子开始形成一个集体,使他们的感情从依恋家人转到喜欢老师和小朋友,建立一种与家里不同的人际关系。

然后，老师拿出准备好贴在毛巾架、茶杯架上的标记，让孩子们自己选自己贴，一位老师组织他们挑选，另一位帮助一个一个孩子找到位置贴上。我们发现这样做调动了孩子活动的积极性，并且有利于他们记住各自的标记。第一天的活动就这样开始了，接着按预定的程序一个一个活动做下去。有时到户外玩，有时在室内玩，有时看老师唱歌跳舞，有时看小朋友玩玩具。由于活动的内容能吸引孩子的注意，只有少数孩子偶尔哭一下，也是边哭边看别人玩。

这样经过三天，这个小小的集体已经开始建立起一日生活常规。早上入园与家人分别时，只要家长放下孩子就离开，孩子都能很快地进入活动。第二批孩子入园时，这批"小骨干"已经能带头进入各个生活环节。他们开始能在一起玩，老师可以有更多时间照料新入园的孩子。最后一批入园的孩子往往是与家人分离适应新环境比较困难的。但是由于大多数孩子适应较快，即使有个别孩子哭闹产生的干扰也不大。先入园的孩子们在两周内能稳定，几乎所有孩子能在一个月内稳定下来开始愉快的集体生活。

二、利用环境变化促进孩子发展

帮助孩子适应集体生活的第一步，是创造条件让他们比较顺利地与家人分离走进幼托园所。孩子来到了集体保教机构，就要帮助他们尽快地适应集体活动内容和相应的常规。从家庭走进集体，孩子的角色地位、活动内容、人际关系等几方面都发生很大的变化，这种变化对孩子各方面的发展会产生很大的促进作用。面对这种变化家庭和幼儿园相互配合，观念和方法一致，孩子就能愉快地适应；若是家园不协调，各行其是，则不利于孩子顺利适应，甚至妨碍他获得应有的发展。

在家里孩子往往处于中心地位，一家人围着他转，他的生活需要不等他开口，什么事都为他做好了，养成了对成人的依恋和依赖。进入集体，他成为许多同龄孩子中的一个，他需要懂得老师不可能照料他一个人，还有许多小朋友需要老师帮助。他要学会自己料理生活，学会对老师说自己的需要，学会与小伙伴一起玩，分享玩具，学会遵守各种规则等。若是家长配合幼托园所重视这些方面的培养，孩子的独立性、自信心会得到明显的提高,有利于各方面的发展。

我们发现入托前吃饭、入厕等自理生活能力强的孩子适应较快,什么事都争着做,显得很能干,孩子自我感觉好,心情愉快。有的孩子一到吃饭就愁眉苦脸,面对盛好的饭菜,两手下垂就是不动,喂他吃还把饭菜包在嘴里不往下咽。别的事也都等着人带他做。这样的孩子不适应的时期会延长,发展就赶不上那些独立性强的孩子。有些孩子自理生活学得很快,短时间内就学会自己吃饭,但回到家里还是要人喂。家长若是配合幼托园所鼓励孩子自己吃,良好的进餐习惯很快就养成了。自理生活的其他方面也是这样。两三岁的孩子特别喜欢做事,只要给他们机会学,不嫌他们做不好,多鼓励多引导,他们能学会做很多事,动手操作的能力得到锻炼,独立性会越来越强。不少家长问我,孩子在幼儿园什么事都自己做,回家就不肯动手,为什么,怎么办?我的回答是:问题不在孩子,只要家长配合,对孩子的要求一致一贯,不迁就,就能办到。同时家长要改变这样一种观念:认为让孩子自己料理生活是"苦差事",成人代他做是爱护他。实际上这样做恰恰是剥夺了孩子自主发展的权利,对他贻误终生。

现在有许多孩子家里的玩具多得可以开展览会,可是孩子往往没有心情坐定下来学会玩每种玩具,拨弄拨弄,新鲜感一过又要买新的,看见别人有新玩具也要买,养成了追新攀比的心理,这对孩子的发展没有好处,玩具也失去了应有的教育作用。

在幼托园所里我们把玩具作为孩子学习的工具,让孩子们通过玩具与周围环境中的人、事、物相互作用获得各方面的发展。孩子们动手摆弄玩具可以促进手眼协调和小肌肉动作的发展;拿着玩具进行全身运动可以促进四肢和身体各部分的大肌肉的发展,孩子们三三两两地一起玩可以学会分享玩具、互相交往;按规定的要求摆放、操作、收拾玩具,可以学会许多集体生活应遵守的规则,包括人际交往的礼节。

独生子女在家独享所有的玩具,进入集体要与同伴分享,别人手里的玩具不可以随意拿走。我们的老师教一岁半的孩子学习与人协商说:"让我玩玩好吗?"教两三岁的孩子说:"你玩好了让我玩好吗?"

孩子是有同情心的，往往会主动让给对方。大一点的孩子会说："我还没有玩好呢！""那你快点玩！""好吧！给你！"有时孩子会来找老师说："我对他说了他还不给我。""他玩了好长时间还不给我。"老师稍微介入一下，很快就解决了。因为孩子们都知道"玩具大家玩"这条规则。一到收拾的时候，孩子们听到老师发出信号马上七手八脚收拾玩具放回原位，很少有人拖延的。

托班每天有3～4次室内室外自选游戏的时间，孩子们都知道玩具不可以搬家，自己可以走动；玩好一样玩具必须收拾好放回原处才可以去玩别的；若是一张桌子都坐满了人就去玩别的等会儿再来玩；像玩米这样的游戏用挂牌玩的方法来规定人数，孩子们都知道没有挂牌不能挤进去玩，有的会与玩的人协商，有的宁愿排队等候也不去玩别的，老师就说："你先去玩别的，我等会儿叫你，"他才放心。

孩子们遵守规则一点没有压力，反而使他们学会互相协调、谦让、关心，大家心情舒畅，整天高高兴兴的。到托班参观的人都发现孩子们的规则意识特别强，问园长是怎样培养的，回答是："老师互相配合，每天这样做养成习惯"，也就是"一致和一贯"。实际上习惯的养成就靠一致和一贯，没有什么别的秘诀。良好的习惯一旦养成，不仅让孩子们能享受快乐的童年，还将使他们终身受益。

这里有一点特别要提醒家长，我们要帮助孩子克服对家人的依恋，首先家长要克服自己对孩子的依恋。不少家长在孩子入托前整天为孩子忙不停，突然孩子走开了，会产生一种"失落感"，又想想孩子在家护理得那么周到，现在一个班那么多孩子老师照顾得来吗？总不放心。因此早上送孩子，总想多待一会儿，还要在窗外张望，有的甚至在大门外转。实际上家长这种焦虑情绪会感染孩子，使他们更加不愿与家人分离。经验证明，有这种情绪的家长，孩子入托不适应期特别长。大多数家长把孩子带到老师面前对孩子说声再见立即离开，孩子可能哭一会儿，但看到小伙伴玩得很好，也被吸引参与活动了。

不是孩子离不开你，而是你离不开孩子，这一点有的家长可能还没意识到。孩子对亲人的情绪是非常敏感的。让我们大家用对老师对孩子"信任"的心态来帮助孩子早日适应集体生活。

三、发现每个孩子的优势

孩子适应集体生活的第一步是顺利地与家人分离,逐渐摆脱过分的依赖和依恋。在这个过程中很重要的一点是利用幼儿园与家庭的不同环境引起的活动、角色、人际关系等方面的变化促进孩子各方面的发展。

现在来谈谈怎样帮助孩子"发现自己",也就是找到自己在集体中的位置,形成良好的自我感觉,过上愉快的集体生活。

每一个人在世界上都是独一无二的,从来没有两个完全一样的人,这是世界丰富多彩的根本。然而,任何人也不能离开群体而单独存在,又是人类互相依存的根本。因此,当孩子初次进入同龄伙伴的集体时,教师和家长帮助他们发现各自的"独特性",接纳别人的"独特性",互相赞赏,互相协调,这对树立每个孩子的自信心,形成融洽的集体非常重要,并且为他们成长为良好的社会成员奠定基础。

世界上没有两个完全相同的人,其原因有两个方面:一是各人从父母遗传来的特点不同;二是各人生长的环境不同,即使生活在同一个家庭里,受到的影响也不相同。这两方面的因素形成了每一个人的独特性。在对人的身心发展的科学研究还不够发达的年代里,人们用单一的标准,如智商来衡量婴幼儿的发展,把一些孩子看成智力发达的,另一些孩子则被认为是智力落后的。在教育教学方面,也用统一的要求对待他们,使有些孩子得到了较好的发展,而另一些孩子得不到应有的发展。

20世纪80年代以来,研究婴幼儿脑的发育和心理发展的专家们提出了"多元智能"的概念。心理学家先提出七种智能,后来增加到八种,听说现在又在研究第九种智能。八种智能包括:语言智能、音乐智能、逻辑数学智能、空间智能、身体动觉智能、内省智能、人际智能、自然智能。多元智能的概念也包含了我们平时所说的非智力因素、人格等方面的内容。可见"多元智能"认为人的智能是由多种不同的智能构成的一个整体,其内涵超出常用的"智力",包含了人的"精神"的各个方面。每个人的各种智能的发展是不平衡的,正是各人的整体智能表现不同,形成了每个人的独特性。多元智能的理论可以帮助我们更加公平地理解各个孩子的特点,更有针对性地引导每个孩子发挥他的潜能。

孩子们在适应新环境的过程中很重要的一点是建立良好的人际关系,其中良好的师生关系是一直受到重视的,要求保教人员对孩子亲切、耐心,给孩子安全感。建立良好的同伴关系则着重教育孩子谦让、友好、合作等,而初入园的孩子还不容易做到。而另一方面那就还没受到充分重视,发挥各个孩子的潜能,帮助他们认识自己的特点,形成良好的自我形象,树立自信心,并互相接纳和赞赏。帮助孩子认识各自的特点,首先教师和家长要仔细观察孩子的情绪和行为表现,发现各人智能结构中的优势方面,例如有的孩子动作发展较好,有的孩子语言发展较早,有的对音乐反应灵敏,有的喜欢与人交往等。我们往往不把这些看做智能,而把智力发展局限于认字、读书、做算术,有的孩子在其他方面的智能有明显的表现却视而不见或不以为然。

在深圳特区报社的宿舍区我们开展过几次周末亲子活动。星期日早晨在户外地上铺一条毯子,放一些玩具和《婴儿画报》,让十个月左右的孩子一起玩(4～5个孩子),家长们围坐在地毯周围观察交谈。孩子们都不会说话、不会走路,各自的特点却很明显。一个男孩能集中注意摆弄玩具好几分钟;一个女孩喜欢爬到妈妈身上,不只是自己的妈妈还爬到别的妈妈身上(同住一栋楼,经常见面);一个男孩"抢"别人的玩具,对方没有反抗;另一个男孩坐在家人的身上不肯下来。前两个孩子能坐在妈妈身上看完一本《婴儿画报》,而后三个孩子对图书一点不注意。短暂的观察就能发现差异,稍微了解一下孩子们的家庭背景,就能看出家长的抚育方法给孩子带来不同的生活经验。

这样幼小的孩子已有如此明显的差异,到两三岁进入托儿所、幼儿园时,差异就更明显了。这一点教师和家长都能发现,并且对那些由于家庭抚育方法欠科学而造成的孩子发展的不足方面尤其敏感。例如同样年龄的孩子有的已能自己吃饭,自理小便,动作很灵活,显得很能干；有的什么事都依赖成人，情绪依恋更甚，显得又娇又弱。老师和家长对这些现象很重视，也想办法配合帮助孩子克服弱点，促进他们更好地发展。那么"多元智能"是否对我们有所启示，让我们产生一种新的视角，采用一些新的方法呢？

记得50年代我们学习苏联幼教经验时强调：发扬优点，克服缺点。现在用多元智能来分析这一教育原则，我觉得可以这样理解：智能结构中的优势方面若是能在良好的教育环境影响下得到越来越充分的发挥，会带动其他方面的发展，或弥补其他方面的不足，因为人的智能毕竟是一个整体。发扬优势是指家长和教师一起通过观察发现孩子某方面的兴趣和敏感性，引导孩子自主发展，并帮助他们扩展兴趣引发多方面的敏感性。例如，有的孩子喜欢音乐，能集中注意听，并用身体动作表现节奏；有的孩子动手操作特别灵巧，能集中注意涂鸦或拼插摆弄玩具；有的孩子能关心弱的小同伴并带他玩。成人要善于发现并给予赞赏，使孩子认识到自己有什么"特别本领"，并且要让孩子互相承认各人的特别本领，激发孩子们自然地互相模仿，互相感染，在互动中共同发展。对教师来说，发现那些突出表现的孩子并不难，需要下功夫的是发现每个孩子的智能优势。孩子对自己的认识（自我感觉、自我形象）是从成人和同伴对他的评价得来的，孩子们相互认可与否也是从成人的评价中得到的。若是成人着重赞赏优势，孩子会形成良好的自我感觉，孩子有了自信也容易接纳别人的优势；若是成人总是盯着孩子的弱点，会引起由缺乏自信而产生抗拒，从而强化弱点而把潜在的优势淹没，这对孩子良好的个性和良好的人际关系的发展设置了很大障碍，也给家庭教育和集体教育带来很大困难，从而使这些孩子在终生发展的道路上受到本来可以避免的早期损伤。

近年从读者的来信、家长咨询以及幼儿园教师的个案研究中，发现孩子发展过程中出现的一些普遍性的问题，若是早期（两三岁）发现并有针对性地培养是可以改变的。例如：6岁的女孩不能定下心来做任何事，甚至在家玩玩具都要大人陪着，更没有主动学做事的兴趣和能力；孩子很内向，怕与人交往，到五六岁情绪依恋强，独立性差；有些孩子自我控制能力很差,到五六岁还不能遵守集体生活规则,自己不能定心学习,还扰乱集体活动,等等。这些问题关系到专注能力、独立能力、人际交往能力、自我控制能力以及广泛的兴趣、动手探索等方面的早期培养,若是趁早培养既让孩子们享受愉快的集体生活,又为他们的终生发展奠定坚实基础。

四、孩子初入园"想妈妈"怎么办

1. 珍珍2岁零3个月,入园近2个月,每天问十几遍"妈妈会来接我吗?"老师回答她:"会的,肯定会的,白天妈妈上班,珍珍上幼儿园,晚上妈妈下了班,就来接珍珍回家。"珍珍还是一遍又一遍地问,怕妈妈不来接她。

珍珍不一定是"怕"妈妈不来接,而是对"白天"、"晚上"的意思不理解。老师可以这样说:妈妈去上班,珍珍上幼儿园,和小朋友一起玩玩具、做游戏,还一起吃饭、睡觉,睡觉起来再玩一会妈妈就来接你了。老师针对2岁的孩子没有时间概念的特点,把"白天"的概念具体化为孩子在园的一系列活动,把妈妈来接的时间和孩子的活动对应起来,让孩子逐渐理解。若是孩子再问,就可以回答:还没吃饭呢,吃过饭睡觉起来,再玩一会儿妈妈就来了。逐渐地孩子就会根据自己的活动来预测妈妈来接的时间,调整自己对妈妈的期盼。

另一方面,对托班的一日生活活动要安排得合理、充实。在室内多让孩子动手摆弄操作各种玩具,到户外用玩具吸引孩子们开展大肌肉活动(走、跑、跳、爬、攀登等)。室内室外活动交替进行,孩子们玩过这个又玩那个,没有空闲、等待、无聊的时间,就会减少想妈妈的机会,较快地适应集体生活。

2. 历历初入园时不"闹",没几天开始哭闹,说是"想妈妈",并且经常哭,想了许多办法收效不大。有的孩子入园初期有"新鲜感"还没意识到离开妈妈的生活变化,一旦意识到了,对妈妈的依恋感就会激发情绪波动,这需要有一个过程才能克服。老师一方面可用合理的生活常规和丰富的活动内容吸引她参与小朋友的活动;另一方面对她的"哭闹"采取谅解而平静的态度,不必焦急。可以对她说:你想妈妈可以哭一会儿再玩(对她的心情表示谅解),但不能闹,你大哭大闹小朋友就玩不好了(让她知道自己的行动不可妨碍别人)。等她哭了一会儿,可以问她:要不要老师带你玩?想玩什么?要不要和小朋友一起玩?(表示对她关心)若是她继续哭闹,就不予理睬,(但要继续观察她的情绪变化)哭闹缓和下来就给予关注;哭闹厉害就不理。孩子是很敏感的,能从中领会老师的态度;还要给孩子一点时间,让她学会调整自己。我们遇到过一个孩子,每当活动环节转换时她就又哭又跳,老师和小朋友都容忍她,有一天她突然不哭了,老师对此也没什么表示,顺其自然,让她自己调整。

3. 有的孩子初入园时会要求老师给自己的妈妈打电话快来接他。哄他的人就会说:你不哭我就打电话,然后假装打电话,说妈妈等一会儿就来。这种做法是错误的,企图用骗的办法求得孩子"安定",实际上会对孩子产生误导,当孩子发现妈妈还不来时很失望,就闹得更厉害,并不再相信这个陌生环境里成人说的话,给孩子适应新的环境设置了不必要的障碍。

应该明确地告诉孩子:小朋友上幼儿园,妈妈上班,上幼儿园的孩子不可以找妈妈,妈妈上班不可以打电话。孩子听了可能会哭闹得更厉害。这时切勿再哄骗,而是要不断地重复这条"规则",让孩子自己在哭闹中逐渐理解,调整自己。我们发现讲明规则比哄骗更有效,孩子逐渐领悟到"闹着要打电话"没有用,就不用这个办法了。

对适应有困难的孩子,用别的孩子的活动来吸引他的注意,比成人的"哄"更有效。因此当孩子哭闹时,千万不要让他的视线离开其他孩子的活动,不断地引导他"看小朋友在干什么","老师带你去和他们一起玩"。不要给他任何"特权",例如,到处游荡或跟着门卫师傅、保健老师等。一旦养成了进入集体生活后的"特权"行为,孩子又得重新适应,对他们过好入园关带来障碍。

五、帮助每个孩子早日融入集体

两三岁的孩子从家庭来到幼儿园,家长和老师帮助他们比较顺利地与家人分离喜欢上幼儿园,这是非常重要的一步。1993年以来,我们研究"2~3岁儿童综合教育课程",通过观察、分析、引导,了解到孩子入园初期适应新环境的一些不同特点,也积累了一些经验。例如,提前家访分批入园,开学前召开新生家长会,亲子一起来园活动等。使大多数孩子比较顺利地适应幼儿园的集体生活,获得了从家庭走向社会的积极体验,为他们主动参与集体生活迈出了第一步。

然而,每一年每个班级总会有少数孩子在适应集体生活方面有这样那样的困难,需要成人恰当地引导和帮助。经过我们的观察、分析和尝试引导,看到了孩子们的各种不同的表现,看出了孩子们的一些心理状态,发现各个孩子在这个方面有各自的发展规律,正如其他方面的发展各有特点一样。成人既不可勉强,也不可迁就,要把握时机及时引导,帮助孩子克服困难,一步一步向前迈进。

孩子们从家庭走进集体生活面临的最大变化是:"独立自主"。生活上和感情上的独立,需要克服的最大困难也就是生活上的依赖和情绪上的依恋。入园前独立性较强的孩子(自己吃饭、自理小便等),家园配合得好,孩子独立自主的能力会得到较快的发展。来到幼儿园不仅老师放手让孩子学习自理生活,而且孩子之间会相互模仿,相互促进,这一点往往被忽视。因此,要使孩子愉快地过上集体生活,教师和家长要重视帮助他们融入集体,学会自理生活,学会向成人表达自己的需求,学会与同伴一起玩,互相交往,学会遵守集体生活的规则等等。这些都是两三岁孩子的发展需要,是独生子女家庭难以满足的。经验证明,两岁进入托班的孩子升入小班要比三岁入园的孩子各方面发展好得多。

对待适应比较困难的孩子,教师和家长容易走进的误区是让孩子把对家人的依恋转移到某个成人身上(园长、保健医生、门卫或班上某个老师等),让孩子游离在班级集体活动之外,逐渐形成习惯,这对孩子融入集体非常不利,比走进幼儿园改变家里的习惯更难。因为环境变了行为要改变,孩子容易理解:进入新环境后养成的不良习惯需要改变,孩子不易理解,就不会主动地改。

初入园时有个别孩子哭闹妨碍大家的活动,可以由成人带他到室外走走看看,同时告诉他:"小朋友都在教室里玩,我们走一下就回去看看他们在干什么。"若是孩子哭的次数多,不要由同一成人带他到同一地方去,以免养成习惯,并且每人都要向他重复上面这句话,让他知道他应该和小朋友在一起。有些孩子并不哭闹,但不愿参与活动,可以允许他在旁边看,但不可让他离开大家独自待着,以便使孩子们的活动吸引他,老师还要经常劝说、鼓励或带领他参与活动。既不要勉强孩子,也要防止过分迁就而养成不良习惯。

有一个小女孩拒绝躺下睡午觉,就让她坐在床边小椅子上,当老师意识到应该要求她与别的孩子一样午睡时,无论是班级老师、园长、保健老师等她认识的人劝说都无效,最后想出请一位年纪较大、女孩不认识的老师走进午睡室严肃地对她说:"怎么大家都睡了,你还没睡,不行,快躺下!"小女孩果然自己躺下了。这个难题就这样解决了。园长深有体会地说:"入园初期的'个别对待'要掌握好'度'及时引导,过分迁就养成习惯再改就难了。"

有一个小男孩入园初期不怎么哭闹,就是坐着,不玩、不吃、不喝,连上厕所都不肯,老师很担心,家长说没关系,他忍不住了会尿裤子的。每个活动开始,老师都招呼他一下,渐渐地愿意小便了,喝水了,跟着大家进出教室了,吃饭了,睡午觉了,经过一个多月完全进入集体生活,并且所有活动都会做。这里说明,要允许孩子有个适应过程,逐渐参与集体活动,但不可任他游离在集体活动之外。另一个男孩早上入园与家人分离时边大声哭边往教室里跑,开始玩就不哭了。但有时还会说:"老师,我想哭!"老师说:"那就搬张椅子坐在旁边哭,不要影响小朋友。"过一会儿,他会说:"老师,我哭好了","那好,去玩吧!"几天以后不再出现这种现象了,说明孩子在情绪上已经完全适应了。

入园初期,孩子会有各种各样"独特"的表现,家长和教师既要允许他们按各自的特点逐渐适应,但不可放任迁就,要注意及时引导他们参与集体活动。特别是对那些并不大哭大闹却总是被动地"旁观"的孩子,要帮助他们在与大家一起活动中体验愉快,获得"成就感",早日融入集体,为以后的发展起好步,开好头!

六、培养孩子的生活能力

生活能力是幼儿时期孩子们最重要的学习任务。认字、写字、做算术等则是小学生的主要学习任务,在幼儿园学一点是为了引起孩子的兴趣,孩子年龄大一点学起来容易些。生活能力要早学,有利于养成良好的习惯,对以后学习任何东西都有好处,错过时机养成不良的习惯,改起来很费劲,并且会妨碍以后的学习。学习生活能力使孩子容易适应幼儿园集体生活,能比较顺利地摆脱对家人的依赖和依恋。生活能力强,孩子自我感觉好(觉得自己"能干")因而情绪好,活泼开朗,能充分享受快乐的童年,生活能力强是孩子在独立自主的人生道路上迈出的重要一步,为成功的一生(即身心健康的)打下坚实的基础。

生活能力包含以下几个方面:

1. 在成人的提示下按时起床、漱洗、进餐、上幼儿园、睡觉等。幼儿园的作息时间是根据孩子身心发展需要安排的,家里要配合幼儿园安排好每日早晨、晚间的活动,还要合理地安排双休日、节假日孩子的作息时间,使孩子养成良好的生活规律,保证孩子身体健康、心情愉快。不少幼儿园发现星期一生病的孩子特别多,胃口不好、情绪急躁、疲劳,还有的咳嗽、发烧等,原因是周末孩子的生活规律被打乱,饮食过杂,睡眠不足。若是经常如此,既有害身心健康,也难以养成良好的生活习惯。

2. 学习自理生活,包括自己吃饭,处理大小便,认真漱洗,穿脱衣服,饭前便后主动洗手,乐意收拾玩具用品、衣物等。幼儿园根据孩子的年龄特点提出要求,家里要坚持要求孩子做到。在幼儿园学会了自己吃饭,在家里也要自己吃,成人坚持不喂,孩子初学时吃得不干净,穿得不整齐,成人不要嫌麻烦,要给孩子时间学习,适当帮助,鼓励进步。

3. 独自睡觉,从小与成人分被睡,两三岁分床睡,住房有条件的小学之前分室睡,有利于孩子学会独立自主专心学习。上床前亲子一起看图书读故事,形成安宁温馨的气氛,规定时间每日坚持,到时孩子就能安静上床入睡,不需要成人哄、陪。独自睡觉是生活独立、情感独立的重要表现。

4. 自己玩,不缠成人,不要成人陪着玩。每天晚上父母可轮流抽出半小时和孩子一起玩,边玩边谈心,各人说自己觉得有趣的事。其余时间要让孩子学会独立玩,要让孩子懂得不打扰成人做事,不可以只顾自己,要尊重成人。假日全家外出游览、参观、购物等,既要考虑孩子的兴趣,也要考虑成人的需要,学习互相关心。

5. 向成人说心里话,遇到困难或不愉快的事,向成人诉说,请求帮助,在家找亲人,在幼儿园找老师。家人要多找孩子谈心,使孩子敢说实话,孩子做错了事要一起冷静找原因,若是意见不一,允许孩子申辩,不可强迫孩子服从。孩子的不合理的要求,不可迁就,也不可动手打,迁就和打都是成人无能的表现,要坚持说理。孩子无理哭闹,可"冷处理",即不理睬,让孩子自己想办法解决。

6. 喜欢与人交往是一项重要的生活能力,多让孩子与邻居的孩子一起玩,不要怕孩子受欺侮,教孩子理直气壮地说:"不可以欺侮人"、"打人是不对的"等,敢于找成人帮助,但不可教孩子还击。节假日带孩子与亲友交往,可以联合几家父母和孩子一起到公园玩,欣赏大自然,享受亲情友谊;或带孩子走亲访友,邀请亲友来家做客,教孩子学习做客人,当主人。孩子初次见到亲友,不能大方地招呼,这是很自然的,父母可以介绍一下,带孩子招呼,若经常来往熟悉了孩子自然会主动招呼。千万别要求孩子当众表演,让孩子心情愉快时自愿表现,切勿为成人自己的面子而勉强孩子,要尊重孩子的兴趣和意愿。

7. 家长在培养孩子的生活能力时需要更新观念就能顺利做到:从不舍得孩子离开自己转为尊重孩子的独立自主;从不放心孩子离开家人的照料转为多给孩子学习锻炼的机会;认为孩子自理生活是"吃苦"转为孩子能做的事让他自己做,让他充分发挥潜能,从而成长得更好。

现在总结培养孩子生活能力的方法如下:

1. 对孩子的要求家园一致、全家一致,还要坚持一贯,才会取得良好的效果，防止孩子在家、在园表现不同。若是祖辈亲人不理解幼儿园的要求，可请他们一起参加家长开放日、家长学校讲座等活动。

2. 恰当处理亲子矛盾，在孩子的成长过程中，出现亲子矛盾是很自然的，因为孩子在发展。出现矛盾时，成人要体谅孩子，想办法了解孩子，既不可迁就放任，也不可强迫孩子服从。成人要创造民主平等、各抒己见、协商互让的气氛，做到互相尊重互相谅解，亲子共同发展。

3. 家长自己的生活能力和良好的生活习惯以及待人处事的友善态度是对孩子最有力的培养，父母的榜样是最好的老师。

七、常规教育是第一"必修课"

幼儿园的常规教育给不少教师带来困惑，然而，常规教育既是幼儿从家庭进入集体生活的第一"必修课"，也是教师做好课堂管理的"基本功"。1993年我们开始探索2～3岁托儿教育就着重研究常规教育，这些年来逐渐向幼儿园各年龄段推开。从中找到了一些规律，也看到了一些效果，常规教育使孩子们生活有序、心情愉快，使教师带班轻松，得心应手。

究竟什么是常规教育？

所谓"常规"就是每日生活中什么时间做什么事，怎样做？包括幼儿和教师两方面的行为规范。常规教育就是帮助幼儿学会遵守集体生活的各种规则，逐渐地从他律向自律发展，也就是从服从别人管理发展到自我管理。因此常规教育的目的不是束缚幼儿和教师的行动，而是使他们养成良好的行为习惯，在互动中和谐协调，营造安宁、有序、温馨的生活气氛。

常规教育什么时候开始？

入园的第一天。有一种说法：等孩子们哭好了情绪稳定了才开始。这正是常规教育走入误区的第一步。经验证明，孩子们离开家庭进入陌生环境往往感到害怕和不知所措，这时告诉他们"做什么、怎样做"，他们是乐意接受的，并且第一次的印象会成为良好习惯的开端。我们采用了分批入园的办法，寓常规教育于丰富有趣的生活内容中，使两者相互促进。常规使生活有序，有趣的内容使孩子们在不知不觉中服从常规要求,开始了师生间亲切的互动,这是常规教育的感情基础。这样会使孩子容易摆脱对家人的依恋,缩短情绪波动的时间,比较顺利地适应集体生活。若是在孩子们哭闹期间动员许多成人去抱去哄,会使孩子对亲人的依恋转移到园内某个成人身上,要改变就更困难了。这是入园教育中经常出现的误导,也给常规教育带来人为的障碍。

怎样使常规教育取得良好效果?

1. 首先,合理安排和充分运用一日生活的时间和空间,科学地组织和恰当地指挥。班上保教人员在班主任的主持下集体讨论,确定一日生活中各项活动,特别是幼儿自理生活的环节,对幼儿的行为要求以及保教人员的分工配合。建立一日生活各时间段幼儿行为及主班、配班、保育员等各个角色的职责、行为。在开学前制定"师生行为规范表",张贴在教室墙上,便于保教人员互相提醒,也便于园长、家长了解、督促。

2. 寓常规教育于各项活动的过程中,也将自理生活、人际交往、对事对人对己的情感态度等渗透在常规教育中。例如,走路文明、姿势自然、不抢先、不推撞,室内不奔跑;说话有礼,找人帮忙说"请你……"与人交谈看着对方,注意倾听,积极应答,室内不大声叫喊;行动不任意打扰别人,无意打扰主动道歉等。教师做好榜样,随时提醒幼儿。既有利于活动顺利开展,也有利于常规落实到行动。切勿把常规教育变成脱离实际的说教或机械的训练。

3. 对幼儿的行为要求要做到一致和一贯,随时贯彻师生行为规范表,当违反规范要求的行动出现要及时提醒纠正。实际上,帮助幼儿养成良好的行为习惯并不难,难的是放任后收回,养成不良习惯后改正。因为合理的行为要求幼儿是乐意接受的,一旦形成习惯便成为幼儿的自主行动,不需要教师时时提示。效果是幼儿愉快,教师轻松。班级常规难以形成的重要原因往往是时松时紧,不坚持。

4. 主班教师要善于主持活动,面向全体或大多数幼儿,及时向其他教师或幼儿发出必要的指令,确保活动顺利进行,切勿陷入处理个别孩子或料理杂务之中。凡是幼儿能做的事要指导他们自己做,既有利于培养幼儿的独立性、协调合作能力,也有利于教师观察全局及时引导。在活动转换时主班教师要向幼儿说明下一步做什么怎样做。防止让幼儿整天盲目地跟着老师转。这也是常规教育中容易出现的失误。

5. 常规教育的效果与教师的语言表述关系密切。建立常规过程中对规则的解释应立足于集体生活秩序的需要,切勿从"听话"、"做好孩子"等目标出发,以免误导。规则一旦建立,在实施时教师的语句要明确简练,语气要坚定,不需要多说理。若有个别孩子不愿服从,就用"大家这样做,你也要这样做"来要求他,即用集体行为来约束个体行动。常规教育中发指令并不是生硬命令或无理斥责,而是要以礼相待。例如,"请小朋友把椅子放好,一个跟一个走出教室","××小朋友请快坐下来,大家都在等你","请安静不要打扰别人"。在师生互动中孩子喜欢说话算数,说到做到,对成人的唠叨孩子们是厌烦的。

6. 重视建立一些细小的行为规则,可以避免很多不必要的矛盾。例如,摆放座位两张椅子间隔一拳给较宽的空间,可防止拥挤碰撞;集体活动开始找空位子坐,可防止争座位而耽误时间;离开教室前把椅子整理好,可节省时间;端椅子规定姿势,可防止碰撞;集体外出或洗手、取水要主动站队等,防止拥挤也节省时间;要拿别人手上的东西,用礼貌的语言协商,防止争抢;室内不奔跑,不大声说话,有利于保持安全、安宁的环境,等等。经验证明 1 岁半到 3 岁的托儿班里上述常规都能养成,关键在于教师随时注意及时指导。

7. 随着幼儿年龄的增长和各方面的发展,调整常规教育的内容和方法非常重要。帮助幼儿从他律向自律发展:(1)让幼儿逐渐参与课堂管理,承担为集体服务的责任,值日生、小组长、老师的小帮手等角色应轮流担任让每个孩子都有机会,切不可当作"奖励手段"来使用;(2)出现纠纷让幼儿共同讨论解决,并制定相应规则防止再犯;(3)对活动环节的转换可从教师口头指令发展为举图示、字卡,或由幼儿轮流举牌提示以及看时钟发信号等,让幼儿创造多种形式。幼儿参与课堂管理的办法还需要教师调动孩子们的主动性和积极性共同探索规律创造经验,从而解决中、大班常规教育中的某些难题。

常规教育的过程是教育技术和教育艺术密切结合充分发挥师生潜能的过程,从长远看,常规教育是培养遵纪守法公民的基础课,因而是社会精神文明建设的重要组成部分。实施常规教育中有一个需要探索和思考的问题:要求幼儿遵守规则和发挥幼儿自主性之间是否矛盾。我们的经验是常规好的班级教师敢放也能收,因而敢于放手给幼儿自主、自由。幼儿有机会享受自主、自由,也就乐意遵守合理的规则。两者相辅相成相互促进,希望广大教师在实践中探索更多规律,创造更加丰富的经验,更好地促进幼儿身心和谐均衡地发展。

注:本文部分内容发表于《桃李苑》第 5 期,2004 年

发挥幼儿的积极性、主动性、创造性与教师主导作用的关系

发挥幼儿的积极性、主动性、创造性与教师主导作用的关系,体现在同一教育和教学过程中。这里首先确定了幼儿的学要有积极性、主动性、创造性,教师的教要发挥主导作用。教师的任务是调动幼儿自身学习的积极性、主动性、创造性,使他朝着我们所要培养的人才的方向发展。因此,在教与学的双边活动中,我们应承认幼儿是学习的主人,教师是领路人。

如何正确地处理教与学的关系呢?

首先从教育目的来看,当今的幼儿是 21 世纪国家的建设人才。在科学技术迅速发展的今天,我们很难准确地想像 18~20 年以后的建设者,需要具备什么样的知识和技能,更不可能把那些知识和技能都教给他们。然而有一点是明确的,他们需要有为祖国现代化建设而辛勤劳动的愿望和能力。因此,培养这样的人才,要从小教育他们关心周围的人、事、物的变化,积极地、主动地、创造性地学习,爱学习,会

学习，在体、智、德、美等方面打下良好基础，将来就有可能适应社会发展的需要，担负起祖国现代化建设的重任。

其次从教育观点上看，要承认一个发育正常的幼儿，都具有智慧发展的前提，只有教育恰当才能开发他们的智力，幼儿的积极性、主动性、创造性就能得到发挥。教育不恰当，幼儿的潜力就会受到压制，积极性、主动性、创造性也无从发挥。我们的教育目的和任务也就难以落实到他们身上。我们说幼儿是学习的主人，教师是领路人，这就是说，幼儿身上的潜力是发展的内因，教育是外因，教师是通过教育的内容、方法、手段等去激发幼儿的积极性、主动性、创造性，使幼儿按着教育目的和要求健康成长。

下面分别谈谈，应怎样看待幼儿和怎样发挥教师的主导作用。

一、怎样看待幼儿，有两种不同的观点

一种把幼儿看做一个发展着的个体，一个积极主动的学习者；一种把幼儿当做是一个瓶子，是被动地接受成人灌输知识。由于这是两种对立的观点，因此采取的教育措施不同，教育效果也不同。

这种发展的观点，在对待幼儿身体发展方面，早已为广大幼教工作者所接受。谁都知道我们提供的营养，要经过孩子机体的消化吸收，才有利于他的生长发育，谁也不会想硬塞食物让儿童增磅，对孩子消化不良或营养不足的状况，只能采取相应的科学的措施。然而在儿童智慧发展方面，这种发展的观点还需要进一步确立，这里用的"智慧"一词是指与"身体"相对的"精神"方面而言，它包括知识、智力、情感、思想，等等。

按照皮亚杰的理论，我认为儿童智慧的发展，与身体发展的原理有相似之处。我们都知道，新陈代谢是人生存、生长发育的基本机制。机体的生长发育是不断地与外界环境进行物质交换，摄取食物、空气，排出废料废气，循环不息。智慧的发展则是通过大脑、神经系统与外界环境交换信息，逐渐建立起自己的认识结构。个体对周围环境中的刺激所提供的信息能吸收多少，决定于他原有的认识基础如何。初生婴儿是在遗传所得的无条件反射的基础上，通过神经系统吸收外界信

息的,吸入的信息经过大脑加工使原有的结构得到改变,从而提高了进一步吸收信息的基础,孩子在与外界环境中的人、事、物接触的过程中,不断地吸收各种信息,不断地进行加工整理,改变原有的结构,他的智慧才逐渐发展起来。

儿童的智慧在发展过程中,对各种信息的吸收,有不同的水平,也有发展的先后。最初是通过身体的各个部分与外界事物直接接触吸收信息,这种信息在大脑里形成了动作表象。以后再通过视觉、听觉等吸收形象方面的信息,在大脑里形成各种形象表象。在动作水平和形象水平的基础上开始发展吸收符号(包括语言及其他符号)方面的信息的能力。吸收符号信息包括对语言的声音和意义的吸收,而对语言意义的理解是一个逐渐发展的异常复杂的过程。一般说来,儿童对外界信息的吸收往往是三种水平互相交织在一起的,对不同的刺激,三种水平会有所侧重而出现不同的互相交织。在智慧发展的不同阶段,吸收信息时,三种水平的相互关系也是各不相同的。

促进智慧的发展不仅需要吸收信息,还需要把已经贮存在大脑中的信息,组合成各种不同的方式输出去,对外界的人和物发生影响,以引起反应,从而检验或巩固已获得的认识。例如,婴儿运用敲打东西来观察物体之间的关系,作出某些行动来试探母亲的情感反应。

我们针对婴幼儿吸入信息的发展水平组织相应的学习活动,并且在各种活动中合理掌握吸入信息和输出信息的关系,对于调动幼儿学习积极性,提高学习效率有很重要的意义。

明确了上述智慧发展的基本机制,还需要了解智慧发展的因素,才能更好地促进婴幼儿智慧的发展。皮亚杰提出了儿童智慧发展的下列四个因素:

(1)成熟是指儿童从遗传所得到的生理器官及其功能经过发展而达到一定程度的成熟,成熟是智慧发展的必要条件,但不是惟一条件。成熟为我们提供某一方面学习的最佳期,在一定程度上教育可以促进成熟。

(2)实际经验是指儿童作用于物质世界而获得的经验,为儿童提供物质世界的信息。这样的经验又分为两类:物理经验是儿童直接接触物体而得到的关于物体特性的知识,如通过触摸吸收圆、方、硬、软等信息而形成有关表象。逻辑数理经验是通过手的操作而理解事物之间的关系。例如,儿童对数的理解,首先要通过双手摆弄实物,发现物体之间的数量关系,手的操作经过内化才成为头脑内部的运算。

(3)社会交往。儿童对人与人之间的关系,社会对个人的要求,个人在集体中的行为规则等方面的认识是通过与人交往的亲身经验而得到发展的,是通过日常生活中学习处理人与人之间的矛盾而发展起来的。例如,行为规则的掌握不能单凭教师讲解说理或防止矛盾出现,而应教给某些原则并提供处理矛盾的各种实践机会,其中游戏是一项重要的活动。

(4)平衡是机体的自动调节过程,是支配智慧发展的重要因素。平衡是调节支配前面三种因素,调节作用直接依赖于平衡因素。当外界的刺激与儿童原有的认识结构之间出现了一定的差距,打破了原来的平衡状态,引起了不平衡,从而促使大脑积极活动,主动吸收外界的信息,改变原有的结构以达到平衡。在这个过程中幼儿表现出极大的兴趣。我们教给幼儿的东西,如果没有新的信息可吸收,就不能引起不平衡,如果新的信息分量过多,无从吸收,也同样不能引起不平衡,这两种情况,都不能调动幼儿学习的积极性、主动性。因此,不平衡是幼儿积极主动学习的动力。

从上述智慧发展的原理中可以看出,要发挥儿童的积极性、主动性,最根本的一点是掌握我们所教给的东西与儿童原有的认识结构水平之间的恰当差距,有针对性地进行教育,使儿童从学习过程和结果中得到满足和愉快,以形成内部的学习动力。这里启示我们要慎重地运用奖惩手段,防止在儿童身上造成靠外界诱力或压力而学习的不良倾向,依靠外力是不利于调动学习积极性、主动性的。

至于发挥儿童创造性的问题,要从打好基础、提供机会、指出方向三方面着手。创造性是通过把从外界吸收的各种信息,重新加以整理组织而表现出来的。儿童大脑中贮存的信息越丰富,整理组织成各种形式的可能性越大;贮存的信息有限,发挥创造性就缺乏物质基础。发挥创造性需要有一定的条件,要给予幼儿对原有信息重新整理的机会,如果只要求幼儿按规定的模式作出反应,他不需要重新整理,只要搬用现成的模式,就不会积极地去检索贮存的各种信息重新加以组合,久而久之幼儿的积极性就会消失。因此要培养儿童从小能根据客观需要所提出的问题来思考,重新组合所贮存的各种信息来解决问题。

二、怎样发挥教师的主导作用

这里包括两个方面:恰当地运用教育内容和教育手段,具体地掌握幼儿的发展水平。

1. 教育任务是通过教育内容和手段落实到幼儿身上的

幼儿园教育的内容有八个方面,每个方面对幼儿又有一系列的要求,如何来掌握教育内容的分量和要求的程度呢?

(1) 把握学习最佳期。从长远效果来考虑,什么东西在什么时候学效果比较好。在目前可以总结我们的实践经验,参考国外的有关研究。例如,集体生活习惯、行为规则,在幼儿从家庭进入幼儿园集体时,要立即抓紧培养,这样做,不仅有利于这些行为习惯本身的形成和巩固,还有利于其他各项教育活动的开展。否则,任其养成不良习惯,改起来困难,也有碍于其他教育工作。再例如,观察能力、口语交际能力也应按照智慧发展规律尽早培养。至于那些需要通过逻辑思维来理解的知识,过早地教,往往会由于儿童的逻辑不同于成人而形成错误的概念,对儿童发展不利。而在学前期不学这些知识,对其成长不会有什么害处,当儿童的逻辑思维有了一定的发展时再学,就可能取得水到渠成的预期效果。

(2) 处理好教育内容各个部分之间的相互关系。幼儿智慧发展的过程是对周围环境的认识和感受逐渐扩大和加深的过程。幼儿通过各种感官、身体活动、与人交往的活动来形成对客观世界的认识、态度、思想、感情。吸取的信息,有的是在动作水平上,有的是在形象水平,有的是在语言水平进入大脑;有的是直接从现实生活中吸收,有的是间接透过艺术形象吸收。通过多种渠道、多种形式吸收信息,有利于形成比较全面的认识。客观世界是纷繁复杂的,幼儿只能在他已有的水平上来吸收其中某些内容。如果教师能根据幼儿智慧发展的水平,把客观世界复杂的内容中,儿童所需要并可能让他们吸收的信息重新加以组合,通过各种渠道使他们吸收,必将有利于提高教育效果。

幼儿园的教育内容分为八个方面,为的是让教师明确各方面的内容和要求,不致疏忽某一方面的教育。而在实际工作时,每一项活动既有所侧重,又很自然地结合着内容进行其他方面的综合教育。为了按幼儿认识的规律巩固加深幼儿的认识和感受,在实际工作中,很多有经验的教师围绕一个课题,从各个方面很自然地配合进行教育。例如,春天来了,带领幼儿到野外观察自然的变化,欣赏大自然的美景,学习描述春天的诗歌、故事,学唱赞美春天的歌曲,描绘春天的景象,等等。

教育纲要提出的教育任务要得到全面落实,就必须恰当地处理各部分内容之间的关系,分量恰当,有机结合,恰当地发挥各种教育手段的作用,把握各种手段的特殊作用,互相搭配运用。

幼儿对周围世界的认识和感受,还需要通过各种方式来反映认识,表达感情,从而达到检验和巩固的效果。反映认识和表达感情是把大脑中已贮存的信息重新加以组合,通过动作、形象、语言等不同的结合方式表现出来。同样的内容可以通过不同的方式表达,智慧发展不同的儿童,表达的方式也不同。在角色游戏、语言、音乐、美工等活动中都存在一个表达的技能技巧与表达的内容的关系问题。是引导幼儿积极主动地表达自己的认识和感受,还是要求幼儿按照教师的范例来模仿,在智力活动的深度上是不同的。前者是积极地重新组合先前贮存的信息,后者是机械地搬用现成的模式。当幼儿对周围事物有了一定的认识和感受,就需要具有一定的技能技巧来反映和表达,这些技能包括某些游戏技能、绘画技能、唱歌、舞蹈技能、口语表达技能。在学前期,掌握这些技能本身不是目的,而是为幼儿表达自己的认识和感情服务的。

此外,角色游戏和美术活动中,启发幼儿根据游戏的需要或节日装饰的需要,收集材料并自己动手制作玩具、装饰品等,对幼儿积极性、主动性、创造性的发挥都是很好的锻炼。

2. 了解所教幼儿的具体特点,有针对性地进行教育

(1)《幼儿园教育纲要》中列出3~6岁幼儿的年龄特点,提供了幼儿发展的一般规律。要使教育取得良好的效果,每个教师还需要用社会学的观点来分析了解自己所教的这个班的幼儿的一般特点和个别特点。从本幼儿园所在地区的社会背景、地理条件、风俗习惯、物产特点等各个方面,发挥当地优势,针对具体情况来向幼儿进行教育。例如,农村幼儿园发挥农村的有利条件,向幼儿进行热爱家乡的教育是值得提倡的。

(2) 对班上各个孩子的特点,包括行为习惯、性格特点、认识能力、思维过程、大小动作技能技巧等,教师需要通过各种方式进行了解,从而有针对性地进行教育。一般说来,教师对幼儿行为习惯上的缺点比较注意,这是很重要的,而对认识能力,特别是思维过程,以及情感方面特点的了解往往不够重视。对幼儿各方面的了解,并不一定需要设计专门的测查活动,而可以利用课内课外的活动进行有目的的观察。上课时可提供某些材料,让幼儿自愿地表达自己的认识,教师在旁观察,在了解情况的基础上加以引导,调动每个孩子的学习积极性、主动性。例如,在听音拨珠的计算活动中,孩子们拨珠的方法各不相同,反映了不同的思维过程。教师可以让孩子说出各自的想法,进行讨论并找出最有效的方法。还可以编制各种有规则的游戏,让孩子们在玩的过程中,反映出各自的动作技能、操作能力、思维和语言的能力等,教师可以从中了解孩子,孩子们又得到了自我练习及相互学习。这就是寓教育目的于各种游戏的内容和规则中,使幼儿尽可能地、主动地玩这些游戏,既培养了幼儿的主动性、独立性,又可以把教师的精力转向观察和了解孩子。

教育要面向全体儿童,就要了解每个孩子的具体情况,诊断智慧发展方面的"消化不良"和"吃不饱"的现象,有针对性地进行教育。目

前我们需要把教研活动的注意重点从教师的"教"转到幼儿的"学",针对具体班级幼儿的具体情况来研究"教什么"、"怎样教"。通过教师的主导作用,来发挥儿童的积极性、主动性、创造性,使幼儿真正成为学习的主人,其目的是提高教育工作效率,更好地完成学前教育的任务,为造就一代新人打好基础。

注:摘于教育部初等教育司编:《幼儿园教育纲要实施经验选集》,
人民教育出版社,1984年版

幼儿园教育中的人际互动
——保教目标向幼儿发展转化的关键

  幼儿园的课程是落实《幼儿园工作规程》的中介。中介的意思是,通过课程的设计和实施,将《规程》提出的保育和教育的主要目标,结合本园实际,落实到幼儿身上,促进他们身心各方面的发展。设计课程是指根据保教主要目标,结合本园教育的指导思想和幼儿发展实际,制定本园教育目标和幼儿发展目标,进而确定课程内容,然后将目标和内容整合、分解,转化为教师可操作的日常教育教学活动。实施课程是指将设计好的活动通过教师的教育教学实践在幼儿身上产生积极影响,促进其发展。这是保教目标落实到幼儿发展的过程,称为幼儿园课程目标向幼儿发展转化的流程。

  在整体流程中,对幼儿发展产生实际影响的是日常教育教学活动中教师与幼儿的交互作用,即师生互动。在接受《学前教育》记者采访时,我曾提出"师生互动"是幼儿教育面向21世纪重要的研究课题之一[1],在本文中把"师生互动"改为"人际互动",原因有二。

  其一,在开展托儿综合教育课程的总结和研讨时,南京市如意幼儿园的园长和托班教师特别强调:若是在活动设计中注意为孩子们

---

[1] 详见《学前教育》,1999年第1期。

提供不同层次的操作机会,则在实施过程中,孩子之间的相互作用所发生的积极影响,有时还超过教师直接指导的效果。

其二,今年三四月间,我陪同深圳市华侨城幼教中心马荣校长到美国访问考察后,进一步体会到我国的幼儿集体保教的优越性,其中重要的一点是"人际互动"的形式多样、内容丰富,对幼儿的社会性发展特别有利。

当然,人际互动中的集体与个体互动、同伴互动、亲子互动、教师及其他成人与孩子的互动等,都要通过教师的主导作用才能充分发挥其作用。

一、我国幼儿园集体保教中人际互动的特殊作用

关于我国幼儿园集体保教中人际互动的特殊作用,我们是在借鉴国外理论研究托儿教育的过程中体会到的。受到人类发展生态学关于"社会生态环境影响人的发展"的启发,我们运用"生态变迁"的论点来思考儿童从家庭(第一个微观系统)进入托班集体(第二个微观系统)所面临的环境变化,并设法帮助儿童顺利地适应变化,从而促进他们的发展。从构成微观系统的三个要素(活动、角色、人际结构)来看,从家庭生活进入集体,儿童直接参与的活动及所处的角色地位都有明显变化,而人际结构的变化对儿童的影响尤其值得重视。人际结构是指一个人在某种环境中建立的各种人际关系所形成的整体结构,由人际关系的多样性和协调性两方面构成。人际关系多样而协调,人际结构就丰满,对儿童社会性发展就有利。人际关系单一,则人际结构单薄;人际关系复杂而不协调,则难以形成整体结构,它们都对儿童社会性发展不利。

从儿童社会化的角度看,20 世纪 80 年代以来,发达国家的家长都重视为孩子创造与同龄伙伴接触和交往的条件,以弥补一家一户生活环境的不足。例如,英国的一些家庭妇女自发建立的"游戏小组",20 世纪 80 年代初得到蓬勃发展,并形成了全国颇有影响的"游戏小组协会"。在我国,从革命战争年代到新中国成立以来,对幼儿进行的集体保教,为培养一代又一代社会主义建设人才奠定了重要基础。改革开放以来,随着幼儿保教观念的更新,集体保教的优势越来越明显。

我国的托幼机构以全日制为主要形式,为幼儿承担了8小时以上的保育和教育,同时为双职工家长参加工作、学习提供了便利条件。幼儿每日在园所生活的时间长、活动内容丰富、人际交往机会多,对幼儿适应集体生活环境有很大好处。与发达国家和地区的保教机构相比,其优势是很明显的。

从人类发展生态学的角度分析,孩子们从家庭来到托幼机构,就进入了一个集体与个体互动的教育环境,这是从家庭走上社会的第一步。这种集体生活环境对孩子们的教育影响是整体性的,可使他们自然地形成一种"大家这样做,我也这样做"的意识而主动地去适应环境,不是被动地服从成人的安排。我们发现,2岁的孩子也能愉快地接受常规教育,形成一定的规范行为,而并没有什么受束缚、受压抑的表现。这是符合托儿身心发展规律的。由于动作和语言的发展,孩子到2岁左右会对单调的家庭生活环境感到不满足,尤其渴望与同龄伙伴交往,托幼机构的集体生活恰当地满足了这种发展需要。正当孩子们进入新的生活环境,感到不知所措时,合理的生活常规为他们提供了一套自理生活、操作物体、人际交往的办法,帮助他们顺利地适应新环境而获得成就感。因此,孩子们表现出积极、愉快、自信,对待生活常规就像每天要吃饭、睡觉那样自然。

合理的生活常规为幼儿之间的互动创造了有利条件。由于孩子们都知道在"什么时候做什么事,该怎么做",彼此间很少发生争吵。即使出现一些矛盾,也很容易协调解决。孩子们都懂得,有些事在家里可以随意做,比如想玩什么玩具就玩,玩多久都可以,在幼儿园就不行,这是因为幼儿园人多、地方小,玩具要大家商量着玩。另一方面,集体生活中丰富多样的活动内容,对孩子们有很大的吸引力,可激发孩子多方面的兴趣。特别是在游戏中,即便为幼儿提供了在一定范围内自由选择的机会,孩子在做出选择时也往往需要考虑自己与玩具的关系,自己与同伴的关系等。入托第二学期的孩子在自选活动中经常会端着椅子,观望四周,然后选定位置坐下玩。这说明孩子们在集体生活的影响下,逐渐学会协调自己与环境的关系。这样的经验是家庭生活中难以获得的。

尤其令人欣喜的是,在集体教学、自选游戏或生活环节中,只要教师重视为每个孩子提供表现各自发展水平的机会,就能使所有孩子在活动中各得其所,并激发孩子互相模仿、互相启发、互相促进。在我们先后开展过托儿教育研究的六个班中,每班都有三十几个孩子,却只有两位教师(没有保育员),孩子们很多方面的发展是在同伴互动中自然获得的。这对我们进一步研究通过集体保教开发幼儿潜能有很大启发。

二、怎样面对每个孩子进行师生互动

关于幼儿园教育中的师生互动,论述的文章较多。本文只想根据在托儿教育研究中获得的经验,谈谈在孩子多、教师少的情况下,怎样面对全体中的每个孩子进行教师和幼儿的交互作用。

教师针对每个孩子的发展水平给予个别指导,可分直接指导和间接指导(在对某个孩子直接指导的同时,有意识地影响其他孩子)。两者互相配合,可节省时间,提高效率。教师要恰如其分地指导每个孩子,促进其发展,首先要熟悉课程中的幼儿发展目标,对其各个方面、各个层次的要求做到心中有数;同时,根据发展目标观察每个孩子,了解其发展现状。其中重要的是观念的更新——从以直接"教"为主,转变为先观察后指导。在设计活动时,除了每日5~15分钟的集体教学以外,要根据幼儿的发展目标,提供不同层次的操作机会,以促进不同水平的孩子主动地与环境交互作用。主班教师着重全面观察、了解一般发展情况,配班教师着重观察、引导、指导发展较差的孩子。例如,在搭积木的自选活动中,教师发现孩子们喜欢把木块堆砌得严严实实,越堆越多,好几天没有进展,就帮助一个孩子用三块积木搭座"桥"(教给"架空"的技术)。孩子们受到启发,建筑物的造型逐渐多样和复杂化,搭建技能也有所提高。又如,在户外玩球活动中,孩子们人手一球,可有滚、踢、抛、接、拍等不同层次的玩法。教师来到玩球动作发展较好的孩子中间拍球,有几个孩子就跟着学,逐渐地,学拍球的孩子越来越多。到学年末，所有孩子都能连续拍几下、十几下、几十下以至几百下不等。他们顺应各自的发展步伐自主地参与，逐渐地达到发展目标。

在每日一次的集体教学中，教师都面向全班幼儿进行直接的交互作用。在互动过程中，教师应尽量使预先设计的活动适应孩子们当时的反应，而不应刻板地执行教案程序，抑制孩子参与的积极性。集体教学活动的目标，是不可能要求全班每个孩子，在短短的十多分钟内都达到的，因此，必须有自选活动配合，使孩子们有充裕时间按各自的发展特点逐渐达到。例如，阅读《婴儿画报》是托班孩子们的一个特殊爱好。每期画报送到后，教师就组织幼儿集体阅读。教师按规定朗读画报名称和故事名称，然后边翻书页边读原文，应孩子的要求读两三遍。读过的画报都插在图书角墙上的布袋里，每日午餐前教师带领全班重复朗读。孩子们开口跟读的程度可按不同发展水平而异。每日早晨自选活动中，孩子可按各自兴趣在图书角边翻书页边"读"，有的每页说几个字，有的说出大意，有的能全文朗读（实际上不认识字）。他们各读各的，互不干扰，却互相影响，互相促进。到年末，所有孩子都能朗读8本。显然，这不是老师一个个"教"会的，而是在伙伴互动中自然学会的。

幼儿园里的亲子互动虽然时间不多，其作用却值得重视。现在较普遍的亲子活动有专为家长举办的半日开放活动，节日亲子同乐的游园、郊游、艺术创作、运动会等。它们可以使家长更好地了解孩子在集体中的发展情况，同时在亲子间建立起一种与家里不同的人际关系。这种关系更有利于家、园配合，形成协调的整体影响，从而提高亲子互动、师生互动的效益。

此外，幼儿园也可利用家长的人力资源组织教育活动，例如杂技演员家长为孩子们表演节目，消防队员、警察家长为孩子们演示消防训练和交通指挥，解放军爷爷或叔叔讲述"当兵"的故事，飞行员伯伯送来飞机模型画册等。这些都有利于丰富活动内容，扩展幼儿的兴趣和知识，提供更加广泛的人际交往经验。幼儿园接待国内外友人参观访问，对孩子们的社会性发展的积极影响也是很明显的。孩子们能在众多的陌生人面前自如地开展日常活动，这种人际互动即使没有太多的直接交往，也是有益的锻炼。

上述种种人际互动的作用之所以能对幼儿的发展产生积极的整体教育影响，其核心力量是园长和全体保教员工在对幼儿的保教实践中形成的互相尊重、信任、合作、协调的集体凝聚力。它为全园的成人和孩子营造了一种使每个人都得以发挥其潜能的心理环境，是幼儿园得以持续发展的生命源泉。

注：发表于《学前教育》，1999年第11期

人际互动真情

幼儿园教师、员工在对幼儿的保教实践中形成互相尊重、信任、合作的风尚，促进人际互动，显露真情。幼儿从中学会交友、交际，提高自理、自律能力。

用"眼"交流 用"心"对话

人际互动是指人与人之间的相互作用，包括有意识的互相交往和无意识的互相影响。人际互动是人类社会发展的基本动力，也是每个社会"细胞"（家庭、幼儿园、学校、商店、工厂……）运转的动力。家庭人际互动包括夫妻互动、亲子互动、祖孙三代互动以及这几代成员（或称"角色"）构成的集体与每个成员的互动。家庭人际互动顺畅，则家庭生活和谐，成员感受幸福；家庭人际互动不顺，则家庭生活不和，成员遭受不幸。幼儿园或学校的人际互动包括保教人员（教师）与幼儿（学生）的互动、幼儿之间的互动、园校领导与员工的互动、员工之间互动、园校工作人员与幼儿（学生）家长的互动以及这几类人际互动构成的集体与每个成员的互动。园校人际互动融洽，则机构凝聚力强，精神文明质量高；园校人际互动不协调，则机构运转障碍多，整体效益

差。由此可见，每个人一出生就成为某个社会细胞的成员，在人际互动中生存和发展，随着年龄增长而进入多个社会细胞，经历多种人际互动。因此我们觉得对人际互动规律的探讨关系到每个人的健康成长和每个家庭、园校以及其他社会机构的良好运转。我们在这里提出营造"人际互动真情"这个话题，也就是想供马荣教育机构全体成员（包括员工和家长）在互动的实践中发挥潜能，为创建"集团文化"作出努力。

我们的《桃李苑》上有篇文章"用心与孩子对话"受到广东省教育导刊的青睐，转载卷首页，可见文章道出了"教育真情"。我们受到启示，作了扩展，把"用'眼'交流"和"用'心'对话"作为"人际互动真情"系列思考的起点。

在家庭人际互动中我们把亲子互动定为基点，在园校人际互动中把师生互动定为课程教育的基点，把领导与员工的互动定为管理方面的基点。从而把成人与孩子的互动和领导与员工的互动作为本文讨论的主题。在成人与孩子的互动中，孩子是主体，成人是主导。这就是说，亲子互动、师生互动的目的是促进孩子自主发展，无论互动由谁发起互动的质量应由成人负责。在领导与员工的互动中，员工是主体，领导是主导，领导是为员工服务的，因此互动的效果应由领导承担。互动双方的角色位置确定了，才能弄清双方的角色任务，从而进入互动过程的探讨。

用"眼"交流用"心"对话的含义是：（1）人际互动首先是情感交流，人的眼睛情感反应最灵敏，眼睛"说"的是真心话，口有可能说的是假话；（2）人际互动中说话要发自内心真情，用"心"对话，交流就会顺畅。要做到这一点首先是尊重对方，亲子互动、师生互动中强调成人尊重孩子的自主发展权利；领导与员工互动中强调领导尊重员工的个人发展和角色任务的权利。这是我国当前实现民主平等人际关系需要更新的基本观点。父母、教师尊重孩子就会蹲下来看着孩子的眼睛，用心琢磨孩子的心情与需求，不再站着指手画脚；园长、校长尊重员工就会与员工面对面坐在一起，耐心倾听细心交流，不再任意指责以势压人。尊重对方才能得到对方的尊重,尊重对方自然受到对方尊重,这是客观规律。从尊重出发用眼交流用心对话,这是营造人际互动真情的起点,让我们共同在实践中检验,在互动中体验,把人际互动的真谛揭示出来。

让孩子学会交朋友

善于与人交往是面向21世纪人才的重要素质之一。

近年来,住进高层大楼的家庭越来越多。过去,一跨出家门,几家的孩子就玩在一起了,甚至还端着饭碗串门。现在变成独门独户关在一个单元里,加上屋里往往有自己的小天地,又有电视节目可随时收看,孩子们逐渐地习惯于"独处",懒得外出与别人打交道,因而失去了不少人际交往的机会。这种情况对一代新人的培养是不利的。

根据对人才素质的研究,聪明并不是成才的主要因素,待人处世的态度和能力在很大程度上影响着一个人的聪明才智的发挥,而人际交往的能力是在与人交往的过程中培养的。孩子正是在与各种不同的人打交道的过程中,渐渐地形成了待人处世应有的态度,提高了这方面的能力,并从中体验到人际交往的乐趣。

如今的家长往往为了孩子免受"欺侮"而尽量不让孩子外出与邻居玩。孩子们在一起玩,或由于社交技能缺乏,或由于不会体谅别人的感情,或由于意见不一致,甚至有的大孩子要使唤小的孩子,以至产生种种矛盾。要学会互相谅解,使同伴关系得到协调。

让孩子学习交朋友,需要家长为他们创造条件,给予引导。我的外孙女中中上幼儿园时,有个同班小朋友住在同一个院子里,我们让她们在周末或假日你来我往地交朋友。我们先教孩子向朋友发出邀请,约定日期时间(几点到几点,约1至1个半小时),和孩子一起商量安排玩的地方,讨论怎样有礼貌地招待朋友,怎样与朋友分享玩具和食品等。中中应邀到朋友家去玩时,我们先和她讨论怎样有礼貌地做客,要尊敬朋友家的成人,不随意动人家的东西,按时告辞回家。这样,在双方家长的关怀下,孩子们经过一段时间的互访同玩,学习了交往技能,体验了交友的快乐,培养了人际交往的积极情感。

让孩子在所住的院子里与邻居玩,情况要复杂一些。孩子们的年龄各异,家庭教养不同,矛盾会更多。如果家长都能从让孩子学会交往的角度出发,做到与人为善,互相谅解,这对培养孩子们的交往能力无疑是很有益的。20世纪60年代,一位母亲对我说过这样的话:"孩子们在院子里玩,有人上门来告状,我从不轻易责备或护着孩子,一定要听孩子说清事实,若是自己的孩子错了,就一起上门道歉,若是没错,就设法向对方说明。所以孩子在外面闯了祸或受了气都能回来直说。"我觉得这位母亲的态度,对当前独生子女家长来说是可以借鉴的。

孩子们在一起玩时会发生一些意外事故,家长们要互相谅解,抓紧教育。中中4岁半时,下楼与比她大三四岁的小学生玩,那几个男孩很喜欢她。一天中午中中回来时神色慌张,吞吞吐吐地说:"周家哥哥流血了。"我们问:"是不是你砸伤的?"她父亲立刻下楼追到医院,小周正在父亲陪同下处理伤口。我问中中是怎么回事,有没有吵架,她也说不清楚,只说没吵架,她在玩石子,扔了一下。我们随即带中中去买了鸡蛋、奶粉,上门道歉。小周友好地说:"没事,中中不是故意的。"他父母说,孩子们在一起玩,失手碰伤是难免的。我们与中中约定,往后一星期里,每天从幼儿园回来后都要去探望周家哥哥,并且不吃棒冰,把钱省下来给哥哥买营养品。我们这样做并不是惩罚,而是让孩子懂得应该对自己行为的后果负责。由于这次事故得到正确的处理,不仅没有影响孩子们之间的友好交往,而且使成人、孩子都从中受到了教育。

培养"专注"能力

"专注"是指专心做事,也就是集中注意对自己手里的事全心投入,是出于兴趣所激发的内部动力,而不是由于外部的压力(强加的任务)或诱力(奖赏、表扬)。这种专注在婴幼儿摆弄玩具、做游戏、学习自理生活,学生玩电脑、做实验,科学家探究难题,许多人热情为他人服务等活动中都表现出一种"入迷"状态，能抗拒干扰，坚持不懈，直到自己满意，获得成就感，这是孩子和成人专心做事的共同特点。不同的是孩子的专注是被做事过程所吸引，例如两三岁的孩子玩米、玩水，用大大小小的瓶罐倒来倒去不愿放手，四岁的孩子晚上玩拼图（40块），困得睁不开眼也要拼完；成人的专注是出于达到一定的目的而在做事过程中激发出内在驱动逐渐成为一种稳定的素质，不仅仅是为了完成工作任务，更不是追求当发明家、劳动模范等等。

专注能力是怎样形成的？婴幼儿是在摆弄操作物体中形成专注，成人是在实践中形成专注。孩子在摆弄玩具、实物时，多种感官和双手互相配合积极探究物体的特性、发现物体之间的关系、尝试用手的动作改变物体的状态等等，使多种信息进入大脑，激发脑内活动，在手与物体交互作用的同时，脑部神经发生连接对信息进行加工，这就是动手动脑带来的兴趣和愉悦，促使孩子自然地把活动持续下去。1岁半到3岁的孩子喜欢用手指捏、抠、掐、戳等，这是肢体发展和大脑发育的需要。蒙台梭利看到一个小女孩捡洒在地上的面包屑，但不放进嘴里而是不停地用手指拈，从中受到启发而设计出多种动手操作的玩具用来促进婴幼儿多方面的发展。开学初我到几个幼儿园的小小班去，发现孩子们到处跑坐不住，老师们抱了这个又拉那个忙不过来，就建议让孩子们自选玩具坐下来玩，孩子们开心极了，情绪很快稳定，紧张气氛也缓和下来。八年来研究托班教育的经验告诉我们，让孩子们有充分的时间摆弄操作自己感兴趣的玩具、实物，对稳定情绪、集中注意、坚持活动等有很大帮助，并且对后来专注能力的发展有明显作用。

培养"专注"能力的另一种活动是给孩子们朗读图书。成人边翻书页边读文字，让孩子们边看图边听读。朗读故事比随口讲故事对孩子们的吸引力更大，那是文学作品的魅力。托班孩子通过集体听读跟读，个人随意读，按原文读（不认字），专注能力得到发展，养成了爱护图书，能看懂图画意思，喜欢自言自语讲读等良好的阅读习惯。

在家里，成人可以利用晚餐后孩子上床前的时间一起玩操作游戏或朗读图书，既可培养专注能力，还可营造温馨的环境促进亲子交流。

同时还要重视帮助孩子学会操作自己所有的玩具,学会看自己所有的图书。若是孩子只是为追求"新鲜"而买玩具图书,或因玩具图书过多而难以集中注意,就失去了玩具图书的教育作用。希望家长抓紧孩子上学前的时间培养专注能力纠正注意力涣散的不良习惯,为顺利进入学校完成学习任务打下重要基础。

注:这里选辑作者在《桃李苑》(1999~2002年)发表的几篇文章

调节情绪和情感教育
——怎样帮助孩子学会控制情绪

　　愉快的情绪对孩子各方面的发展有良好的促进作用,有助于形成活泼开朗的性格,为终生发展打下重要的基础。偏重智力发展忽略情感教育可以说是我国儿童教育中的一个误区。实际上儿童的情绪对他们的自我感觉、人际交往、身体健康、认知发展等都有重要影响。有一项科学实验,对一群幼儿进行十多年的跟踪研究,发现4岁时能不能克制冲动抵抗诱惑,十多年后他们在情绪控制和社会性能力方面的差异很大。能抵制诱惑的那些孩子到青少年时期,社会适应能力较强,较有自信,人际关系较好,能积极迎接挑战,面对困难不轻易放弃,在追求目标时能克制冲动。中学毕业评估时,他们的学习能力较强,包括语言表达、专注、学习意愿、制定和实施计划等都较好。入学考试成绩普遍较优。那群幼儿中有三分之一冲动型的孩子表现与上述情况相反,当时最不能克制自己的孩子后来的表现最差。实验说明,克制情绪冲动有利于智力和社会性的发展,也说明经过培养4岁的孩子能够做到控制情绪,这就是情感教育的效果。

　　情感教育什么时候开始?首先要了解婴幼儿情绪发展的特点,这与人脑的发育有关。人脑主管情绪的叫"情绪中枢",包括两个部位:(1)杏仁体是产生激情的源泉,位于脑干之上,像两个杏仁分居脑部两侧。人脑的杏仁体比任何其他动物的都大,人类情感也特别丰富。

人类的杏仁体发展较早,出生时已接近成熟,因此婴儿的情绪发展快,反应强烈。(2)前额叶是情绪管理员,它是大脑皮层的一部分,位置在额头后面。它会调节杏仁体的冲动控制情绪反应。但大脑皮层发展比杏仁体迟,前额叶在接近1岁才逐渐发展,到2岁开始发挥作用。情绪中枢的这两个部分是怎样相互作用的呢?从外界传入的感觉信息,使杏仁体受到刺激很快作出反应,但进入大脑皮层的感觉信息却要经过意义分析,才通过前额叶做出恰当反应。当杏仁体受到刺激而前额叶还来不及发挥作用时,就会使情绪失控。情感教育就是帮助孩子学会调节自己的情绪,对环境中的人、事、物作出恰当的情绪反应。因为人不可没有激情,人更需要控制冲动,培养情感智能。

怎样进行情感教育?首先要给婴儿愉快的情绪经验。人们往往认为,婴儿听不懂别人说话,对他进行教育没有用。实际上,周围成人对待他的情感态度以及成人相互交往时的情感态度对婴儿的情绪发展会产生重要影响。由于婴儿的杏仁体发展快,父母之间、亲子之间的情绪经验会进入脑部印刻在杏仁体内成为以后情感发展的基础。这就是说,当儿童受到外界信息刺激时,他首先用婴儿期获得的情绪模式作出反应。因此,父母相亲相爱,对孩子温和亲切,孩子往往情绪稳定,心情愉快;父母感情不协调,对孩子急躁,孩子情绪也容易波动。婴儿时期情绪创伤的经验若不及时补偿,可能会影响终生,因当时语言尚未发展,后来也无法表达。

从我国当前一般婴幼儿的情绪环境来看,帮助孩子及时摆脱对亲人的情绪依恋和生活依赖,可以说是情感教育的重点。而进入托幼园所参与集体活动是帮助孩子摆脱依恋和依赖的有利条件,这是我国集体保教的优势,可以充分发挥它的教育作用。孩子发展到2岁左右,已能独立走动,能自主地用口语表达需要,产生与同龄伙伴交往的意愿,对家庭生活内容感到不满足,往往表现出"不听话"(不服从成人的呵护)、"犟"(坚持自己的主意)。这是儿童心理发展的新阶段,需要获得"自主感"。从情感教育的角度看,这正是帮助孩子学会调节自己情绪的良好时机。

人类发展生态学家对人的行为与环境的关系进行研究提出,改变人所处的环境可以改变人的行为。我们运用这一理论中的"生态变迁"观点,利用幼儿2～3岁从家庭进入幼儿园集体的时机帮助他们摆脱对家人的过分依恋和依赖,比较顺利地度过"入园关",愉快地适应集体生活,为培养活泼开朗的性格打下基础。我们八年来研究幼儿入园教育的效果说明了这一点。生态变迁对幼儿的影响是:进入集体生活在社会角色、日常活动、人际交往几方面发生了变化,对孩子提出了新的要求,在成人帮助下孩子会自主地去适应这种变化从而得到了发展。

孩子在家里是这个小社会的"中心人物",周围的人都为他服务,他的生活由别人照料,他的需要随时能得到满足,形成了"自我中心"的意识,这是很自然的。进入集体生活,他首先要懂得老师不是照料他一个人的,许多像他那样的孩子需要老师帮助,他必须学会自己料理生活,需要帮助时自己找老师,玩具要大家一起玩、轮流玩,什么时间做什么事要听老师安排等。实际上这些简单的道理2～3岁的孩子是能够接受的。只要家长和老师密切配合,合理安排入园阶段的日常活动,既有丰富有趣的活动内容又有明确合理的活动规则,孩子们能比较容易地形成"玩具大家玩"、"自己的事自己做"、"大家干什么我也干什么"等集体行为意识。在这个过程中,孩子们逐渐形成了集体成员的意识:"我们都是小一班的小朋友";形成了新的人际关系:"上幼儿园不找妈妈,有事找老师帮忙";形成了独立自主的活动能力:"我会自己吃饭","玩具玩过要收好";建立起同伴关系:"我们两个一起玩油泥"、"你切好给我切"(用玩具刀切油泥)。孩子们逐渐地学会控制不合理的情绪表现,学习关心成人(妈妈要上班,老师要做事,我自己玩);学习体谅同伴(他也想玩这个玩具我就让他玩玩)。起先,孩子们确实需要作出努力来控制自己,经过一段时间形成了习惯,就容易做到了。那就是"习惯成自然",他们会懂得"上幼儿园就该这样做",不但自己能做到还会劝说新入园的同伴:"不要哭,吃过饭睡过觉,妈妈会来接你的。"在集体生活中孩子们之间的相互作用很重要,他们在不知不觉中互相模仿、互相学习,在互相交往中共同发展。

然而，摆脱依恋和依赖在入园初期不但孩子有困难，对家长也是一次"挑战"。孩子出生以来两三年，整天为他忙碌，一旦离开，家长会产生"失落感"。因此家长需要调节自己的情绪，因为家长的"焦虑"会使孩子情绪不安宁，在新环境中定不下心来也就难以适应。我们的经验是：孩子入园前老师先家访与孩子交朋友；家长带孩子到幼儿园"做客"或参加"亲子活动"，熟悉环境及幼儿园生活；然后分批入园，每批10～12个孩子，便于老师照顾，也使先入园的孩子带动后来的。在十天内三批孩子先后入园，半个月内集体情绪稳定，个别尚不适应的若有哭闹也不会影响集体活动。

这时家长要特别注意的是：在情绪上信任孩子，信任老师；在行动上与幼儿园密切配合。早上入园放下孩子就离开，切勿张望犹豫，家人走了孩子就定心了；傍晚回家切勿问："哭了没有？""吃饭了没有？""睡觉了没有？"（可向老师了解这些情况）可对孩子这样说："宝宝长大了，上幼儿园了，真能干！"既是信任，又是鼓励。若是孩子吃不好，睡不安，也是正常的，几天挺过来就适应了，千万不可迁就孩子"不上幼儿园"。有的孩子第一次上幼儿园三天不适应就不上，过半年、一年后再上另一个园适应更困难，因为受到前一次的负面经验的干扰。家长必须控制自己帮助孩子过好"入园关"，使孩子在情感发展的征途中跨上一个台阶，为以后抵抗挫折打下基础。

婴幼儿时期良好的情绪经验对孩子们的智能发展和社会性发展有很大促进作用，因此情感教育是早期教育的重要内容，广大家庭和幼儿园已经开始重视，必将为提高幼年一代的整体素质作出贡献！

注：2002年3月8日成稿于深圳

婴幼儿潜能开发

顺应发展规律　进行早期教育

1995年的到来,使我们距离21世纪的门槛又趋近了一步,同时也对我们广大家长和教育工作者提出了更严峻的挑战。90年代前夕,《面向21世纪教育国际研讨会》向我们发出"学会关心"的呼唤已经五个年头了,"夏令营中的较量"激发起来的万千思绪余波未尽,要求我们从提高人类素质的角度来考虑每个婴幼儿的发展,而且要在"促进每个幼儿在原有水平上发展"取得实际效果。这是一项既要有理论指导又要有实践措施的整体工程,也是关系到每一个成人和每一个幼儿的紧迫而具体的任务,这里需要一个将教育目标落实到促进每个幼儿发展的具体化的过程。

将教育目标落实到幼儿发展,促进幼儿发展使其达到教育目标,是一个双向转换的过程:教育目标⇌幼儿发展。随着幼教改革和发展的逐渐深入,近年来我们的探索已经触及"教育目标⇌幼儿发展"这个既重要而又棘手的问题,即"怎样使教育目标能够落实到每个孩子的发展上,怎样使每个孩子的发展能够实现教育目标",这里包含着教育的全部工作内容。

一、教育目标和幼儿发展的关系

首先要弄清的是,教育目标与幼儿发展的关系。每一个幼儿都是一个发展着的个体。他的发展既遵循一般的规律,又表现出他自身独一无二的特点。每个幼儿都生活在一定的社会、经济、文化背景中,作为社会的未来成员,他的发展又必须受到所在社会对人才要求的制约。人们往往把社会要求与个体发展需要放在相互矛盾的对立面来考虑教育问题。

其实，从理论上说，社会要求制约的是个体发展的方向，至于怎样达到社会的要求，则要顺应个体发展的规律和特点，因势利导。

比如，让两个1岁的孩子走到一起，他们两个或其中的一个伸出手去触摸对方的脸，这是很自然的。这时，成人怎样"解释"他们的这种动作，就渗透着社会的行为规范。有的说："摸摸弟弟的脸，友好，友好！"或说："伸出小手跟姐姐握握手！"有的则说："打他！"并拉着孩子的手去打对方，或对被触摸的孩子说："他来打你了，你也打他！"婴幼儿对同龄小伙伴发生兴趣是发展规律，而这个年龄的孩子对新鲜的事物、现象和人首先作出的反应是用动作去"探索"，没有什么特定的意图。正是成人的"解释"给孩子这种出于好奇的触摸灌输了社会的意图："握手"是符合社会要求的，"打人"是不符合社会要求的，都打上了社会性的烙印，成为日后孩子用手与人交往的基础。类似的"第一次"经验在孩子出生后的两三年中会遇到无数次。成人若是随时注意因势利导，给予符合社会要求的解释和强化，就能使孩子的行为沿着符合社会要求的方向发展。第一次伸出手来是握手还是打人，对孩子来说，同样容易做到，同样会留下深刻的印记。只有当他已经学会了打人以后，再要求他改为握手，才会发生困难。有一位家长深有体会地对我说："抓住第一次，以后就好办了，婴幼儿时期是家长最能发挥作用的时候。"

不久前，我参加一个孩子的周岁家宴。孩子坐在她父亲怀里伸手要拿桌上的茶杯，父亲严肃地说："不能拿！"随后，那位父亲说："有时我故意不拿开茶杯，让她知道什么东西能动，什么不能动。其实，不是孩子不懂我们，是我们不懂孩子。我们总以为孩子什么都不懂，不教她，以后就麻烦了。"孩子的母亲说："我不怎么抱她，让她坐在学步车里，面前放一堆玩具，我做我的家务，她能独自玩好一会儿。"这两位家长确实抓住了孩子发展过程的两个关键：辨别是非，教她什么事可以做，什么事不可以做；培养独立性，让她积极主动地与多种物体相互作用而得到满足，不是被动地依赖成人逗引而取乐。后者是满足孩子发展的需要，前者是把握孩子发展的方向。

一个刚学会独立走路的孩子,往往会给成人带来不少的烦恼。对孩子来说,以前是躺着、坐着、被人抱着,现在能自己走动了,想到哪里就有可能到哪里。有许多新鲜的事物涌现在眼前,许多有趣的情景可以去探索。至于什么事情可以做,什么东西不可以动,对他来说毫无意识。可是对成人来说,在多年安排得好好的空间里闯进这么个"无孔不入"的家伙,什么都给打翻了,拆坏了,有条有理的秩序全给搅乱了。这里出现的确实是幼儿个体发展的需要与社会要求的行为规范之间的矛盾。

为了防止孩子"闯祸",不让他"乱摸",就把他抱在怀里。孩子不服,争着要下地,成人就想方设法给他逗乐,把他稳住。渐渐地孩子适应了成人怀抱这个安乐椅,习惯于一切由成人包办,刚刚萌发的人生道路上最宝贵的积极主动的精神,就这样在成人"好心"的防卫下夭折了。以后还得反复蒙受"懒惰"、"胆小"、"无能"等谴责。若任其自由发展,孩子自发的好奇所产生的探索需要或许能得到暂时的满足,但同时可能出现的不符合社会要求的效果(破坏性行为),却因未能得到及时的控制而造成"任性",到那时孩子真正的发展需要也未必能得到满足,因而对进一步发挥发展的潜能带来不利的影响。

二、为孩子创设一个自由活动的小天地

根据以上提出的把握发展方向和满足发展需要的原则,可以这样处理两者之间的矛盾:随时为孩子创设一个有一定范围的可以自由活动的小天地。例如,在室内,可在某个房间的一个角上铺一块地毯(夏天用草席,冬天用旧布旧棉絮缝制便于拆洗),旁边放着可以储存各类玩具的小桶、小篮、大纸箱等。孩子可以在地毯上随意玩,玩过以后分类收拾好。若到室外庭院里或公园里玩,可以带几件适合的玩具,划定一个范围让孩子自由活动。在任何情况下都要让孩子手上有东西玩,满足他动手的需要。同时要划定活动的范围,使他既能享受到有限度的自由又能适应社会的行动规范。苛求孩子空着两手坐等是不合理的,放任孩子随意行动是无益的。尤其是到比较陌生的地方,例如,出外旅游,到医院等候看病,到父母工作场所,都要让孩子带

上心爱的小玩具和熟悉的小图书,以便随时能较快地安静下来,不致因环境新异而导致兴奋过度,出现难以控制的行为。从小给孩子有限度的自由,使他经常得到满足的机会,同时形成遵守规则的意识,就可防止在失去外力控制时出现"无法无天"的现象。这对孩子在日后成长过程中,适应不断变化的社会生活将是十分有益的。

孩子们进入托儿所或幼儿园,往往会引起较大的情绪波动,有的甚至会造成长时间的不愉快。怎样才能使孩子过好入托、入园关,这是多年来存在的一个问题。孩子在家里能享受到有限度的自由,往往表现出积极、愉快的情绪和活泼、开朗的性格。当他们进入托幼机构以后,随着社会要求的不断提高,这种积极愉快的情绪是否有可能继续保持,并在此基础上使各自的个性能得到发展呢? 在1993年秋季,我和附近的一个民办幼儿园合作,共同探讨两三岁幼儿的托班教育,重点是从家庭生活向集体生活的过渡。托班是幼儿进入的第一个集体,过渡得愉快,为日后适应各种集体生活打下基础,留下积极的印象。对成人来说,适应集体生活表现在两方面:积极参与集体活动和遵守集体规则。对托班的幼儿来说,也是这样,只是在"活动"与"规则"的关系上按两岁孩子的发展特点来处理。

"集体活动"界定为"和大家在一起可以各做各的","规则"是根据活动的需要制定,不强加不必要的约束。一天的活动中,室内室外多次交替;孩子们进进出出不要求排队;听到信号(用小铃,悦耳的轻声有助于保持秩序),动作快的跟着老师先走,另一位老师照料其余的慢慢跟上,走到门口路窄的地方要求"一个跟着一个走,不要挤"。在室外,有时可以玩攀登架,有时只拿小玩具拖拉奔跑,没有人违反的。至于怎么玩,各人随意。在室内,不同的桌上放着不同的玩具,各人自选,不要求坐定在一张桌上玩,但玩具不可离开规定的桌子。至于怎样玩,各人随意,玩不起来的,老师可有针对性地给予指导。发展需要得不到满足而出现情绪不安定的,托儿老师及时提供较为复杂的活动和玩具,把他们引入高一层次的发展。无论是室内或室外,玩过以后,孩子们要自己动手把玩具收拾好,把场地清理干净。这样,孩子们在从容不迫地按各自发展步伐前进的过程中,基本的规则意识和集体的行为规范就建立起来了。

"玩米"是孩子们特别喜欢的活动,但机会不是很多的,一次只有3人可以同时玩,太挤了,米会撒到地上玩不好,孩子们都知道这个规则。因此,轮到玩米时必须排队等候。有时老师说:"你先去玩别的,等会儿再来。"孩子会说:"不,等会儿又玩不到了。"就站着等,最多催促正在玩的人:"你玩好啦?""快点,我也要玩。"没有人会挤上去把别人推开的。这种自觉站队等候,以及在狭窄过道里自动地一个跟着一个走的行为,对于日后遵守公共秩序会一辈子有用的。我想,在香港、伦敦的地铁站里见到的成百上千人从四面八方涌进一个电梯口能迅速通过,无人拥挤争吵,或许就是这样培养起来的。区区小事代表了民族的素质,这是值得我们深思的!

发表于《启蒙》,1995年第5期

婴幼儿潜能开发的有关问题

一、什么是"潜能开发"

《现代汉语词典》中没有"潜能"一词的解释,但对"潜"字的解释是"隐藏,不露在表面",对"潜在"的解释是"存在于事物内部不容易发现或发觉"。由此,我们可以把"潜能"理解为"隐藏的,表面上不容易被觉察的能力"。

"开发"的原意是指"以荒地、矿山、森林等自然资源为对象进行劳动,以达到利用的目的"。人的潜能也是一种隐藏的自然资源,但开发潜能与开采矿藏不同的是,它既要想办法使其表露出来,还要设法让它不断地发展。

由此,我们可以把婴幼儿的潜能开发理解为:通过成人与孩子的互动(交互作用),把孩子的潜能诱发出来,并经由合理的引导和指导使潜能得到持续发展的过程。

二、如何认识婴幼儿的潜能

在20世纪60年代中期以前,人们一直认为刚出生的孩子几乎是"一张白纸",但心理学和儿科医生等方面的专家对新生儿行为的研究却发现,新生儿不仅能听、能看,而且还会模仿,会注视物体,会与亲人对视和交往。近30年来,人们利用高科技对胎儿在子宫内的生活进行了研究,结果发现:胎儿不仅也具有看、听、尝等各种感觉能力,而且还能有目的地运动,并对母亲的情感和活动有复杂的反应。胎儿的发育和能力的发展依赖于母亲供给的营养及由母子的亲子互动而获取的信息。新生儿的能力是在胎儿基础上发展起来的,但胎儿出生后影响其发展的因素远比在母体内要复杂得多。因此,人们如何去认识孩子的潜能,尤其是父母亲怎样去知道自己的孩子已经具有了什么能力,怎样通过亲子互动去引导孩子持续不断地向前发展,这是潜能开发课题研究的关键。

要促进孩子的发展,首先要了解孩子发展的一般规律。近百年来,已有越来越多的学科进入婴幼儿身心发展的研究领域,并获得了丰硕的成果。我们在研究婴幼儿潜能开发时,引进了美国1998年和2000年《新闻周刊》的《你的孩子》专刊发表的关于0~3岁孩子发展的研究成果。这两份资料(见赵寄石工作室编《亲子综合教育培训教材》,2003年8月)按月龄描述了孩子在身体、认知、情感和社会性等方面的发展状况,父母可以参考诸如此类的资料来了解自己的孩子。但需要注意的是,每个孩子都有自己的发展特点,每个孩子都是世界上一本独一无二的书,因此每对父母都必须通过对孩子的细心观察,并通过与孩子的交往和互动来了解他们。

为什么每个孩子都有自己发展的特点?这实际上是由遗传和环境两种因素相互作用而造成的。其中父母发挥着重要而不可替代的作用:一是提供遗传基因,二是创造有利于孩子身心健康发展的环境。我们都知道,每个个体都要经历胚胎期才能发育成长,这个小生命的继续发育、发展还需要在社会环境中,经历与人、事、物的互动过程。有人称这个过程为"社会化",使生物个体成长为社会的人;也有人称之为"精神胚胎期",使个体经由精神的孕育成为社会人。但共同的认识是,如果孩子从父母遗传得来的潜能没能为他提供适宜的社会环境加以诱发并促使其发展,那么过了发展的关键期,就难以再开发出来了。"狼孩"的实例让我们更加明白了这其中的道理。

家庭是组成社会的"细胞",是孩子生活的第一个小社会。在家庭中,影响孩子各方面发展的因素主要是活动、角色和人际关系,这三个因素综合地表现在亲子互动中。孩子是在"活动"中成长的,孩子的活动就是他与环境中的人、事、物交互作用的过程,是他的能力得以表现并不断发展的过程。父母是否重视满足孩子活动的需要,对孩子身心的发展有极大的影响。"角色"决定了孩子在家庭中的地位。孩子是被看做独立的个体,还是父母的附属品;孩子被认为是能自主发展的个体,还是事事需要由成人代劳的人。父母的这些看法将影响到孩子是作为家庭普通成员生活、成长着,还是当做家庭生活的中心呵护着,并由此影响着亲子互动的方式和方法。孩子在家庭中的活动和角色会影响到家庭中的"人际关系",如果父母能尊重孩子,并使家庭形成互相尊重、爱护和互相帮助的人际关系,那么这不仅有利于亲子共同发展,而且还有利于孩子以后进入各类教育机构或走上社会后能更好地适应集体生活。

以上所说的关于父母对待孩子的态度,实际上就是我们通常所指的"儿童观"。随着人们对人脑发育研究的日益深入,人们对儿童的认识也越来越深刻。树立起科学的儿童观,就能更好地理解和实施科学育儿,也更有利于婴幼儿潜能的开发。

三、如何开发婴幼儿的潜能

这里主要讨论三个问题,即由谁来开发? 用什么工具开发? 采用什么方式方法?

1. 父母是婴幼儿潜能的主要开发者。多年来,我们强调父母是孩子的第一任教师;强调教育要取得良好的教育效果,父母必须要成为研究者,潜心研究孩子的发展特点;现在我们又提出父母是婴幼儿潜能的主要开发者。将教师、研究者和开发者这三种角色综合在一起,父母就成了"科学育儿专家"。实际上,父母的三种角色或三项任务是父母在与孩子互动的过程中同时实现的,把保教、研究和潜能开发三方面综合运用在日常的亲子互动中,将使家庭育儿进入一个新的境界。可喜的是,我们高兴地看到,越来越多的家庭关心起科学育儿,父母和祖辈也十分乐意参加亲子活动。可以预料,在亲子互动的过程中,父母的科学育儿潜能也会得到开发。

2. 玩具是婴幼儿潜能开发的工具。玩具可以促使孩子的潜能表露出来。不同发展水平的孩子在摆弄同样的玩具时,会表现出不同的状态,这就有利于成人在观察、了解各个孩子不同发展的基础上,准确地引导和促进他们的发展。另外,有利于诱发和促进幼儿潜能发展的玩具,必须要与孩子的年龄或月龄相适应,要能激发孩子的兴趣;更为重要的是,当孩子在玩某种玩具时,成人要允许孩子拥有充分的、自主摆弄玩具的时间和空间,并从中耐心地观察、了解孩子的活动状况;当孩子失去兴趣时,应给予适当的启发、激励和指导,引导孩子向更高的水平发展。

3. 游戏和日常生活是开发孩子潜能的主要活动。依托幼儿园或社区开展的亲子活动就是由教师根据婴幼儿潜能开发的原理组织活动,帮助父母及其他抚育者在与孩子一起玩玩具、做游戏的过程中,引导孩子表现其潜能,并促进潜能的发展。让父母把自己在亲子园的亲子互动中得到的方法,运用到日常家庭的亲子活动中,使日常的亲子互动成为科学育儿的过程。

怎样组织亲子活动,怎样指导亲子互动使婴幼儿的潜能得到开发,需要充分的时间进行理论学习和实践探索。希望广大家长、教师以及关心婴幼儿健康成长的人士都来参与研究和交流。

发表于《早期教育》,2003 年第 11 期

早期学习与孩子脑的发育

孩子是天生的学习者,他一出生就开始学习。孩子一生中经历多

次环境变化,每次变化都促进他自主地积极学习来适应新的环境。

　　学习的本质就是在脑内建立各种各样的联系,因此脑的良好发育和持续发展对早期学习至关重要。人的生命的最初几年是人脑发育最快的时期。婴儿一出生就面对与胎儿期完全不同的环境,为此他必须以与生俱来的本能为基础,在与环境交互作用的过程中在脑内建立新的联系,产生新的行为,以适应新的环境。若是环境中的刺激贫乏,则难以引起婴儿新的发展需要,其脑内也难以建立新的联系,且脑的发育也将变得十分缓慢;若是环境刺激过分复杂,超出其已经形成的吸收能力,则也会阻碍其脑的正常发育。因此,创造什么样的环境对孩子的发育和发展最有利,应当成为人们普遍关心和研究的问题。美国儿童世界学习中心主持"早期印象项目"研究的专家潘·希勒吸收了脑科学方面最新的研究成果,在《促进孩子脑的发育》一书中提出了以下观点:

　　一、婴幼儿脑的发育和持续发展需要与环境进行物质交换

　　1. 人脑需要充足的水分来保持清醒和机灵,脑渴会引起饥饿的感觉。因此,当孩子未到正常进餐时间就说饿时,成人可以给他喝水解渴。但含有糖分或咖啡因的饮料非但不能解渴,反而会促进消化作用,增加饥饿感。

　　2. 每天进食六小餐比习惯进食两餐或三餐更有利于持续地给脑供给能源。对脑的发育特别有益的食物主要有蛋、麦胚、三文鱼(Salmon,即鲑、大马哈鱼)、不饱和脂肪、深绿叶蔬菜、苹果、香蕉、瘦肉等,但孩子往往对这些食物摄入不够。

　　3. 氧是脑功能的生命力。集中注意、思考机能以及伤口愈合等能力都与供应脑的空气的质量有密切关系。脑消耗人体吸入的五分之一的氧,每日做多次深呼吸有利于大脑获得足够的氧。

　　二、婴幼儿脑的发育和持续发展需要与环境进行信息交换

　　1. 颜色会促进脑功能运作。淡黄、米色、灰白色的环境最适合学

习;红、橙、黄等较鲜艳的颜色会激发大脑的活力和创造性;蓝、绿、紫等较暗的颜色会降低紧张,增加平和的感觉;淡绿、淡蓝会给孩子带来镇静。婴儿约三个月就能辨认红、蓝和绿色;约五个月就能认识黄色和白色。

2. 某些香味能提高学习、记忆、创造等能力。嗅觉是各种感觉中惟一不经过过滤就直接入脑的,因此嗅觉信息进入大脑特别快。薄荷、柠檬等能提高脑部机能反应的灵敏性,加强记忆;熏衣草、玫瑰花、橙子等能产生镇静作用,调节神经系统的紧张;香草、茉莉花、肉桂等有助于人体消除疲劳。

3. 关于脑的研究中,音乐往往是最易被人们误解的一个方面。听音乐不会创造天才,著名音乐家的成才也是如此。然而,音乐与减缓紧张和焦虑密切相关。另外,学习音乐对提高孩子其他方面的学习能力有积极作用,研究表明,学习弹钢琴的孩子往往在空间推理活动(如拼图)中表现更好,而空间推理又与对整体和部分关系的理解及多种智能有关。学习音乐还有利于促进和提高孩子的数学和阅读能力,帮助孩子理解某些模式和习得第二语言。

4. 脑的运作有赖于模式。脑始终在利用已有的模式搜索环境中的相似和差异,而差异能激发调节能力,促进个体对新事物的理解。智能基本上就是个体发现模式并以此来建立各种关系的能力。语言能力强的人能发现并运用词语来创造动人的文学;数学能力强的人能发现数字中的模式;人际交往能力强的人能发现人类行为中的模式。发现的模式越多,对世界的理解就越广。

5. 俗话说:"练习达到完善",这话并不完全正确。单纯的重复不能提高操作技能。"完善的练习"需要他人帮助个体适应新的学习,同时也需要自己思考怎样改进学习。因此,完善的练习包含两个因素:他人的反馈和自我评价(反思)。

6. 解决问题是脑的最佳能源和操练。解决问题有利于激发神经之间产生和建立新的连接。为此,研究脑科学的专家建议人们每天通过解决一些问题的方式来保持大脑的"年轻""活力"。但紧张和压力会降低脑的运作能力,导致个体难以集中注意来学习新的东西,且长期的紧张还会损伤幼儿脑神经的联结。另外,解决问题不仅与孩子的自尊有关,而且始终有一个过程,它需要孩子经历许多操练才能使这个过程达到自动化。想一下你自己解决一个问题时的感受,就可以体验到这一点。

7. 研究表明,好意的外部奖励可能会阻碍个体内在的自我激励系统的形成。若是经常用红星或红花及某些权利作为孩子达到良好行为的条件,那么容易导致孩子们依赖外部奖励而不再发展自我成就感。其实,在婴幼儿时期培养孩子学习的内在动力尤为重要。

8. 幽默能产生不少积极的影响。"笑是良药",它不仅能保护和改善免疫系统,而且还能产生记忆固定作用。

9. 脑以经验为基础建立种种神经联系,联系越多,加工信息的途径就越多,对婴幼儿的发展也越有利。联系由重复而得到强化,而重复又能使学习得到巩固。婴幼儿有一种自发重复的发展需要,喜欢重复做某些动作,重复听某些故事,这是引导孩子自主学习的良好契机。

创造适合脑发育的良好环境,不仅有利于脑的成熟和机能发展,而且还有利于为孩子的早期学习建立良好的生理和心理基础。然而,如何根据孩子身心发展的基础和特点,引导孩子进行自主学习,诸如此类的问题,还需要我们进一步研究和探讨。

发表于《早期教育》,2004 年第 1 期

开发婴幼儿的潜能

——婴幼一体综合教育的基点

开发婴幼儿的潜能是婴幼一体综合教育的出发点和落脚点,教育的目标是促进人的发展,教育的作用是启发和引导人自主发展潜能,使他从一个生物个体成长为一个社会成员。婴幼儿时期是人一生中潜能开发的最佳时期,开发潜能要顺应孩子的自然发展规律,激发自主性，切不可任意摆弄以至贻误终生。

什么是潜能开发？婴幼儿潜能开发是成人在与孩子互动的过程中把孩子的潜在能力启发出来，再通过合理的引导和帮助使潜能得到持续地发展。

婴幼儿的潜能从哪里来？婴幼儿的潜能由父母孕育。父母两方的生殖细胞相结合形成胚胎，奠定了潜能的遗传基础。在母体创造的胎内环境里吸收母体提供的物质和信息，胚胎逐渐发育，遗传因素得到展现。由此可以说，潜能是由遗传因素与环境交互作用而发展形成的。胎儿的潜能还很有限，离开母体进入社会环境，婴幼儿与环境的互动由于成人有意识地介入而发生变化。社会环境要比胎内环境复杂得多，为婴幼儿提供的物质营养和信息也更加丰富多样。这就为婴幼儿的潜能开发创造了更多机会；也正由于这样，潜能开发中出现失误的可能性也更大。因此，家长和教师既然是教育者，同时也就是潜能的主要开发者，有责任把握好潜能开发的适宜度，使婴幼儿走好终生发展的第一步。

开发婴幼儿潜能怎样把握好适宜度？

首先，要明确一个基本观念：人的潜能是蕴藏在胚胎里的遗传因素与从环境中吸收的物质营养和信息交互作用而逐渐发展起来的，出生前胎儿接受母体从外界摄取的物质和信息，离开母体后婴儿直接与环境互动输入和输出物质和信息，互动的自主性日益发展。这是生命发展的一种规律。

其次，要明确教育的作用：尊重婴幼儿与环境互动的自主性，创造与其发展相适宜的环境，顺应其发展规律，促进其发展。婴幼儿的发展有一般规律，每个孩子又有各自的特点，发挥教育作用时，对这两个方面都要充分考虑。

第三，了解生理基础，主要是大脑发展对身心发展的影响：

人脑的高级部位（大脑）是出生后在社会环境中发展的。婴儿出生时只有一些从遗传得到的胎内发育起来的反射动作，这些是由脑的低级部位控制的。以此为基础，婴儿在与环境互动中他的肌肉、感知觉、情绪、语言、人际交往、社会性行为等逐渐得到发展,同时脑的高级部位也逐渐发展。婴儿出生时脑内细胞都已具备,在社会环境里与人、事、物互动中细胞之间产生联系,逐渐形成网络,主管不同方面发展的各个脑区也逐渐出现。从出生到3岁是人的大脑发展特别迅速的时期,有两个明显的特点:(1)大脑对环境吸收是整体性的,为婴幼儿创造一个适宜的富有教养意义的整体环境对他们各方面的良好发展特别重要;(2)大脑中主管各方面发展的脑区的出现和形成对环境吸收有不同的敏感期,这时对环境中有关事物特别敏感容易吸收,促进发展的教养措施效果就好,也就成为孩子学习和发展的最佳期。婴幼儿与环境的互动是由成人作为中介的(牵线搭桥)。针对大脑对身心发展影响的有利时机,发挥教育者的作用,有利于婴幼儿的潜能开发取得良好效果。

第四,将出生至六七岁的教育形成一个连续的整体,抓住规律和特点实施综合性的措施。

(1)从亲子互动开始建立良好的人际关系。成人,首先是母亲,是婴幼儿与环境互动的中介,因此,从出生开始母亲就要在料理婴儿生活的过程中,用动作、表情、语言与他交往,满足孩子对依恋和安全感的需要。热情、亲切的人际互动对孩子情感和智能的发展有重要意义。这样的人际互动能帮助中枢神经系统适宜地生长、发展。让婴儿多听人的声音有助于辨别声音发展语言,富有感情的表情动作有助于脑部学习中心的发展。随着孩子的发展,人际交往的范围需要扩展,这有利于社会性情感和行为的培养。

(2)帮助孩子学习自我控制,从而发挥与环境互动的自主性。情绪控制的敏感期是0岁至2岁。婴儿出生时主管激情的脑部已能发挥作用,因而情绪发展很快;1岁时大脑中控制情绪的部位开始发挥作用,就要让孩子学习有关自我保护和与人交往的行为规则,有利于社会性行为的培养。孩子懂得了自己的行动是有限制的并且能适当地控制,他才有可能发挥自己的主动性,才能正确地与环境互动。特别是当孩子进入托幼机构的集体生活时把握好常规教育与自主性发展的关系,使两者相互促进,有利于每个孩子的身心和谐发展。

(3) 用多元智能的观点发扬各个孩子的优势并帮助他克服弱点。由于遗传因素和环境影响的不同,世界上没有两个完全相同的人。然而,所有出生正常的婴儿都可能发展成为对社会有用的人才。教育者的智慧就是在和每个孩子互动中发现和培养孩子的优势潜能,同时帮助他补偿不足。若要求每个孩子的八大智能都发展得很好,那是不合理不科学的。教育者的任务是使每个孩子智能中的强项和弱项可以互补而且能比较和谐地发展。

(4) 树立亲子、师生互动中成人与孩子共同发展的观念。孩子的发展是由他自主地与环境互动而自我建构的过程。成人与孩子互动和教孩子学,两种做法是不同的。教孩子学,成人往往要求孩子服从成人的意愿,达到成人提出的要求。互动应该是成人顺应孩子的发展规律和特点,激发孩子的学习自主性,引导他朝着社会成员的方向发展。因此在互动中,成人不仅要观察了解孩子的发展现状和前景,同时还要反思和调整自己对孩子施加的影响。婴幼儿时期建立的亲子互动情感,由于亲子共同持续发展而能贯彻终生,给家庭带来幸福。

以上关于把握婴幼儿潜能开发适宜度的几点建议,希望各位园长、教师从所在地区社会经济发展的背景和本园的实际条件出发,在师生互动和家园共育中思考探索,创造新经验,为提高婴幼儿、家长、教师三个群体的素质而共同努力。

发表于《桃李苑》,2005 年第 12 期

婴幼儿教育的基本观念

——我们迈向未来的窗户

2000 年美国出版一本颇受幼儿保教人员和家长欢迎的科学读物,

书名叫《孩子们最基本的需要》(The Irreducible Needs of Children)，副题是"每个孩子生长、学习和发挥潜能所必需的"(What Every Child Must Have to Grow, Learn, and Flourish)。作者是儿科专家、新生儿研究专家布泽顿(T. Berry Brazelton)和心理治疗师、儿科医师格林斯本(Stanley I. Greenspan)。他们根据多年的实践研究经验，提出了促进婴幼儿健康发展的七个基本需要。撰写本书的意图是面向广大婴幼儿抚育者、儿童教育工作者，唤起家庭、托儿中心、学前教育机构、学校、社会服务系统以及保健、心理健康系统等重视儿童成长过程中关键阶段的基本需要，从而为提高人类的素质打下坚实的基础。

一、持续的教养性的人际关系（Ongoing Nurturing Relationships）

每个婴儿需要与一个主要抚育者建立热情、亲切的关系，连续几年时间，不是几个月或几个星期。这对情感和智能发展的重要意义远远超过认知训练或教育性游戏。若是这种人际关系缺乏或受干扰，孩子会形成推理、动力、依恋等方面的缺陷。婴儿、学步儿、学前儿童在他们醒着的大部分时间需要这些有教养意义的人际互动。

研究婴幼儿发展的著名专家们都提出，有教养意义的育儿方式对身体、情感、社会性及智能、健康等方面的发展有重要意义。婴幼儿期的各个年龄段都需要敏感的、教养性的抚育来培养信任感、同理心和热情。

热情、亲切的人际互动能帮助中枢神经系统适宜地生长、发展。多听人的声音能帮助婴儿辨别声音，发展语言。人际交往经验有助于脑细胞形成指向目标的听觉。情绪性的表情动作的交流有助于感受和反应情绪性的暗示，促进脑部学习中心的动力和兴趣的发展（不同的互动经验产生不同的作用）。

亲切敏感的人际互动帮助婴儿的遗传因素适应其生活环境，在遗传与环境的相互作用过程中，情绪、情感关系对智能和社会性发展最重要。亲密、温暖、愉快、安全、免受损伤等因素能促使婴儿安定而敏锐地学习新东西。

积极的人际互动有利于自信、自尊、交流、思考等方面的发展,把环境中人、事、物吸收成为脑内印象,并与符号、信号建立联系。

人际交往是遗传与环境联结、相互作用的中介。

二、保护、安全和规则(Physical Protection, Safety and Regulation)

孩子们在胎儿期和婴幼儿期都需要一个受到保护的环境,防止身体的和心理的伤害,并避免接触化学毒素和暴力。

预防接触酒精、烟、铅、汞及其他有毒物质对保护中枢神经系统特别重要。除了避免直接接触外,食物、衣着、用品以及周围环境中含有的毒素或有害物质,往往因看不见而被忽视。人类神经系统迅速发展时期是胎儿到出生后5年;最新研究发现青少年也是神经系统迅速发展的时期。因此,为孩子们创造一个清洁、卫生、安全的生活环境对他们的身心健康发展非常重要。

婴幼儿期、青少年期受暴力伤害,情绪方面受到压力,以及过多地看电视,玩电脑游戏等占据应有的人际交往时间,会使中枢神经系统难以发挥正常的功能,从而造成孩子们多方面的发展不良。因此创造一个亲切的心理环境,尤其需要重视。

此外,有规律的生活和坚定、一致、有限度的行为要求,对培养孩子们自我保护的意识和能力,形成安全感也非常重要。顺应孩子的发展特点,培养有规律的生活不但对身体健康有益,更有利于孩子们经常保持愉快的心情。有规律的生活包括确定什么时间做什么事,怎样做,以及遵守有关的行为规则。在坚定、一致的情境中养成有规则的行为,能帮助孩子学会自我控制,有利于形成良好的习惯从而获得安全感,树立积极的自我形象。

三、符合个别差异的经验(Experiences Tailored to Individual Differences)

每个孩子都有一种独特的性情。为孩子提供与其特点相适应的经验来培育其天性,可以防止学习和行为方面的问题,可以使他充分发挥潜能。

近50年来的研究发现,要求孩子的发展达到家长和社会的期望,是个双向过程,要让孩子的生活经验适应其个别特点促进其身体、智能、情感、健康等方面的发展,孩子的发展才能达到家长、社会的要求。适应个别特点,促进发展才能符合社会的需要。

多年来,人们一直在社会的要求和孩子的需要两方面之间摇摆不定,40年代,强调社会要求,使孩子服从成人制定的规则,严格训练;五六十年代强调适应个别特点,忽略引导孩子达到社会要求。这是因为未能恰当处理天性(nature)和培育(nurture)的关系。

天性表现在每个孩子在感知、理解和操作、行动等方面的独特方式;培育乃是为孩子提供有利于身心发展的环境,使孩子在与周围的人、事、物交往中获得经验,从而充分发挥其天性(即从遗传得到的独特性)。提供互动经验犹如一把钥匙对一把锁。合适的经验能打开天性的特点,启动潜能发挥。

人际交往则是遗传与环境连接、相互作用的中介,其中亲切的亲子互动乃是关键。充满亲情的抚育者用爱心注视着孩子的发展,就会发现孩子的独特性,才能找到合适的培育方式打开每把独特的锁,为社会培育出各种各样的人才,这正是社会的要求。

四、适合促进发展的经验(Developmentally Appropriate Experiences)

不同年龄的孩子们需要得到与他们的发展阶段相适应的保健和教育。不切实际的期望会妨碍孩子的发展。

孩子们的成长过程中经历不同的发展阶段,每个阶段为智能、道德、情绪健康、学习技能的整体发展提供基础模块。不同的阶段需要相应的经验,进入新的发展阶段,仍需要适合前阶段的互动经验。迫使孩子加速地经过发展阶段,实际是减低发展速度,因为每一个孩子各方面的发展各不相同。

婴幼儿有六个发展阶段,学龄期有三个发展阶段:
1. 获得安全感:能看、听,情绪安定;
2. 建立联系:能感受到别人的亲切、温暖;

3. 非语言的有意识的双向交往；
4. 解决问题，开始形成自我感(进入学步期)；
5. 情感性概念：形成意愿、需求、情绪方面的概念；
6. 情感性思考：2岁半至3岁半之间，用前阶段形成的概念进行思考，发现因果关系等；
7. 三维思考，幻想和全知(自以为什么都知道)：4岁半至7岁；
8. 伙伴关系、竞争：7～9岁；
9. 建立内在的自我感：10～12岁。

每个孩子必须有充分的时间经历每个发展阶段，获得足够的与人、事、物互动的经验，才能发挥其潜能。人为地加速发展步伐，会造成发展缺陷，难以达到社会的要求，也剥夺了孩子自主发展的权力。

五、限制——环境，结构和期望(Limit—Setting, Structure and Expectations)

孩子们需要结构和纪律。他们需要一种纪律能引导他们形成内在的限度，恰当地疏泄攻击性，和平地解决问题。要达到这一目标，他们需要的是成人的期望而不是给贴标签；需要成人相信他们的潜能，也理解他们的弱点。他们需要激励系统，而不是失败的教训。

在孩子的日常生活中，人们一般都认为需要有限制、结构和指导，但在专业人员中，意见分歧较大，有的强调说理(解释为什么)；有的强调纪律、结构、尊重(孩子意愿)。40年代到50年代，出现从严格训练(包括喂奶、排便)向重视个别特点发展的趋势，50年代到60年代又出现两方面的争论。究竟孩子是怎样学习的，包括学会接受一定的限制和结构。一切学习都开始于教养性的抚育，从中学习对周围的人，特别是重要抚育者的信任、亲切、同理、依恋。这是由于90%的孩子需要学会的使其内化的接受限制是从获得成人的喜欢开始的。孩子接受限制有两种心理：喜爱，想获得赞赏或尊重；害怕，怕斥责、惩罚。一般情况，两者都有。还有模仿，儿童的道德感开始于想成为自己喜欢和仰慕的成人。

孩子学习遵守规则的不同出发点，会影响他们更大范围和场合的学习。研究表明,害怕权威而遵守规则,长大后更容易涉及烟酒、吸毒及犯罪。

纪律教育是一种教学,伴随着很多同理性和教养性抚育而不是惩罚。孩子做对,给予认可、鼓励的眼神、表情;不对,则给予否定的眼神、摇头等。孩子从积极行为和消极行为得到的不同情感体验,使他逐渐地从内部得到动力来改变消极行为,形成良好的自我形象。

纪律教育的目标是帮助孩子自我控制,把成人的要求内化为自我控制的标准,这个内化过程需要成人坚定一致的引导和鼓励。

六、稳定的支持性的社区环境和民族文化(Stable, Supportive Communities and Culture)

孩子们若要获得一种完全的、整合的感觉,他们需要在一种整合性的社区环境里成长。这就是说,家庭、学校、伙伴团队、宗教信念及民族文化之间的价值观互相一致,同时也要接触多元文化及其价值观。在尊重本民族文化的同时接纳其他民族文化,取得平衡。每一个人都是生活在一定的社区里,有的社区只有一种民族,有的由多民族形成;有的只有当地人,有的有外地人(从各地来)。在当今社会里,只有一种民族或一个地域的人形成的社区是不多的。无论哪种情况,社区都要形成一个稳定的、支持性的整体,使每个成员获得安全感。不同的民族、不同地域的人之间要互相尊重互相关心求同存异,建立良好的社区文明。

格林斯本曾经探索社区的运作,发现不同的社区处在不同的发展水平,有以下几种水平:

1. 社区能保障人身安全,建立内部的规则,共同保护环境。

2. 社区能在不同成员之间建立相互联系,社区内的不同组织相互整合,形成整体。

3. 社区成员互相交往,趋向共同的目标,并能互相理解不同的文化特点。

4. 成熟的社区能进行自我反省,并积极地为社区的发展作出努力。

社区若能按上述几种水平逐渐提高，就能为社区居民的年幼、年轻一代提供良好的成长环境。

七、保护未来（Protecting The Future）

满足孩子们的这些需要应该是我们的最高优先目标。若是不能做到，我们会使孩子的前途陷入危险处境。我们不但要关心自己的孩子、本民族的孩子、本国的孩子，也要设法帮助那些发展中地区生存困难的孩子们，若不能做到，人类的前途将陷入危险的境地。

目前，生物的、生态的、核武器等威胁着孩子们的未来。面对这些威胁，人们有两种不同反应：

（1）害怕和无能，伴随着抗拒和躲避；

（2）增加国际间的合作来减缓或制止威胁和危险的发展，这就需要建立一种合作关系，并付诸行动。

当今世界各个民族、各个国家之间在经济发展、生态环境等方面的相互依存越来越紧密，任何人不可能独自向前发展而不顾他人。

1. 建立保障人们的生存、生活基本需要得到满足的安全措施；

2. 树立、发展一种全球性的关于人际关系的道德观念来支持和促进家庭发展和社区建设。

3. 家庭、教育机构和社区共同帮助孩子们成长为善于交往的、自我反省的社会成员。

我们提出上述基本需要的意图之一是把孩子们生长发展的需要基本形成一个整体框架，从而使人们对身体、社会性、情感和认知发展同样重视，为孩子们的终身持续发展奠定基础。

本文发表于《桃李苑》，2003 年第 8 期

亲子综合教育活动的设计

我国政府 2003 年颁发的《关于幼儿教育改革与发展的指导意见》中指出：2003～2007 年这 5 年内"90%的 0～6 岁儿童家长及看护人

员受到科学育儿的指导"。近年来我国各地兴起的科学的"亲子活动"有可能承担起这项任务。

科学的亲子活动是根据婴幼儿身心发展规律,以现代育儿新观念为指导,组织亲子活动系列,帮助家长在与孩子互动的过程中观察孩子的发展特点,针对孩子的实际情况,引导孩子开展活动,促进孩子的自主发展。亲子活动与幼儿园、托儿所保教活动的区别就是亲子互动,使家长在与孩子互动中学会引导孩子自主发展。而亲子在家里互动的过程与幼儿园、托儿所里师生互动的过程是不完全相同的。因此,无论社区的亲子活动还是幼儿园、托儿所的亲子活动都要立足家庭,使家长和孩子在亲子园的活动能够移用到自己家里,结合实际有所创新,从而在活动过程中更新育儿观念,激发孩子活动的自主性,促进孩子自主发展。

亲子综合教育活动是落实教育部科学教育——开发儿童少年潜能研究的一种措施。亲子活动着重研究婴幼儿的潜能开发问题。婴幼儿亲子园是研究和实施亲子活动的场所。怎样通过亲子活动来研究婴幼儿的潜能开发,这是我国婴幼儿教育领域面临的新课题。我们经过初步实验探索,提出以下方案,供广大同行参考,希望大家一起来开展实验,通过实验和思考找出科学的办法,使我国的婴幼儿亲子教育得到良好发展。

一、亲子活动的含义

一系列单个活动组成的有一定结构的活动系列;

帮助家长学习在亲子互动中引导孩子自主发展,就是让母亲、父亲、祖辈,学习与孩子互动,引导孩子自主发展。

二、亲子园的含义和目标

含义:实施亲子互动活动和培训组织亲子活动的人员,让他们在亲子互动过程中学习组织亲子活动。

目标:提高家庭保健和教育的质量,促进家长自我发展,提高个人素质和保教素质。

1. 促进孩子自主发展;
2. 帮助家长学习引导孩子自主发展;

3. 培养保教人员开展亲子活动。

使孩子、家长、保教人员同时受益,促进三者自我发展,在互动中提高早期保教质量。

三、服务对象

孩子:3岁以下未进入托幼机构的孩子,或已进入集体教育机构的孩子;

家长及其他抚育人员:将亲子活动的经验用于平日对孩子进行有教养意义的互动;

组织亲子活动的人员:接受培训,提高指导亲子互动的能力。

四、亲子活动的结构

1. 活动系列

以3个月为一期,每周末一次(幼儿园办亲子活动),每周一次或隔日一次(社区办亲子活动)。

2. 单个活动的结构及内容

(1) 分散的体能活动(户外或室内);

(2) 集体活动:音乐、故事、儿歌、语言游戏、音乐游戏等;

(3) 洗手、喝水、吃点心;

(4) 分散的摆弄操作玩具活动。

3. 活动时间

7个月到会走路之前,每次一个半小时,每个时段约20分种。

会走路到3岁前,每次两小时,每个时段约25分种。

每个时段中包含5分钟向家长讲解,15或20分钟家长在保教人员的指导下与孩子一起活动。

五、亲子活动的延伸

每次活动结束时给家长一张表格,提出在家亲子互动的要求和建议,让家长在一周内与孩子一起活动并在表上做记录。

本文是2004年亲子综合教训培训讲课提纲

亲子综合教育活动的目标
——自主发展

亲子综合教育活动中亲子互动的目标是促进婴幼儿自主发展。在亲子互动的过程中父母与孩子共同活动，相互作用。父母在与孩子互动中观察孩子的发展情况，有针对性地给予鼓励、引导、指导，就能激发孩子自我发展的积极性、自主性，孩子的潜能就可以得到表现，并不断地得到发展。

请从以下几方面着手来促进你的孩子自主发展：

1. 为孩子创造有教养性的环境，提供适宜的物质营养和优质信息。

2. 带领孩子积极地参与活动，耐心细致地观察孩子，了解孩子的潜能表现。

3. 针对孩子发展现状，引导孩子投入多种活动，使潜能得到持续开发。

在与孩子互动的过程中，各个孩子的发展特点会给父母带来极大的乐趣，也会让你懂得怎样有效地促进他自主发展。

第一、帮助婴儿自主发展

素质教育什么时候开始？胎儿期起步，婴儿期特别重要。为什么这样说？人类个体的生命过程中有两个胚胎期：(1) 从受孕到离开母体，是胎儿期，这是大家很熟悉的；(2) 从出生到3岁是精神胚胎期，是心理发育的基础阶段，还没有受到足够的重视。两个胚胎期的存在是人类与其他动物的重要区别，因为人既有生物性还有社会性。胎儿期是人的生物体孕育发展的重要阶段，同时也受到母亲的社会性的影响，这是素质教育从胎儿期开始的理由。婴儿出生，进入社会性的环境，开始了心理发育时期，母亲的影响方式出现了变化，婴儿已经成为一个独立的个体，不再依附母体而存在。然而婴儿出生时与其他动物的幼仔相比特别稚嫩，很长时间离不开成人的保护和抚养。由于婴儿的机体和大脑的发育需要在社会生活环境中逐渐发育成熟，成人的抚育观念和方式对婴儿的身心发展产生重要作用。婴儿期的教育实际上是指母亲的育儿观念和方式方法。

婴儿教育有这样一句名言：3岁决定一生。怎样理解这句话？出生到3岁正是人脑发育的关键阶段，婴儿生活的环境对他身体各器官和机能的进一步发展和心理功能的发展产生重要影响。这是因为婴儿出生时虽然已经具备脑部的基本结构，但大多数脑细胞尚未开始运作，它们是分散的，需要受到外界的刺激而相互牵连、相互缠绕，形成神经网络才能发挥脑的功能。若是环境的刺激合适就能引发脑力活动，脑细胞在活动中逐渐地相互缠结处理外来的信息。环境中的信息丰富，激发脑力活动，脑细胞活跃，相互缠结的质量高，速度快，脑部发育发展良好。环境中信息贫乏或刺激的质量低劣，脑的发育就迟缓或出现偏差。脑部细胞的整个缠结过程70%～80%在3岁前完成。3岁以前发育的是脑后部的细胞组织，形成最基本而且重要的信息处理结构。3岁以后脑的前头部分得到发展，将前阶段接受的信息形成的脑力活动进行高层次的操作，脑功能得到进一步发展。由此可见，3岁前脑力活动的基本功能未得到应有的发育，后来的培养难以取得良好的效果。婴儿时期良好教育对终生发展的影响是显而易见的。

婴儿出生时就具有一系列本能，这些是他的身体继续发展和心理功能发育的基础。新生儿表面看来很软弱，他的本能中却蕴藏着巨大的潜在能量促使他自主地发展，创造出具有自己特点的精神生命（个性）。长期以来人们在抚育婴儿时对他的软弱普遍重视，因而给予种种保护；对他自主发展的潜能却认识不足，往往在无意中伤害或抑制这种自主性，妨碍了婴儿获得应有的发展。因此婴儿期的教育关键在处理好给予必要的保护和尊重自主发展之间的矛盾，把握好成人影响的质和量的适宜程度。更新育儿观念就是要明确婴儿发展的主体性，抚育者的任务是帮助婴儿自主发展；消除"婴儿不懂事，可让成人随意塑造"的想法。

谁来帮助婴儿自主发展，怎样帮助？母亲是教育婴儿的最好老师，母亲是帮助婴儿自主发展的主角，其他抚育者应积极配合，共同为婴儿创造一个有利于促进其自主发展的家庭环境。一般家庭在迎接婴儿出生时都很重视物质环境，需要引起注意的是创设心理环境。家庭成员的性格、相互关系所形成的心理氛围，尤其是对婴儿的态度、抚育方式等方面的协调一致对婴儿的影响特别重要，不可认为婴儿不懂事没关系。环境中的不良刺激对婴儿心理发育、个性形成的伤害往往不易觉察，但可能种下祸根。因为这时脑功能正在迅速发育，对外界的信息具有惊人的吸收力，不但留下了深刻印象而且进入脑部的神经网络成为心理的一部分，伴随终生。由此可见，有利的影响会促进良好个性的发展；有害的影响会造成个性中的缺陷。

怎样为婴儿创造适宜的自主发展环境？母亲作为教育者，一方面要了解婴儿身心发展的一般规律，许多母亲都重视阅读育儿科普资料；另一方面要注意观察自己宝宝发展的具体情况。一般成人对婴儿身体发展状况都很重视，细心观察他的吸奶、睡眠、排便等，及时调整抚养措施；但对婴儿心理发展的需要注意不够。由于各个婴儿心理发展的差异比生理发展的差异更大，而且必须通过仔细观察才能发现，母亲要在护理宝宝生理需要的过程中观察他心理发展的需要，给予满足，促进其自主发展。

例如，在喂奶时宝宝会用手触摸母亲的乳房，这是感知觉发展的需要，母亲可以捏他的手指，促进脑部神经联结，对事物的感知觉是认识周围环境的开始。在吸奶过程中宝宝会停下来望着母亲，这是他集中注视的表现，也是与人交往的需要，母亲可跟他说说话，既促进他听力的发展，也让他用表情与人交流。宝宝在不会坐直之前躺着无聊会哭闹，可以让他靠在童车里看成人料理家务，满足他社会性发展的需要。母亲通过观察发现宝宝身心发展的需要，并结合育儿科普读物中关于婴儿发展的一般规律，就可以思考一个适宜宝宝发展的"育儿方案"，并与其他成人相互配合共同实施。

婴儿心理发展的过程中存在着"敏感期"，这时婴儿表现出一种内心的活力，对环境中的事物产生极大兴趣，会以惊人的激情吸收各种信息，轻松愉快地学会很多事情。然而这种内心活力需要外界的刺激。才能引发出来,创造丰富的环境就是提供适宜的刺激。由于婴儿心理发展中各个方面的敏感期不同,各个婴儿的敏感期也有差异,成人可根据婴儿发展的一般规律创设环境来诱发宝宝内心活力的自主表现,细心观察这种自主表现的迹象,并用恰当的方法给予支持促进其发展。由此可见母亲可以在帮助婴儿自主发展的过程中把自己培养成研究型的教育者。

向婴儿学习,帮助他自主发展,争当宝宝的好老师!

第二,发现婴儿发展中的敏感期

婴儿发展过程中会出现一个又一个敏感期,使他轻松地学会很多东西。成人发现了婴儿的敏感期,就能抓住最好的机会帮助他自主地向前发展。因此我们说,发展的敏感期就是教育的关键期。

婴儿出生以后他的身体和心理就持续不断地发展着。婴儿的心理发展是受蕴藏在内部的潜能推动的,这种潜能需要在外界环境的刺激下才会引发出来。在发展的不同阶段,对外部的刺激会表现出不同的敏感性,使他充满活力和激情与环境交互作用,吸收那些适合这种敏感性的事物。例如,4个月的婴儿眼睛盯着正在说话的成人的嘴唇,他自己的嘴唇也在动,他的头摆成固定的姿势,表明他已被说话声音吸引住了。到6个月婴儿能发出一些独立音节,在这之前他一直注意在听,并运动他的发音器官。在这个阶段若是没有人面对面跟他说话,他没有机会听到别人说话,婴儿对语音的敏感性得不到诱发,没有机会练习他的听力和发音器官,他的说话能力就不能及时得到发展。我们强调要为婴儿创造内容丰富气氛和谐的生活环境,也就是让他的潜能有机会发挥出来。同时母亲要细心、耐心地观察婴儿的表情、动作,发现他的敏感性,给予引导和培养。

婴儿的敏感期与他的脑部的发育有关,出生时主管情绪的比较低级的那个部位已经接近成熟,因而情绪发展较快,容易冲动,难以调节。婴儿出生后第一年内,对周围环境中人们的情绪影响特别敏感,因而成人在他冲动时要对他拥抱、抚摸,用皮肤接触等给予安慰,帮助他调节情绪。成人要多与婴儿进行情感交流,用眼神、表情、手势、声音等激励他作出积极的反应,帮助他获得愉快的情绪经验。这个时期被遗弃的孩子往往因缺乏情绪交往而形成冷漠、呆滞等消极表现,从而妨碍其他方面的正常发育。

出生后第一年内婴儿脑内主管肌肉、视觉、听觉等部位的细胞之间的联系和缠绕大量地形成,使他的视力听力以及四肢的动作得到发展。发展的快慢则与环境中刺激的多少优劣有很大关系,也与他是否有机会自主地看、听、运动四肢有关。当前我国的育儿方法有一个误区,对婴儿呵护太多,给他们锻炼太少,使孩子们过多地处于被动状态,接受别人照料,缺乏主动性,养成依赖习惯,这对他们以后的成长是很不利的。这种做法的背后有一个观念需要更新,就是认为婴儿软弱无能事事为他代理,不放心让他自己活动,却没有想到整天把他抱在怀里恰恰是束缚了他的手脚,阻碍了他的正常发育。

婴儿的一日生活中除了给他喂奶,为他料理大小便、洗澡,安排足够的睡眠时间以外,要定时抱他散步,逗他玩,跟他说话,让他看见、听见更多的东西。还有一点需要重视的就是让他独自躺着、坐着、趴着玩,小床上方挂一些彩带、气球、发声的玩具,引起他看、听、挥动手脚。当玩具摆动时或发响时会激发他更大的兴趣,吸引他的注意,使他更用劲地活动身体的各个部分;也可以放婴儿歌曲、乐曲的录音,让他在无意中吸收音乐,陶冶情操。生活内容丰富了,婴儿不会感到无聊而哭闹,成人不必忙着抱他哄他。更重要的是,这种自己玩乐的习惯为他积极主动地发展,及时摆脱依赖、依恋,培养独立自信的性格打下重要的基础。

当婴儿会坐了就可以让他自己拿着东西玩,这时他的手指需要触摸摆弄东西,有时会把玩具放进嘴里,因为这时的舌头的感觉比手指灵敏,能更好地辨别物体的特性。因此玩具要注意安全卫生,无棱角无毒,油漆不可被咬掉等;玩具可有不同颜色、不同形状、不同质料、会发声等。孩子通过摆弄,他的看、听、触摸等感知觉得到发展,手部肌肉得到锻炼。有时让他坐靠在大床上,有时坐靠在地毯上,到时他会自己躺下翻滚、爬行或趴着抬起头看望四周。这时可给他小球等会滚动的东西,吸引他抬头伸手去抓,或往前爬去追。让孩子能自主地改变自己的姿势,做多种动作,这对七八个月至1岁的孩子非常重要,对他身心多方面发展有很大好处。

婴儿到1岁左右一般都已能站立或扶着迈步,这时要让他有机会自己站起或摸着走。他喜欢扔东西,试自己的臂力,看东西落地,可让他玩一些积木块,扔到地上自己蹲下捡起来,这对促进腿部肌肉的发展有帮助。不久,孩子独立走,开始是蹒跚前进,情绪却特别兴奋和激动,喜欢到处闯荡。这时应把可能导致危险的东西移开,让他有足够的空间走动。在动作发展的敏感期,孩子特别喜欢反复做同样的动作,喜欢到处抠东西,在家具之间钻来钻去,还喜欢搬动重的东西。这时为他提供一个安全的活动环境非常重要。若是嫌麻烦,不放心,不让他活动,孩子以后会出现胆小怕动或懒惰不肯动,错过了最佳时机再来培养困难就大了。

到2岁左右,孩子自主活动的要求更加明显了,他已能独立走动,双手会摆弄很多东西,也能说很多话表达自己的需要。不再像以前那样顺从成人,听任安排,对成人的指令经常作出"不"的回答,或说"我会","我自己来"。他要自己喂饭,自己洗脸,还要试着穿鞋袜等,但又做不好。成人若理解孩子的发展需要,不嫌麻烦让他尝试,孩子会兴致勃勃地反复练习,学会做很多事。成人若是嫌麻烦不放心,不让孩子自己活动,就会觉得孩子"不听话"、"犟",甚至引起孩子发脾气,既妨碍了孩子应有的发展,也损伤了亲子之间的情感,给以后的教育带来困难。

在婴幼儿的发展过程中,敏感期的出现有一定的规律,也是有迹象的,成人通过观察是可以发现和了解的。顺应发展规律,引导和帮助孩子自主发展,就可以使孩子的发展和成人的教育和谐协调,在亲子互动中不断提高,让孩子充分享受童年的欢乐!

第三,引导婴儿愉快地成长

快乐的童年是幸福人生的起步。人生的幸福在于能做自己喜欢的事,追求自己向往的事业;童年的快乐在于顺应自己的发展规律和特点愉快地成长。引导婴儿愉快地成长也就为他一生的幸福打下了基础。未来社会需要敢于和善于创造的人,为此人们要让他们从小养成积极主动、活泼开朗的性格。培养这样的性格,要从引导他们愉快地成长着手。那么,怎样引导你的宝宝愉快地成长,这是我们要一起探讨的主题。

1. 尊重宝宝的自主发展权利,引导宝宝愉快地成长

每个婴儿都带着巨大的潜在能量来到世上进入社会。你的宝宝有哪些潜能,怎样使这些潜在的宝藏得到开发?需要你亲自研究。虽然,婴儿的成长发展有一般规律,但人间没有完全相同的婴儿,也不存在相同的母亲,一般规律可参考,确切的办法却要在你和宝宝交往中探索,只要细心观察,善于思考,宝宝是一本精致、丰富、不断变化着的"动态书",他会让你懂得怎样对待他,怎样帮助他成长。

尊重宝宝的自主发展权利,从观念上说,需要更新传统的亲子关系,把宝宝看做一个独立的人,而不是父母的私有财产;从育儿方法上说,要从宝宝的发展需要考虑,不把成人的主观意愿强加给他。这样,你就会在与宝宝的相处互动中建立起新型的亲子关系,创造出新型的育儿经验,为培养中华民族优秀的后代作出贡献!

2. 顺应宝宝的生理发展规律,培养良好的生活习惯

每个婴儿出生后经过几个星期的适应都会表现出一定的生活节奏。吃、睡、排便、洗澡等活动互相协调会给宝宝带来身体的舒适,从而引发心理愉悦。婴儿有一种天生的秩序感,成人有条不紊地料理宝宝的生活需要,可以为宝宝创造一种安全、愉快的环境,帮助宝宝养成有规律的生活习惯。人们往往认为婴儿不懂事,只要满足他的身体需要就够了。实际上婴儿很早就表现出需要与人交往,需要丰富的生活环境。婴儿哭闹有多种原因,饥饿、瞌睡、排便不畅、生病等,母亲很早就关注并能从宝宝的哭声中辨别。但对打乱生活常规、缺乏情感交流、孤独无聊等所引起的心理需要往往注意不够。宝宝一哭就把他抱起,而实际的需要并没有给予满足,却养成了整天要人抱着的不良习惯。若是在小床上空挂一些色彩鲜艳、能发出声音的玩具,让宝宝见

了手舞足蹈挥动玩具发响;让宝宝躺着用玩具逗引时跟他说话,给他唱歌,交流感情;让宝宝坐着趴着自己摆弄玩具等;这些都能引起宝宝主动探索物体,学习自娱自乐,从而激发宝宝自主发展。

3. 重视早期情绪经验,引导宝宝学习调节情绪

人类与其他动物的重要区别之一是人类的情感特别丰富而且还能调节、控制自己的情绪。然而婴儿出生时只有情绪发展的潜能,至于各个宝宝的具体情绪表现是在社会环境(家庭、托儿所)里与人交往中形成的。人们往往认为婴儿不懂事,哭闹、发脾气没关系,长大了就会好的。正是这种想法导致许多家庭错过了对宝宝进行情感教育的最佳期。

对婴儿脑部发育的研究表明,人脑主管激情的中枢发育比较早,产生激情的"杏仁体"(位于脑干之上像两个杏仁分居两侧)在婴儿出生时就接近成熟,因此婴儿的情绪发展快而反应强烈。管理控制情绪的前额叶(在额头后面的大脑皮层里)会调节杏仁体的冲动控制情绪反应,它在婴儿1岁时逐渐发展,到2岁开始发挥作用,4岁时有可能自主控制情绪冲动。上述研究启示人们对宝宝的情感教育从出生就要开始,在第一年里情绪发展快,虽然听不懂成人说话,但周围成人交往时的情绪却对宝宝的情绪发展产生深刻影响。若是父母经常吵架,他们的对抗情绪会刻印在宝宝的杏仁体里,留下消极的情绪经验,宝宝以后就会用这种经验与人交往。若是周围的亲人和睦相处,也会刻印在杏仁体里,留下愉快的情绪经验。早期的情绪经验对宝宝性格的发展有很大影响。

到1岁左右宝宝开始能听懂成人说的话,就要让他懂得什么事可以做什么事不可以做,让他学习遵守一些简单而明确的规则,也就是让他开始学习控制自己。有一个美国母亲在厨房抹地,她的1岁多的女儿在地上爬,母亲对她说:我在抹地,你不要爬进来。女孩听懂了,但她试探妈妈,把手或脚伸进厨房门口。妈妈把她抱出去同时重复那句话,女孩试探6次,妈妈坚持自己说的话把她抱出去。到第7次抱她出去时她放声大哭,不再试爬进去了。这个事例的启示是成人对孩

子发出的合理的指令一定要坚持到底。若是经不起孩子哭闹而迁就他,那还不如一开始就容忍他,否则他就用哭闹来控制你,而不是你控制他并让他学习控制自己。

在对婴幼儿的教育中我们容易陷入两个极端:放任过头,事事迁就或管得太紧,事事服从,对孩子的成长都不利。美国人的教育中有一点值得借鉴的是,让孩子从小懂得自己的行动不可以妨碍别人的活动,就是要尊重别人的权利。成人从这点出发制定合理的生活常规,帮助孩子落实到日常行动中。因此,在美国那样民主自由的国家里,一般成人、孩子在公共场所都会约束自己遵守应有的文明礼貌。实际上,在4岁以前顺应孩子的发展规律,培养良好的行为习惯,孩子会愉快地做到,不会感到有压力。只有当溺爱放任形成不良习惯后再来改正,那就会出现困难,成人孩子都感到有压力,见效也慢。

4. 满足自主操作的需要,培养良好的"自我感觉"

宝宝长到2岁左右往往变得"不听话"、"犟",不像以前那样"温顺",经常说"我自己来"、"我会"、"我能",但动起手来却做不好。其实这是进入一个新的发展阶段的表现,宝宝要求"独立自主",摆脱成人的控制。若是抓住时机,正确引导和耐心帮助,宝宝能学会自理生活和摆脱对亲人的过度依赖和依恋。顺应宝宝这种自主发展的需要,让他学会自己吃饭,自理小便,自己洗脸洗手,学穿鞋袜衣裤。不嫌他撒饭、泼水、弄脏衣服、地面,耐心帮助,孩子就兴致勃勃地学会做很多事,培养起一种"我真能干"的自我感觉,为以后树立自信心打下基础。若在这时嫌他做不好,不放心不让做,打击他的积极性,以后再要他做,他就没有兴趣学,懒得做,怕做,遇事就会出现"我不会"的情绪障碍,缺乏自主尝试的勇气和能力,形成怕困难、承受不起挫折、事事被动的心理状态,对宝宝的性格发展很不利。

当前不少孩子出现"吃饭难",2岁或3岁进入托幼园所时,有的不会自己主动用勺子吃,等待别人喂,有的甚至不会咀嚼吞咽专为这个年龄孩子烹调的饭菜。原因是多方面的:不合理地延长吃流质或半流质的食物,消化器官缺乏应有的锻炼;当孩子想要自己进食时成人不放心不让尝试，包办代理；在孩子不愿意吃饭时成人哄着追着喂，形成心理负担，孩子对自己进食缺乏责任感，觉得是为别人完成任务；孩子进餐时间没有规律，正餐不吃，随时吃零食，缺乏应有的进食习惯。那些在入园前已能自己吃饭、自理小便洗手等的孩子就显得独立性较强，适应集体生活较容易，相对来说比较成熟。

另一个影响孩子自主发展的重要因素是睡觉。长期与成人合被睡或同床睡的孩子很难克服对亲人的过分依赖和依恋，会妨碍孩子的独立性、自主性的发展。从生理、心理卫生的角度看，宝宝从一出生就应与成人分被睡，到2岁可以分床睡，到5岁若有条件可以分卧室，让孩子充分享受自己的"小天地"，有利于培养独立能力和积极的自我感觉。及时培养吃饭、睡觉的良好习惯能带动其他方面的自理生活能力，从而激发孩子自主发展，使孩子的潜能得到充分发挥，为终身发展打下坚实的基础。

选自《亲子综合教育培训教材》，2004年

亲子综合教育活动的关键

——亲子互动

亲子互动是实施亲子综合教育活动的关键。亲子互动的目的是促进孩子的身心发展。孩子的发展有一般的规律，各个孩子的发展有自己的特点。每位教养者必须了解自己面对的孩子的发展现状，才能开展科学的教养工作，有效地促进孩子的发展。

因此，亲子互动过程的任务是：
1. 激发孩子的潜能表现。
2. 观察孩子的行为，了解孩子的发展水平。
3. 针对孩子现有发展状况，引导孩子向前发展。

在承担这几项任务时，可以参照婴幼儿一般发展规律的研究结果来观察你面对的孩子，并把孩子的动作、情绪、言语、人际交往态度等

记录下来。在此基础上预测孩子下一步的发展,给予引导和支持。

第一,怎样发挥亲子互动中的教养作用

人的发展是遗传与环境两种因素相互作用的过程。胚胎期奠定遗传的基础;胎儿期在母体内,与子宫提供的环境相互作用,接受母体输入的物质和信息,遗传的潜能逐渐得到发展,在各方面发育成熟时离开母体。新生儿一出生就开始与社会环境相互作用,最初在家里,然后进入幼托机构、各级学校、各种社会机构,直到生命终结。人的发展是持续地与环境相互作用的,贯穿生命的全过程。

那么,遗传与环境的相互作用是怎样开始的呢?两位美国儿科学家提出:"人际交往是遗传与环境联结,相互作用的中介。"他们在研究婴幼儿健康发展的基本需要时,把"持续的教养性的人际关系"放在七个需要的第一项,强调每个婴儿需要与一个主要的教养者建立热情、亲切的关系,连续几年。这对情感、智能、社会性等方面的发展有不可替代的重要作用。我们把这个观点作为思考亲子互动的教养作用的科学依据之一。

此外,我们还引进人类发展生态学关于社会生态环境对人行为影响的理论。社会生态环境包含宏观系统、外系统、中间系统、微观系统等不同层次的环境。微观系统是一个人生活的直接环境,对婴幼儿来说,先是家庭,稍后是幼托机构。微观系统对人的影响通过三个要素:活动、人际结构、角色。在亲子互动中母亲(主要抚育者、教养者)和孩子两方面受到这三个要素的影响,逐渐地发生变化,促使孩子持续地发展。

婴儿一出生,亲子互动就开始了。母亲在料理孩子生活、满足其生理需要的过程中,通过拥抱、抚摸,让孩子体验母亲的爱,同时注视孩子的脸,伴随言语和表情,开始建立亲切的人际关系。这样的人际互动能帮助孩子的遗传因素适应其生活环境,在遗传与环境相互作用的过程中,孩子所感受的情绪、情感关系对其智能和社会性发展产生重要的促进作用。随着孩子的发展,持续的有教养性的亲子互动能帮助中枢神经系统适宜地生长。亲子交往的经验有助于把环境中的人、

事、物吸收成为脑内印象,促进脑部学习中心的发展。亲子互动所建立起的人际关系为以后形成良好的人际结构奠定基础。积极的亲子互动给孩子带来的愉快、温暖和安全感有利于形成自信、自尊,并乐于与人交流,接纳多样的人际关系,从而建立起丰富的人际结构,终身受益。

亲子互动虽是母亲和孩子参与的共同活动,但两方面在活动中的角色是不同的,而且随着孩子的发展和教养作用的发挥,活动的角色都是不断变化的。最初,在互动中母亲和孩子的"对话"更多的是通过身体的接触、表情、眼神等的交流,母亲用亲切的言语声调伴随动作、表情。母亲是交流活动的发起者,孩子是接受者;逐渐地,孩子对母亲发出的信息,以微笑、声音、手舞足蹈的表情作出应答,开始表现出自主性。随着孩子的发展,母亲发出信息的内容、方式逐渐复杂化以适应孩子发展的需要。同时在活动过程中引入环境中其他要素,例如悬挂空中的彩条、气球,可以抓握的或能发出声音的玩具,参与互动,引导孩子注意环境中各种事物。在孩子会坐、会爬、会站时,给孩子一些能激发他的双手、四肢、全身活动的玩具参与互动。在互动中母亲可用言语说出物体和动作的名称,说明活动的现象,对孩子的积极应答或主动表现,给予支持,但不要刻意"教"孩子说或做,防止干扰孩子的自主发展。科学的教养主要是创造环境,激发孩子注意周围的事物,产生探究兴趣,主动与环境互动。

亲子互动中双方的"角色"的变化过程是这样的:

孩子:从被动接受→应答(作出反映)→主动发起;

母亲:从主动发起(激发)→支持、鼓励→积极引导。

这种变化和发展来自母亲对孩子的细心、耐心的观察和通过思考的理解,其中教养观念的更新是:孩子的发展不是成人教出来的,而是在成人科学的引导中自主建构的。

在婴幼儿与母亲建立起初步的亲切而较稳定的人际关系时,母亲要重视引进其他家庭成员参与交往,从两人扩大到三四人共同活动,扩展交往范围,形成多人关系的人际结构。其中父亲的参与尤其重要,帮助孩子适应父亲和母亲两种不同的亲子互动以及三人的亲子互动。一方面让孩子体验不同性别的亲子互动及不同人数的亲子互动;另一方面有利于孩子适应与不熟悉的人交往,逐渐扩展人际结构。这对我国一代独生子女婴幼儿的社会性发展尤其重要,有利于日后走上社会与人合作共事,同时获得自我发展。

出生后第二年随着孩子自我意识的不断提高,活动中的自主性日益增强,亲子互动中会出现新的矛盾,面临新的挑战,父母亲(及其他成人)要注意防止对互动的"失控",把握住控制互动局面的适宜度。在这个发展阶段中,孩子会试探成人,争取控制权来满足自己的各种需求(包括合理的和不合理的)。因此,教养者可通过观察了解孩子的实际发展需求,在尊重孩子自主权的基础上,调整原有的生活安排和行为规则,并坚持一致和一贯。让孩子明白"什么时间做什么事,该怎样做"的生活常规,让孩子懂得他的自主和自由是有限度的。教养者若能对孩子的第一次不合理要求果断地拒绝,不对孩子的试探失防,孩子往往吸取教训不再动脑筋钻空子,免得自己的试探失败。

随着孩子自信、自尊、自律的发展,教养者可以让孩子享有更多的自主权,但不可放弃互动的控制权。必要的合理的控制对孩子是一种保护,使他有安全感可以在限制的范围内自主自由行动而不至陷入危险的处境。

第二,婴幼儿发展与教养的基本观念

婴幼儿的教养应顺应发展的规律和特点,促进自主发展。教养者必须具备科学的教养观念,才能充分发挥科学的教养作用,有效地促进婴幼儿的发展。教养的基本观念包含发展与教养的整体观念和教养与发展的科学关系的观念。

1. 婴幼儿发展与教养的整体观念(发展规律与教养规律融合)

教养的任务是促进婴幼儿自主发展,主动学习,适应环境,从自然个体成长为社会成员;婴幼儿是天生的学习者,在胚胎期奠定遗传基础,在与环境相互作用中持续发展,贯彻终生。

教养者的任务是创设有利于促进发展的环境(物质的、心理的、文

化的综合），在与孩子互动的过程中激发其潜能，引导和指导孩子在活动中自主发展。

2. 婴幼儿教养与发展的关系（两者关系处理适宜）

（1）尊重孩子的发展规律，给予适宜的教养影响。

① 婴幼儿的发展具有普遍的规律：

胚胎期奠定遗传基础，在胎内环境和出生后的社会环境里，在与环境的交互作用中，潜能得到发展；身心发展有普遍的顺序，各个孩子发展的快慢、迟早会有差异；各方面的发展有不同的敏感期，是促进发展的关键期；"促发点"阶段扰乱正常发展，给教养者带来困惑，需要专业方面的帮助和支持；0～3岁是"脑"发育的重要时期，是教养的最佳期。

② 各个孩子的发展有各自的特点：

各个孩子的遗传因素不同，各个孩子发育成长的环境也不同，多元智能显示各个有关脑区的发展不同。教养者要发现各个孩子的优势，带动弱点发展；要善于观察、记录、分析、了解各个孩子的发展特点，给予适宜的教养影响。

③ 婴幼儿的发展是在与环境的交互作用中自主建构的过程：

为各个孩子创设适合发展的教养环境；引导孩子积极参与各种活动，主动与人、事、物交互作用，在丰富的生活内容中获得多方面的经验，建立多元人际关系，促进社会化过程。

（2）顺应孩子的发展规律和特点，发挥教养作用。

① 在持续的亲子关系中发展人际交往能力：

人际交往是遗传与环境联结、相互作用的中介。孩子与主要教养者（以母亲为主）的亲情关系要从出生开始，是终生人际关系的基础；有利于身心各方面的发展。

② 建立科学的生活制度，培养合理的常规行为：

顺应孩子的生物节律确定饮食、睡眠、排泄、玩乐制度；在各个生活环节中确立与孩子发展相适应的行为规则；在有规律的生活过程中培养自理生活等独立能力；由于婴幼儿脑内情绪中心发育较早，应及时培养自我控制能力。

③ 培养多方面的兴趣,激发孩子的自主性,在亲子互动中获得丰富的经验:

将亲子对话贯穿于生活活动中,随时激发孩子对周围世界的兴趣,并启发孩子表现其潜能;帮助孩子在活动中通过直接操作和交往获得成就感;教养者在互动中逐渐将主动权让给孩子培养其自主性。

④ 逐渐扩展孩子的生活范围,培养适应新环境的能力(从两个方面扩展):

家庭——邻里——亲友——社区

家庭——亲子活动——集体教养机构

⑤ 教养者要注意自我发展:

了解婴幼儿发展的一般规律,观察孩子的发展特点,及时引导、指导;更新观念,改变旧习惯,适应孩子的发展需要;积极地促进教养者与孩子共同持续发展。

从婴儿时期开始建立的有教养的亲子互动,其内涵会随着孩子的发育成长而不断地调整,会促进亲子双方共同发展。这样的亲子互动不仅给孩子带来快乐的童年,而且为他的整个生命过程保驾护航,这是所有家庭都可以追求的最大幸福!

选自《亲子综合教育培训教材》,2004 年

开展亲子综合教育
——把目光投向社区早期教育

一、什么是亲子综合教育

研究亲子综合教育是教育部"科学教育——开发儿童少年潜能研究"项目的一个子课题,探索 0~3 岁婴幼儿的潜能开发。本课题于 2003 年 6 月成立研究小组,开始从理论和实践两方面探索。一方面寻找婴幼儿潜能开发的理论根据;另一方面根据已知的婴幼儿身心发展

规律设计亲子活动,帮助父母及其他抚育者在与孩子互动的过程中激发和引导孩子表现他的潜能并促进其发展。

亲子综合教育是幼托园所实施学前保教的延伸,年龄下伸到0岁或胎儿期,范围扩展到社区内未进入园所的孩子。利用幼托园所周末双休日闲置的房舍、设备、玩具等物质资源并发挥保教人员及社区其他人员的人力资源,组织亲子活动,帮助家长及家庭其他人员在亲子互动中学习科学育儿的方法,更新育儿观念,提高广大家庭的育儿素质。

亲子综合教育的"综合"意思是:在组织亲子活动的过程中,促进婴幼儿自主发展,帮助家长学习科学地与孩子互动并迁移到家庭日常生活中,让保教人员在实践中学会组织亲子活动的方法并向社区推广。婴幼儿、家长、保教人员三个群体在互动过程中同时受益,发挥潜能,共同发展。

二、什么是婴幼儿潜能开发

主要是指父母与孩子交互作用(即亲子互动)的过程中对孩子的潜能给予启发,让它表现出来,再通过合理的引导和指导促使潜能得到持续地发展。要做到科学地启发、引导、指导潜能的表现和发展,首先要弄清楚孩子的潜能是哪里来的。孩子的潜能由父母孕育,也应该由父母来开发。父母两方的生殖细胞结合奠定潜能的遗传基础。在母体创造的胎内环境里吸收母体提供的物质和信息,胎儿逐渐发育,潜能得到展现。孩子出生后在父母共同创设的科学合理的环境中,在父母精心的抚育、引导、帮助下潜能得到持续的发展和表现。潜能的孕育和发展是有一定规律的,是遗传和环境两种因素相互作用的结果。开发孩子的潜能要顺应发展规律,特别是婴幼儿脑的发育的规律,切不可人为地提前"开发"。若违反规律,可能错过发展的关键期,也可能"透支"脑的潜力,其后果会贻误终生,后者尤为严重。

正确理解潜能开发的含义对当代"望子成龙"心切的父母特别重要。这会影响孩子的健康成长和家庭的幸福。父母需要了解婴幼儿时期孩子发展的一般规律,还需要通过与孩子的互动了解自己孩子的发展特点,才能创造适宜的环境,启发引导孩子与环境中的人、事、物主动地相互作用,才能使各个年龄阶段中可能得到发展的潜能充分地展现出来,在此基础上促进其发展。切不可从主观愿望出发拼命地"灌输"和"挖掘",婴幼儿时期的脑正在迅速地发育,是非常"稚嫩"的,经不起成人任意摆弄,一旦受到伤害,后果是严重的。因此,父母首先要细心观察,研究自己孩子身心发展的特点,然后有针对性地给予引导和指导。

三、怎样组织亲子综合教育活动

亲子综合教育活动是社区开展早期教育的一种形式。我们研究的亲子综合教育活动从幼托园所周末活动开始探索,发挥幼托园所人力物力资源优势,探究亲子活动组织规律向社区推广。目的是把科学育儿观念和方法向广大家庭普及,使学前教育落实到从0岁开始。为此我们做了一点先行实践研究,编了两册《亲子综合教育培训教材》,随着研究课题的发展,还将陆续编写。供幼托园所园长、教师参考,也可用来向家长讲解亲子活动的理念和方法。

开展亲子活动的教育理念用的是2003年从美国带回的两份新信息:(1) 每个孩子生长、学习和发挥潜能的七个基本需要(见《桃李苑》2003年第8期,第27页);(2) 人脑的发育和持续发展需要与环境进行物质交流和信息交换(见《桃李苑》2003年第9期,第1页)。这两篇文章已编入《培训教材》(一)(二)。

为了让教师了解婴幼儿发展的一般规律,有针对性地设计亲子活动,我们引进三份出生至3周岁婴幼儿身心发展的研究成果编入培训教材:(1) 人生好开始(0～24个月按月分段,25～29个月,30～36个月);(2) 出生就起步(前2年按3～5个月分段,后2年按年分段);(3) 出生至3岁发展里程碑(分出生至8个月,8～18个月,18～36个月三个阶段)。不同地划分月龄段更有利于灵活地观察和了解各个孩子的发展特点。这几份资料也可让保教人员用来帮助各个家长观察和了解自己孩子的发展状况。

在介绍亲子活动的教育理念和婴幼儿身心发展的基础上,我们总结1998年以来先行实践的经验于2003年7～8月开展了4次活动

(四个周末),有40多个已报名9月入托班的幼儿和他们的家长参加。由此提出一个亲子活动设计方案。每次活动由四个时段构成:每个时段20～25分钟,包括教师向家长讲解活动的目的、要求,教师与幼儿互动,家长与幼儿互动:共1.5小时至2小时。见《培训教材》(一)"亲子综合教育活动方案"。各时段内容如下:

(1)分散和集中的体能活动:尽可能在户外进行;先到先玩,亲子同玩,避免等待;集体游戏,由教师组织,孩子和家长一起参加;结束时大家一起收拾玩具、场地。

(2)室内集体活动:每班8～10个孩子和他们的家长(父母、祖辈);两排小椅子排成弧形,孩子坐前排,家长坐后排(坐在地上孩子靠在成人怀里的形式不利于孩子独立行动及以后适应集体生活);教师可组织儿歌、故事、歌曲、谈话、游戏,与孩子互动,其中可插话向家长讲解;教师也可以组织家长与孩子互动,边指导边说明。

(3)洗手、喝水、吃点心:这个环节是向家长示范怎样培养孩子自理生活,很有必要。不少家长进入这个时段习惯地代孩子端椅子、洗手、拿杯子和点心,有的还动手喂,经教师再三提醒才放手。由此可见观念的转变要经过反复的实践。

(4)分散的桌面或地面游戏摆弄操作玩具:主要是家长与孩子玩,教师则巡回指导,帮助家长引导孩子自己摆弄,避免直接教或代孩子做。活动时间可由家长根据孩子的兴趣灵活掌握,不要求同时结束。各人离开前必须由亲子一起收拾玩具。

周末的园所亲子活动目的之一是由教师向家长示范怎样在与孩子玩的过程中激发孩子的兴趣和自主性,促进孩子的发展;怎样在一日生活各环节中培养孩子的独立性(自理生活、收拾玩具)等。因此活动的组织要简单易行,用的玩具、教具可在家里自制或用家庭用品代替,让家长得到启发能举一反三在日常生活中贯彻,从而达到普及科学育儿的目的。

发表于《桃李苑》2004年,第10期

学前儿童语言发展与教育

怎样搞好幼儿语言教学研究

　　幼儿教育是一门科学,需要很好地进行研究。幼儿教育学在我们国家还处在幼年时期,爱护它、培育它,使它不断地发展壮大,承担为"四个现代化"服务的光荣任务,是我们每个幼教工作者义不容辞的责任。那么,怎样搞好我国的幼儿教育科学研究呢？这个问题我们都很想知道,可是没有现成的答案,只有靠我们自己通过科研实践,逐步找出合适的办法。现在结合一年半来参加幼儿园各年龄班语言教学大纲的研究,谈几点具体做法和个人体会。

一、从实际需要出发确定研究课题

　　粉碎"四人帮"以后,广大幼儿园在拨乱反正过程中,迫切需要在工作中辨明是非,清除极左路线的影响。较早引起注意的问题是语言和常识教学中以思想政治内容为纲,脱离幼儿的认识水平,忽视幼儿的语言发展。这种做法不符合幼儿接受教育的特点。怎样来纠正这种情况？语言和常识教学究竟应该以什么为纲？哪些内容适合幼儿的认识能力？发展幼儿语言应从哪里抓起？这一系列问题牵涉到幼儿园语言和常识教学的大纲、内容、教材、教法等一整套东西。看来这些都需要重新加以研究。"文化大革命"前,我们曾对认识环境的大纲进行过一些研究。虽说语言与认识环境密切结合进行,但在实际工作中语言大纲往往得不到落实。因此,现在想从研究语言大纲的角度来探索整个语言与常识的教学体系。

　　幼儿园需要解决的各年龄班语言教学大纲这个问题,也正是我们学前专业语言和常识教学法课程教学中的薄弱环节,需要研究探讨。

出于相同的需要，我们就和幼儿园老师开始进行协作研究。由于双方的目标一致，研究的内容又是为解决当前实际问题服务的，而且对双方的工作都有利，虽然开始时毫无头绪，进展中又困难重重，但是谁也不感到这是额外负担，工作再忙也挤不掉。

二、从学科特点出发，选用相应的研究方法

我们搞语言、常识教学法的人研究幼儿语言发展，与搞心理学的同志研究语言发展，由于目的不同，角度不同，研究的内容和方法也就有所不同。我们是通过对教育过程的分析来研究教学大纲、教学内容、教材和教法，因此必须研究"教"与"学"两个方面。换句话说，不但要研究老师教什么、怎样教，还要研究老师教的东西在孩子身上产生了什么效果。五六十年代我们对教学内容和方法曾作过一些研究，但是对幼儿接受教材的具体情况，没有采取措施去了解。由于对"学"的一方了解不具体，对"教"的一方的研究也无法深入下去。

既然需要研究"教"与"学"，那就得以幼儿园老师的教育实践为研究的中心环节，我们则围绕他们的教学来收集资料，进行一些理论上的探讨。这样，我们学前专业搞语言教学和儿童文学的三位同志就和代代红幼儿园的黄文奥老师在自愿协作的基础上组成了一个幼儿园语言大纲科研小组。

三、从具体条件出发，制定科研计划

确定了研究课题以后，协作单位在一起制定科研计划，使参加的人员对科研的目的要求、内容、方法等有统一的认识，这是非常重要的一个步骤。制定计划要考虑具体条件，因为科研是一种探索，尤其是处在一年半以前我国幼教实际的那种情况下，一切尚在恢复中，能接触到的资料甚少，定计划时未知因素甚多。通过讨论我们订了三年的长计划和一个学期的短安排，以后随着科研实践的发展，陆续订出每个学期的计划。

我们的课题是幼儿园各年龄班语言教学大纲的研究。大纲是要从整个教育过程中，通过对教学内容、教材、教法、教具、课题安排、各节课的实际教学以及有关课外活动等的分析，逐步提炼出来的。因此

大纲的研究,实际上涉及语言与常识教学的全部内容。可是进行科研的人力和时间又是极其有限的。我们就采取"掌握重点,抓住语言大纲这条主线"的办法进行探索。

这样,我们就确定以1978年秋季入园的小班作为试验班,由黄老师连续摸索三年。每学期又陆续确定了重点。小班第一学期以语音和短句教学为重点,教幼儿学习用别人能听懂的语句来表达自己的意思;第二学期以观察和看图说话为重点,用教对话的方式使幼儿能用比较完整的句子来回答问话,表达自己的意思。每个学期的重点是根据学前期语言发展总的要求并以前一阶段幼儿语言发展的实际水平为基础提出来的。学期计划中还对半年语言发展的要求提出了一个设想,那是根据以前的大纲及老师的经验订出来的。长计划使研究工作保持明确的目标,短安排使研究切合教育实践发展的具体情况。

四、边实践边研究,不断摸索语言教学规律

研究语言教学大纲,不但要研究幼儿语言发展的规律,而且要探索通过教育促进幼儿语言发展的教学规律。因此,探索工作要从以下两个方面着手:

首先,在具体备课过程中,通过课题安排、教材和教法的选择,把语言发展的要求落实到各节课中。科研小组不可能对一个学期的每节语言和常识课都进行集体备课,我们就根据研究重点,设计一些课,由小组集体准备、集体听课、当堂记录、集体分析,学期末重点进行小结。

其次,在初入园和每学期末,对全班幼儿逐个进行一次测验。第一次测验使我们了解到了教育对象的一般情况和个别特点,使教学能有针对性,这对教育过程的研究是很重要的。后来每个学期末的测验使我们具体形象地看出了老师教的东西到了孩子身上变成了什么样。过去我们总觉得"教"的一头好抓,而"学"的一头抓不具体,现在通过测验孩子们以语言、表情、手势等反映出来的生动活泼的素材,使"学"的一头变成可以触摸的东西展现在我们面前了。当然,进行测验是很花时间的,而整理、分析这些素材,花的时间就更多了。但是,几次测

验结果的对比是研究教学大纲所不可缺少的根据之一,是非常宝贵的第一手科研资料。

在讨论日常教学的过程中,我们根据实践的需要提出一些问题进行思考、探索。科研刚开始,黄老师就提出了是不是可以用"语言规律为纲"来处理整个语言教学体系,语言教学中"语言与认识的关系"该怎样处理。目前,我们正在中班试行把语言要求和认识内容糅合在一起组成一个个单元进行,并把有些课采用分组活动,使语言练习更有保证地落实到每个孩子身上。我们觉得过去学习苏联有目的、有计划地对幼儿进行教育,这一点符合我国社会主义社会制度,应该坚定不移地继续贯彻下去。我们目前试验的单元正是在教育的目的性和计划性这个最根本的问题上不同于解放前的"单元教学",这就使两者有了本质的区别。至于用什么方法使所有的孩子都能达到统一的教育要求,在这一点上欧美各国注意个别特点,重视实际操作等方面的一些做法是可以借鉴的。我们需要采用有利于适应各个孩子的特点,有利于发挥各个孩子的潜力的多种多样的方法,使教育落实到每个孩子身上,这样才能使每个孩子有可能达到我们所提出的要求。

此外,我们从心理语言学有关资料中为语言与认识的结合找了一点理论根据:教材内容组织得好,便于信息的接收和贮存,形成的概念清晰,表达时便于编码,就有利于语言发展;反之,把头绪繁多的东西灌输给孩子,信息接收困难,贮存也难以条理化,概念不清晰,表达时不易找到相应的词,徒然加重智力负担,对语言发展不利。组成单元进行语言教学的基本精神是:使幼儿通过观察和实际操作认识事物,获得清晰的概念,学到相应的词句,然后创造各种条件让他们运用语言来进行表达,开展多种方式的语言练习。至于这种单元的组织形式是否符合语言教学的规律,这个问题有待于在实践中反复试验来作出回答。

五、通过实践反复试验,争取逐步完善和提高

语言与常识教学头绪繁多,内容复杂,我们现有的人力条件,无法全面开展研究。我们就联系了四个1979年秋季入园的小班作为验证

班。1979年夏天,我们把试验班用过的小班语言大纲、语言和常识教学课题和教学要求整理出来,并选了一些效果较好的教案在这四个班上进一步试用。老师们边实践边研究,在原有基础上加以丰富和提高。由于有了一套基本的东西,减少了重复劳动,就可以接力前进。半年来经过验证,有些教案得到了进一步肯定,课题安排的顺序有了调整,课外的语言活动有了补充,对教材的选择和教法的运用等作了进一步的研究。我们相信,通过不同的老师在不同的孩子身上进行试用,通过年复一年的实践,我们探索的这一套东西会逐步得到完善。到了一定的时候,幼儿园语言和常识教学的科学体系将会建立起来。我们自己的科研水平也会在这个过程中逐渐得到提高。

通过初步的科研实践,我们获得以下几点体会:

(1) 开展科研需要理论与实际的密切结合。从我国幼教现有的条件来看,把这种结合统一到幼儿园老师的日常教育实践中,这是行之有效的方法之一。热爱幼教事业,有钻研精神、有一定经验的老师是我们这种类型的研究课题的主要依靠力量。在我国当前的幼教队伍中这样的老师是很多的。我们这些在幼师、高师搞教学的以及各级幼教行政干部则可以多承担一些教育理论和科研技术方面的学习和探讨。这样,互相学习,取长补短,共同努力,就能在建立我国幼儿教育科学的道路上不断前进!

(2) 开展科研要有利于促进当前的教育工作。进行科研总会给幼儿园老师增加负担。如果增加了备课、分析讨论的时间,但对日常教育工作却有帮助,幼儿园是乐意承担的。单纯要求幼儿园为我们的科研服务提供素材,那是不合理的。此外,在点上进行探索试验时,要考虑到在面上推广的价值。试点需要有经验的老师来摸索,但试验的成果应该适应普遍的需要与可能。

(3) 科研工作要顺应客观实际的发展,不能操之过急。每一门学科的发展有它自己的规律,促使它发展的因素是很复杂的。我们的任务是通过主观努力,尽量发挥现有的客观条件,一步一步地前进。例如,在分析教学效果时,对孩子语言素材的处理,目前还不能用统计数字来反映,就不强求做到这一点。但是素材本身必须真实确切,采集素材的方法要有一定的科学性。在科研进展的过程中,随着我们自己的认识的提高和客观条件的改善,就可以提出更高的要求。

(4)科研要在树立明确的教育观点上下工夫,不能满足于解决具体问题。回顾历史,我们在学习外国这个问题上有过全部照搬和全盘否定两种偏向。其原因之一是对外国的东西未曾通过实践来进行消化,把其中好的成分吸收进来变成自己的观点。当然,正确观点的树立要有一个过程。只要我们敢想敢试,观点明确,一切通过实验来检验,就能逐步地树立起自己的教育观点。

原名《参加幼儿语言教学大纲研究的几点做法与体会》,
发表于《中国教育学会通讯》(Ⅰ),1980年6月

从心理语言学的角度看婴幼儿的语言教育

(一)

语言是人类的主要交际工具,人们用语言交流思想达到互相了解。语言也是学习的工具,人们借助语言获得知识,接受教育。语言是人类社会特有的,依靠语言,人类的知识经验才得以积累,代代相传,人类社会才不断地向前发展。

人类语言的起源与发展问题长期以来引起人们研究的兴趣,受到多种学科的重视。20世纪50年代兴起了一门边缘科学——心理语言学,它把语言学和心理学结合起来,研究人类学习和使用语言的行为和心理过程。这门学科的某些研究成果为我们探讨婴幼儿的语言教育规律提供了一定的科学根据。

探讨语言教育规律,首先要了解教育对象的言语发展过程以及促使言语发展的各种因素。60年代以来,心理语言学家对"儿童如何学会母语(即本民族语言)"这一问题进行了比较多的研究。现在就我学习这方面资料的体会谈谈自己对婴幼儿语言教育的一些看法。

20年来，心理语言学围绕"儿童如何学会母语"开展了热烈的讨论，有三种不同的看法：

第一种看法认为观察环境对孩子学话起了决定性作用，被称为后天决定论。例如，班杜拉等认为孩子学会说话是由于模仿成人的榜样，斯金纳等把语言的掌握和运用理解为刺激、反应和巩固的过程。

第二种看法认为孩子生下来就具有某种遗传的学话能力，被称为先天决定论。如乔姆斯基认为孩子所以能够在短短几年内学会语言，是由于大脑中有天生的"语言习得机制"在起作用。

第三种是相互作用论，认为先天的与后天的因素相互作用的结果使孩子学会了语言。大多数人同意这种观点。有些观察孩子言语行为的人指出：孩子在学话过程中的某些现象也符合前两种看法，因而这两种观点也有可取之处。

我是同意"先天的与后天的因素相互作用"这种看法的，但究竟先天的因素是什么，后天的因素又是什么，它们是怎样相互作用的，这一点不弄清楚，就难以发挥教育的作用。从辩证唯物主义关于人的发展的理论来看，孩子学会说话必须具备两个条件：① 正常的生理结构是物质基础，为言语发展提供了潜在的可能性；② 言语交际活动，是社会环境的作用，提出了发展言语的需要。在需要与可能的相互作用中，孩子逐步地学会用语言进行交际。这也符合客观的事实与现象。耳聋的孩子由于生理结构上有缺陷，不经过专门训练则不可能学会说话；狼孩由于缺乏社会性的交往，也不能学会说话；正常的孩子中，听和说的机会少的，言语发展就慢。

怎样理解"正常的生理结构为言语发展提供了潜在的可能性"？学习恩格斯的《劳动在从猿到人转变过程中的作用》一文，使我们认识到人类在从猿逐渐发展起来的过程中，通过劳动跟自然界进行了长期斗争，自己的肌体逐步地得到了改造，人体某些部分的结构和功能的发展远远地超过近缘的高等动物，为学会语言提供了必要条件。对人体生理，特别是对人脑研究的成果使我们看到人的言语器官，包括发音器官、听觉器官和大脑皮层，结构的精致是任何近缘动物都比不上的。

　　人的脸部肌肉、口腔和喉的结构使人有可能发出言语交际中各种差别甚微的语音。婴儿一生下来就会哭,逐渐地学会用不同的哭声对来自肌体与环境的刺激作出反应。哭,是发音器官的运动,也是发音功能的练习。有的研究证明,婴儿的一个哭声的平均长度相当于"辅音加元音加辅音",即一个音节的长度;还有的研究资料指出,说话的时候牵涉到嘴、脸、颈、腹各个部位的五六十块肌肉的精确协调的运动,而这种运动是受到大脑有关中枢的指挥。

　　人耳的结构与它感受声音的能力是相适应的。研究证明,人类发出的声音的范围与听知觉的范围是相符合的。人耳对声音的各种频率特别敏感,使人有可能在感知言语时区别细微的差异。在个体发育过程中听觉发展得比较早,有人指出胎儿在母腹中骚动是对外界声音刺激的反应。婴儿对人类发音器官发出的各种声音,很早就产生特殊的敏感性,使他易于感受母亲或保育人员的嗓音并注意到嗓音中的细微差别。

　　人脑在大小、重量和结构的复杂程度等方面都超过动物的脑,人脑是人学会说话的主要物质基础。人脑在内部结构方面,最明显的特点是皮层的脑回数量多,其结果使皮层的面积扩大了,这就使人脑具有比动物大得多的能量来贮存和加工信息。研究证明,要获得关于客观世界的各种概念,需要具备巨大的贮存能量,而要贮存词的顺序,抽象出句型,学习语法规则等,则需要更大的贮存潜力,只有发展得很好的人脑才具有这种能力。

　　更重要的是,人脑不但有大量神经元,而且这些神经元相互联系构成一个非常复杂的神经网络。大脑皮层的各个中枢由许多纤维通路相互联系并与脑干的各个中枢联系;这种互相联系产生出各种组合的可能性,可以无限地加以运用,贮存各种各样的信息,使人可能形成各种行为,包括言语行为。有的研究证明,只有人脑才具有一个"总联合区",位置在角回和颞叶顶叶下面的区域,使人有可能建立各个通道之间及多数通道的各种联系。这种结构为形成物体的概念提供了可能,因为要获得关于某个物体的概念,需要把关于这一物体的许多特征通过各个通道吸入的信息，进行加工联合成为一个复杂的整体。这样一个结构精致的网络，使人有可能把关于客观世界的各种物体和事情的信息分门别类地贮存起来。同样地，可以把代表这些表象的符号逐渐地构成一个符号系统，即把词和词组，逐渐地按照一定的结构贮存起来。这是信息吸入和加工贮存的生理基础，也是言语发展的生理基础。

当代著名的语言学家乔姆斯基提出的天生的"语言学习机制"究竟指的是什么，我还没有弄清楚。如果说人脑确实存在某种天生的学习语言的机制的话，我想应该是指上述这个精致的大脑，它是幼儿从遗传获得的那种为学习说话所提供的生理结构。

人脑还有一个特点，对我们研究婴幼儿语言教育特别重要，那就是人脑在出生时发育尚不完善，出生后头两年内发展特别迅速，皮层上的语言中枢在2岁以前尚未明确定位。正在发展中的脑，可塑性大，是在社会环境中逐渐完善起来的，这为我们充分运用后天的作用来发挥先天的潜力提供了不可忽视的有利条件。

那么怎样理解社会环境对言语发展的作用呢？说话是对言语刺激的一种反应，这种刺激——反应的言语行为是人类社会特有的。无论是日常生活中的交谈还是婴幼儿言语发展的过程都属于这种行为，只是复杂程度与具体表现不同。要发挥社会环境对言语发展的作用，必须对言语行为本身有科学的了解。长期以来人们只能从外部表现上来研究言语行为，随着神经生理学等方面研究的不断发展以及信息论等新兴学科的相继出现，人们对言语行为的研究逐渐深入到了头脑的内部。目前心理语言学家把人与人之间的言语交际理解为信息传递的过程，包括五个环节：编码——→发送——→传递——→接收——→译码。

甲方把头脑里想的东西编成语言，通过发音器官发送出去，由空气进行传递，乙方通过听觉器官把语音接收并传入大脑，在那里译成意思。如果这个信息传递过程中的每一环都正确无误，畅通无阻，那么乙方就能理解甲方的意思。如果其中一个或几个环节出了差错，那就可能造成各种各样的误解。

在人们的言语交际活动中，语言是传递信息的主要工具，但不是惟一的工具。说话人往往借助相应的手势、表情、声调等非言语手段来加强语言的作用或补充语言的不足,而听话人除了接收对方的语言和非言语手段所传达的信息以外,还借助当时的情景来理解对方的意思。有时听话人还把自己所理解的意思说给对方听,从而核对与原意是否相符,以保证信息传递不出差错,达到交流思想的目的(见图1)。

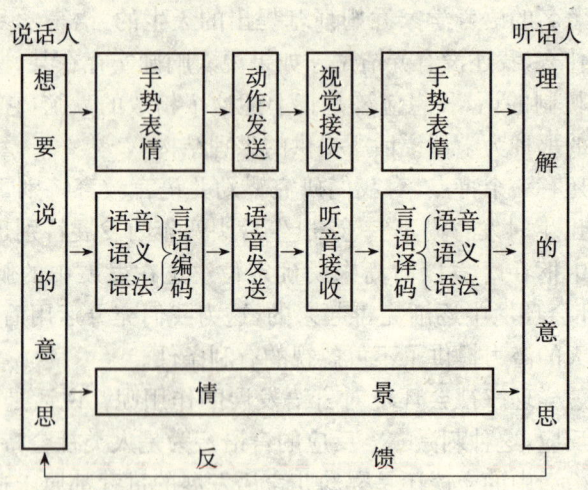

图1　言语交际过程示意图

　　分析一下周围人们日常交际的过程,很容易看出,在某一场合中对语言这个符号系统的运用是随着"需要"与"可能"两个不同因素的变化而具体表现有所不同。例如,日常生活中的交谈往往由于经历着相同的情景而运用少量的语言信息就可以达到相互了解;在相似的情景中,用正在学习的外语与不懂外语的人讲话,由于言语编码能力的限制,往往需要运用大量的非言语手段的辅助来传递信息使对方理解。这种情况在婴幼儿身上更为明显。

　　我们都知道,婴幼儿在学会用语言与别人交谈之前,是通过哭(非言语的声音)、表情、手势,以至整个身体的活动来表达自己的意愿和要求。这时孩子所表达的确切意思往往靠成人借助当时的情景多方揣摩才能理解。随着对语言的逐步掌握,非言语手段的辅助以及情景的作用相应地逐渐减少。婴幼儿语言发展的过程,是从出生第一年的非言语交际,逐渐发展到6岁入学时本民族口头语言的言语交际。

　　从言语交际的横断面来看,说话人的言语编码是决定交际效果好坏的关键。言语编码过程,我们可以设想为说话人从自己头脑里所贮存的大量的各种各样信息中检索所需要的音和词,按照一定的语法结构组织起来。所以说,编码过程是否顺利,编码效果好不好,与说话者掌握语言这个符号系统的熟练程度是有密切关系的。这一点在学习说第二种语言的人身上是非常明显的。

　　然而,纵观婴幼儿语言发展的整个过程,情况就复杂得多。孩子学习语言是从吸收和贮存非言语信息开始的。一个孩子在能够用语言进行编码表达自己的意思之前,必须在脑子里吸收、加工和贮存足够的构成有关思想的各种信息,包括贮存一定量的语言信息。根据布鲁纳关于智慧发展的理论,孩子以动作、形象和符号(语言)三个不同的水平把客观环境中的各种信息由神经系统传入大脑,在那里进行加工,组成有关客观世界的表象。在与别人进行交际的时候,孩子也是通过动作、形象和符号(语言)三种不同形式来呈现自己头脑里的有关表象,借以表达自己的意思。从婴幼儿生理、心理发展规律来看,孩子最初是通过对外界事物的触摸以及整个身体的直接接触来吸收有关信息的,逐渐地孩子能通过看和听来吸收"远距离"的信息,然后才能逐渐吸收代表动作和形象的语言,贮存物体表象(见图2)。

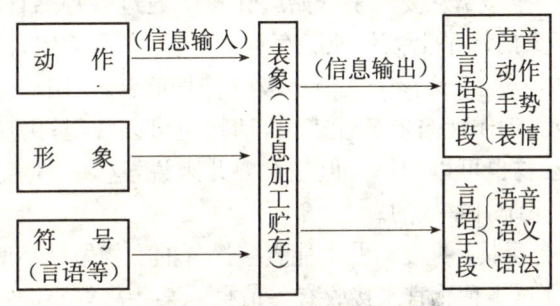

图2　婴幼儿言语信息传递过程示意图

从信息传递的规律来看,先要有输入才可能输出,而人脑的信息输送并不是像一个水箱那样,从一根水管里流进来,马上就可以从另一根水管里流出去。接收信息先要经过对外界环境的分析、选择,输入大脑以后要经过综合、分门别类贮存,在输出时还要经过检索。

由此可见,孩子学说话是从出生后接收简单的信息并用哭声来表达身体的需要时就开始了。从出生到五六岁这几年内,语言发展的情况是,一方面,在动作、形象、符号三个不同的水平上输入信息;另一方面通过非言语手段和言语手段输出信息。在信息输入方面,三种不同的水平是交叉的,从动作水平逐渐向符号水平过渡,即使到了五六岁,对符号的接收还需要有大量的动作与形象的伴随;在信息输出方面,从非言语交际逐渐地向言语交际过渡,而到五六岁时,言语交际中还需要伴随大量的非言语手段。从这里也可以看出,这五六年时间内语言的发展是一个多种因素相互交叉的复杂过程。我们要发挥教育的作用来促进语言的发展,就需要探索在这个发展过程的各个阶段如何处理好这些复杂因素的相互关系,促使孩子积极地、比较顺利地一步一步前进。

(二)

综上所述,我们对婴幼儿语言教育可以提出这样的建议,按照下列步骤创造条件来激发孩子言语积极性,从中发挥教育的作用,促进孩子对语言的接收和运用。

(1)摆弄实物:从婴儿期开始就让孩子通过多种感官吸入信息,在动作和形象的水平上大量地贮存信息,构成各种表象;同时在词与实物结合的情况下,让孩子逐渐地吸收符号信息,并用动作对成人的词作出反应。动作性与形象性表象,动物也可以获得;用动作对词作出反应,对动物也可以训练。但是对婴儿来说,这一步是为掌握人类特有的符号系统打基础的。

(2)摆弄玩具:把婴幼儿不能直接摆弄的实物做成小型类似的东西,让孩子通过多种感官来接收有关信息。某些高等小动物也有玩东西的时候,但它们玩的是母畜带回来的猎物。这就是说幼畜玩的东西和它成长捕猎的东西是相同的。幼儿玩的却是实物的模型(车辆、动物、武器、家具、用具以及娃娃),是实物世界的象征。自然界和人类社会环境中的事物、现象错综复杂,婴幼儿难以捉摸。通过玩具可以把事物从复杂的背景中简化出来,从而减少信息的分量,便于孩子吸收。同时,玩具也使幼儿可以用动作对客观世界的作用得以反馈,以提高取得信息的正确性。成人利用玩具创造的情景,使孩子能按照各自的发展水平运用非言语和言语手段进行交际。玩具不仅可以作为实物的象征来运用,还可以被用来创造象征性的情景,使孩子通过言语并借助非言语手段来体验人类社会生活中的各种关系,角色游戏就是属于这种情况。从玩具在言语发展中的作用来看,它只是实物的象征而不能代替实物,因此在教孩子学习关于事物变化、发展、相互关系等方面的语言时往往必须运用实物。例如,要通过饲养小动物,种植花木蔬菜,玩水、泥、沙、石等的实际操作,才能正确地获得有关这些自然物的特性的信息。

(3)看图画:图画是实物的形象在纸上的反映,是立体的形象在平面上的反映,图画是实物的信号。孩子要能够辨认图画上的物体以及理解图画的意思,必须首先对被反映在图画上的实物有所理解。同时也要意识到实物与有关的图画之间的联系与差别。因此,看图画是吸收实物的信号,要看懂图画的内容,需要对实物感知有一定的经验。看简单的图要有接触实物的经验。要教孩子把图画的内容与接触实物的经验联系起来,使幼儿借助于图画把实物的形象在头脑里明确起来,巩固下来。实物图与实物之间的联系还比较明显,而情节图与实际生活中的事情相比就有很大差异。事情是运动的,画面是静止的。一张画只反映一件事情发展进程中的一个片断。要理解情节图与有关事情之间的联系,必须借助想像来补充画面上未反映的部分。画面把事物从现实背景中抽出来,同时也趋向于抽象化,成为实物向符号的一种过渡。看图说话、看图讲故事是同时在形象和符号两个水平上吸收和贮存信息,即把语义内容和语言形式结合在一起吸收和贮存。当要求幼儿说和讲的时候,图画为幼儿提供了语义内容,使他可以把精力集中在一起进行编码,从而减轻思维负担,有利于进行言语练习。

(4)听故事:幼儿听故事的时候,语言的刺激唤起了头脑里原有的形象性表象的活跃,对故事的语义内容与语言形式易于吸收。如果让幼儿用所听的故事进行表演,他们可以利用家具、玩具来创设情景,并借助道具,通过动作甚至整个身体的活动配合对话来表达对故事的理解。所以说表演故事这种语言练习形式,符合幼儿期言语表达需要大量非言语手段作为辅助这一特点。难怪幼儿对表演故事表现出极大的兴趣和积极性。

上述过程反映了婴幼儿接收信息从动作到语言的逐渐符号化。最初接触实物,感知物体的各个属性;其次进入玩具阶段,玩具在大小、重量等方面远离实物一步;图片比玩具更加抽象一些,离实物更远一些;听故事则进入远离实物的阶段,通过语言符号来代表实物,但还借助声调、手势等传达语义内容。这个过程可简单示意如下:实物—玩具—图片—口头语言。然而,在这个逐步符号化的过程中,各个步骤又不是截然分开的,而是相互交叉的。

在对婴幼儿进行语言教育的过程中,恰当地处理语言在每个步骤中的作用,就能使婴幼儿愉快地、顺利地掌握口头语言。处理不当,或放任自流,会延缓语言发展;或操之过急,会徒然增加智力负担,妨碍对语言的真正掌握。

对婴幼儿语言教育的上述建议仅仅是根据个人在学习心理语言学某些资料的过程中得到的一点启发提出来的。它是否符合语言教育的规律,是否切合语言教育的实际,还有待于广大婴幼儿语言教育老师在实践中加以检验。

主要参考资料:

1. Moerk, E. L., *Pragmatic and Semantic Aspects of Early Language Development*, 1997.

2. 桂诗春:《心理语言学的研究与应用》,载《外语教学与研究》,1979年第2期。

3. 桂诗春:《开展应用语言学研究努力提高外语教学质量》,载《外国语》,1979 年第 1 期。

4. 范继淹:《语言的信息》,载《中国语文》,1979 年第 2 期。

5. 胡寄南:《信息的分析、综合、储存——这就是心理活动的实质》,载《上海心理科学通讯》,1980 年第 5 期。

发表于《教育研究》,1983 年第 4 期

语言的性质和作用

人们的一切活动都离不开语言,只要有人群的地方就需要有语言交际,社会成员时刻都在使用语言进行交际。因此,我们说语言是交际的工具。语言也是思维的工具,人们用语言对事物进行分析、综合、判断、推理。对教师来说,语言又是进行教育的工具,教育效果如何,往往与语言使用恰当与否有很大关系。

一、语言是交际的工具

语言是交际的工具,这是什么意思呢? 我国一位语言学家说得很清楚:"用语言进行交际,包括两个方面:一个方面是,说话人运用语言这个工具来表达自己的思想;另一个方面是,听话人通过同样的工具来理解对方所表达的思想。"[1]

在这样的交际过程中,人们使用语言交流思想,达到互相了解。人们也运用语言抒发自己的感情,表示对他人的同情和关心,人们还通过语言传达指示,制定规章制度,讨论实施方案,协调彼此的行动。这里很重要的一点是甲乙两人要使用"同样的工具",也就是要说同一种语言,才能使自己说出的语言为对方所听懂,那么自己头脑里的思想,才能传到对方头脑里为他所理解。

对一般成人来说,只要能说同一种语言,进行交际是轻而易举的

---

[1] 高名凯、石安石主编:《语言学概论》,中华书局,1963 年版,第 28 页。

事。可是,对幼儿来说,从出生时不会说话,到能听懂别人的话,再到说出的话能使别人听懂,要经过几年的发展,才能逐渐达到。

幼儿先要能听,才能说;要听懂别人的话并能说出话来使别人听懂,就要学会语音,弄清词和所代表的意思的关系,懂得把词组成句所表达的意思等各种复杂因素。这个发展过程是怎样实现的,这就是本文所要讨论的问题。

口头语言交际,在人类发明电话、录音等现代化技术之前,是受到时间、空间限制的。相距远的地方,人们之间不能进行面对面的语言交际。前人说的话,后人也无法听到。在人类历史上,很早就发明了记录口头语言的符号,这就是文字,也称为书面语言。用口语交际和用文字交际,两者有相同处也有不同点(见图1)。

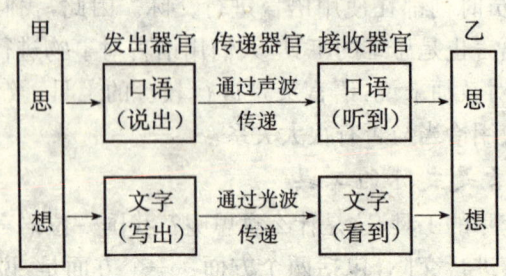

图1 口语交际与文字交际的比较

口头语言和书面语言由于发出的器官(声带、手)、接收的器官(耳、眼)、传递的渠道(声波、书面材料)的不同,在人类生活中发挥着不同的作用,从而使语言能适应人类交际的多种需要。

语言是人类最重要的交际工具,当然语言不是人类惟一的交际工具。在某些特定的条件下,如战争时期,人们用烽火、鼓声、手势以及其他多种信号进行交际。在没有文字的时候,古人用贝壳、结绳及其他实物来传递思想,进行交际。现代,随着人类社会的不断发展,人们进行交际的手段也越来越多,例如,信号灯、旗语、图表、图画、音乐、舞蹈、数理化公式、计算机语言等。在日常生活中,人们还常用手势、眼神等伴随语言进行交际。然而,这些交际工具无论是传递的意思、运用的场合以及发挥的作用,都不能代替语言。可以预料,随着人类的智慧和现代科学技术的继续发展,人们的交际方式还会日益增加,语言在社会交际中的作用也将越来越大。

语言是属于人类社会所特有的交际工具。动物之间也有交际活动,但它们的交际工具不是语言,人们没有发现哪一种动物会说有声语言,更没有文字。动物之间的交际是靠信号,例如,鸟类、狗、猴等能用多种声音作为信号给同类传递信息;蚂蚁用化学香料,蜜蜂用飞舞"密码",蜘蛛用网所传达的"波"来传递和分辨信息。动物之间的这些交际工具是靠直接作用于感觉器官来传达信号,它们不能像人类那样用符号进行交际,互相交流思想。

那么为什么人类会有语言?语言是怎样产生的呢?人类的祖先为了生存必须共同劳动,在日益复杂的社会化劳动中,出现了彼此进行交际、协调行动的需要,最初用声音符号进行协调,逐渐地从单一的声音发展到分音节的有声语言,这是人类产生语言的客观的社会需要。同时,人类的祖先在长期的生产劳动中学会了直立行走,解放了双手,促进了发音器官的发展,同时,各种感觉器官特别是大脑得到了发展,这是人类产生语言的物质基础。人类的语言是在这样的客观条件和主观条件的长期相互作用过程中产生和发展起来的。这就是说,在长期的劳动过程中,由于社会化劳动的需要和个人语言器官、大脑的发展这两方面的相互作用,人类的语言得到了产生和发展。

二、语言是思维的工具

人们不但在相互交际、交流思想的时候需要语言,而且在进行思维、形成思想的时候也需要语言。因此,语言不仅是交际的工具,而且也是思维的工具。语言是思维的工具,包含两层意思:在思维过程中需要语言,思维的结果要用语言表达出来。

人们的思维活动是在感知周围事物,在头脑里形成了表象、概念的基础上,进行分析、综合、判断、推理,从而得到对事物更加深入的认识。人的思维工具有三种:动作、形象和语言,这三者在人的思维中可以互相转换。人在感知客观事物后,可用相应的动作来表现,可在大脑中留下相应的形象(表象),也可转换成相应的语言。因而动作、形象和语言均可参与人的思维活动,但这三者在思维发展的不同阶段其作用是不同的。儿童的思维主要借助于动作和形象进行,要充分利用和发展语言工具的作用,必须充分依靠动作和形象。人们在有目的地去感知事物的时候,需要语言的指导;对动作、形象进行概括形成了概念需要用词固定下来;对已有的表象、概念进行分析、综合作出新的联系,推断出事物之间的复杂关系,这些更加离不开语言。对一般成人,上述思维活动是经常进行的。对幼儿,则主要是靠表象进行思维。因为他们才开始学习使用概念、判断和推理。所以我们说幼儿思维的特点是具体形象的,只能进行初步的抽象概括。随着语言的发展,幼儿抽象思维的能力逐渐得到发展。

语言是思维的工具,还有一层意思,即思维的结果,一般称为思想,要用语言表达出来,把思考的过程和结果固定下来,或与人交际,或储存信息,或指导行动。如定计划、边思考边用文字记载下来,或者先打腹稿再写成文字。通过表达,可以把思考的问题整理得更加清楚。

语言是思维的工具,就能帮助人们认识世界。因为语言文字是储存知识和传播知识的主要工具,所以人们在思考、理解、记忆语言的时候,总是获得了有关的知识和道理。即使是自然科学知识,也离不开文字的说明,学生在解答数学应用题时,由于语言理解的错误导致计算的错误并不少见。

当然,个人的思维品质,如条理性、精确性、敏捷性等,也影响语言的运用。有的人善于即兴讲话,有的人则要慢慢思考;有的人只能讲出事件的梗概,有的人却能讲得十分细致;有的人说话条理分明,有的人却说得颠三倒四……这些不同的语言现象无疑与各人的思维状况有关。鲁迅说过:"这语法的不精确,就在证明思路的不精密,换句话,就是脑筋有些糊涂。"这里的语法,就是指语言的运用。可见语言与思维两者之间的关系十分密切,可以互相影响,互相促进。

"语言是交际工具,又是思维工具。这两方面是统一的,彼此不能分离的。不与思维相联系,就谈不到交流思想,当然也就无法担负起交际的任务了。但脱离了交际的需要,语言也无从产生,也就无所谓思维工具;一种语言一旦不再作为交际工具,它就会失去作为思维工具的资格。"〔1〕

三、语言是重要的教育工具

对教师来说,除了运用语言进行一般的社会交际和思考问题,还要重视发挥语言在教育中的积极作用,这对从事语言教育的教师尤其重要。语言是连接教育者(教师)和教育对象(婴幼儿、少年儿童、青年以至成人)的一条无形而又实际的纽带。传统观念往往把教师的任务理解为:教书和教训学生。认为教师就是应该把书本上的知识传给学生,同时管好学生不准越轨。因此,教师的语言就仅仅成为讲课和"训人"的工具。那么,教师的语言究竟怎样才能发挥完善的教育作用呢?从广大优秀教师的模范言行中可以悟出以下几点:

(1)运用语言这个最重要的交际工具与学生谈心交朋友。教师说的话要能打动学生才能发挥教育作用,这不在于说多少话而在于怎样说才能触及学生的心灵。这就需要在教师自己说话前先听学生说。听了再说,就能知己知彼,切中要害。多听就能少说,可以取得效果;只说不听,说话没有针对性,甚至引起对方的反感,效果反而不好。教师说话的技巧固然重要,耐心倾听的修养更加重要,这一点值得引起重视。在谈心交朋友的过程中,教师仍然是处在教育者的地位,不过是通过启发诱导来促使学生发挥主动性、积极性,使他们逐渐地发展成长为我们所要培养的人。

(2)运用语言这个思维工具指导学生认识世界、获得知识、发展智力、培养能力。传统的教学几乎把讲课作为惟一的形式,把教师的语言作为学生获得知识的惟一渠道。现代的教学把学生看做学习的主人,教师的语言就是要起指导学习的作用,而不再是作为灌输知识的工具。学生在感知周围事物,形成概念,学习分析、综合、判断、推理

---

〔1〕 高名凯、石安石主编:《语言学概论》,中华书局,1963年版,第39页。

的过程中需要教师用语言给予指导。教师的语言用得恰当、简洁、明了、确切、击中要害,就能指导学生积极主动地去获得知识,在这个过程中智力和能力也可以得到发展。教师的语言用得不恰当,冗长累赘,会妨碍学生的学习积极性,造成相反的结果。

（3）加强语言修养,树立良好的榜样。通过良好的语言榜样来影响学生,这也是教师用语言进行教育的重要方面。教师除了会说普通话,使用文明语言,口齿清楚等掌握基本的语言技能以外,还要特别注意语言的亲切和坚定。说话亲切,体现了对听话人的关怀,使对方乐意听;说话坚定,说明说的话是算数的,不是随随便便说的,是经过思考的,使对方觉得是值得听的。一个人的语言是心灵的镜子,加强语言修养,除了练习基本的语言技能外,还要注意提高文化思想品德等各方面的修养。

幼儿正处在语言迅速发展的阶段,他们的语言不连贯、不完全,理解和表达语言的能力也有一定的局限性。因此,幼儿教师的语言除了要注意以上几点外,还要注意和幼儿言语交流的特殊性。对幼儿所说的每个词、每句话都要从各方面去理解、去猜度,结合当时的动作和情景作出回答,然后观察幼儿的反应,从而判断你的回答是否与幼儿所想要得到的信息一致。幼儿教师和幼儿的言语交流需要频繁而及时的反馈,这样才能更好地指导和影响幼儿的言语发展。

摘于楼必生、赵寄石编：《语言教学法》（幼儿园教师培训教材），
人民教育出版社,1987年版

试论口头语言向书面语言的转换

儿童什么时候开始学习本国文字较为妥当,这是各国教育普遍重视的问题。心理学、教育学等领域里在这方面作了不少研究,各国的教育改革对此也进行了各种尝试。西方的"阅读（心理）准备"、"阅读前技能"的实验研究,我国对入学前儿童认字的研究,都属于此类。

语言是人类的交际工具、思维武器。人们借助语言交流思想,互

相了解；人类的文化借助语言得到传递和积累。个人依靠语言接受教育，得以成长；社会依靠语言使文化代代相传，从而不断地向前发展。因此，年轻一代掌握语言的问题受到社会的特别关注。个人生活在社会中至少要掌握一种语言，首先是本民族语言或本国语言。个人掌握某种语言包括对口头语言（言语）和书面语言（文字）的理解和应用。只会口语不会文字，或只会阅读书写不会口语，语言交际就会受到限制，语言功能也难以充分发挥，在现代社会尤其如此。学习言语有一个最佳期，同样，学习文字也有一个最佳期。掌握言语大量地依靠生活在言语交往的环境中自然"获得"，而掌握文字则需要大量的学习。按利奇在20世纪60年代到70年代初关于儿童言语和语言发展研究的概括，认为4～5岁的儿童已获得日常言语交际的90%[1]。学习本国文字的最佳期是什么，何时开始学习较为恰当，从提高教育效益出发，研究这个问题尤其重要。

我国的传统教育思想中有一点是把"能识多少字，能背多少诗文"作为孩子"聪明"的标志，因而尽量提前教孩子识字、背诗。这种观点在当前还有广泛的影响。究竟何时开始认字较为恰当，要放在儿童全面发展的整体背景中来考察。有不少事例可以说明两三岁的幼儿经过训练有可能认识几百个汉字，但这并不足以证明在这个年龄教认汉字是恰当的。对此值得考虑的问题有：

（1）两三岁的孩子口头语言正在迅速发展，需要充分的言语交往的机会，这时身体发育和大、小肌肉动作的发展需要相应的活动，识字训练对这些方面的发展起什么作用，是促进还是妨碍。

（2）从掌握文字的长远利益来看，两三岁开始认字与5岁基本获得言语交际能力后认字相比，效果如何。我对认字问题尚未进行实验研究，但根据有关理论进行思考后产生一些想法，提出来供讨论。

语言是一种社会性符号系统，个体掌握语言是在自身社会化的过

---

[1]［美］苏曾·M.利奇著，周兢、楼必生译：《学前儿童学说话——父母与教师手册》，教育科学出版社，1982年版。

程中逐步实现的。这是一个漫长的发展过程,而它的起点是新生儿的本能——哭声表达机体的需要。这个发展过程经历两个转换:① 非言语交际向言语交际的转换;② 口头语言的使用向书面语言使用转换。在《从心理语言的角度看婴幼儿的语言教育》一文中,我对语言交际中信息传递的过程进行了分析,并对非言语交际向言语交际发展作了一些说明。[1]本文试论口头语言向书面语言的转换。为了表明发展的连续性,用图1示意非言语交际、言语交际、文字交流三者信息传递过程的各自特点及其间的两个转换。

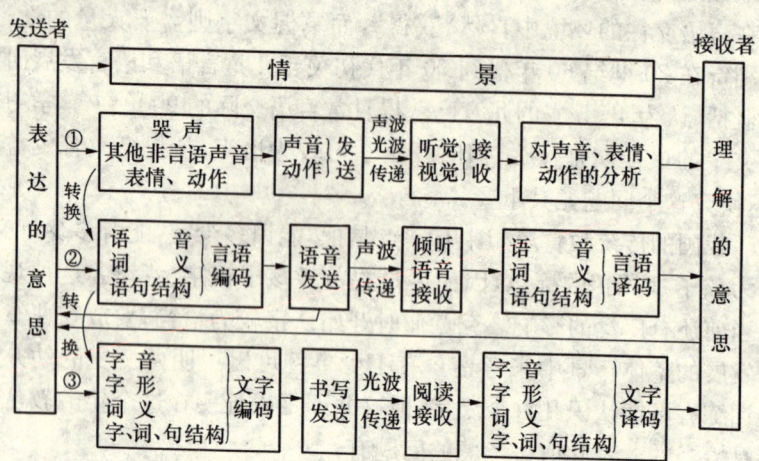

图1　三种交际行为信息传递过程示意图

注:图中①表示非言语交际,②表示言语交际,③表示文字交流。

一、非言语交际

从个体掌握语言的总过程看,这是属于能运用口头语言传递信息、交流思想之前的阶段(前言语阶段)。这时婴儿用哭声和其他非言语声音、表情、动作等表达机体的需要以及逐渐发展起来的社会性要

---

[1] 赵寄石:《从心理语言的角度看婴幼儿的语言教育》,载《教育研究》,1983年第4期。

求。虽然出现一点言语音节，但其含义还不具有社会性。这个时期的信息传递大量借助情景，因而交际双方只能有一方处于前言语发展阶段，否则，几乎不可能进行信息传递。如果婴儿是发送者，作为接收者的成人凭借对婴儿发展的了解及当时的情景来理解他的意思；如果婴儿是接收者，作为发送者的成人就要借助当时的情景及婴儿惯用的声音、表情、动作等帮助他理解所传递的意思。这种交际所使用的工具和信息传递的渠道有显著的个人特点。

二、言语（口头语言）交际

从语言发展过程看，在1～5岁之间逐渐从非言语交际转向言语交际，完成第一个转换。从言语交际的使用看，它从幼儿期开始延续终身。言语交际的特点是：语言作为交际工具必须社会化，否则，信息无法得到传递，语言不必严格地规范化，可以借助当时的情景以及伴随的非言语交际。

现在从言语交际的构成要素来分析第一个转换。

（1）听说轮换，即时反馈：听说轮换在言语交际中占有重要地位，如果一方只顾说，不注意倾听对方，或对对方的说话不作反应，信息交流就有困难。这"轮换"意识实际上在婴儿时期与成人进行情感交流或其他非言语交际期就出现了，只要注意培养，可以为言语交际打下基础。即时反馈包括儿童听自己说的话以及听对方对自己说话的反应。反馈对言语获得有重要作用。幼儿喜欢自言自语，通过反馈达到自我练习。

（2）词的应用：词是语言的建筑材料，用词是言语交际的基本要素，用词是音和义的结合。对词音，能听清，能发准；对词义，能听懂对方，能使对方听懂自己；这样才能顺利地进行交流。从言语发展看：先能听清，才能发准；先能听懂，才能说得使别人听得懂。

（3）构词成句：言语交际中对词句的结构只要求符合口语习惯，幼儿可以通过日常交际自然获得。生活在丰富生动的语言环境中，经常有机会与别人进行言语交际，口语能力就会得到发展。反之，没有言语交际的条件和机会，孤立地进行语言、词汇训练，难以取得良好的效果。

第一个转换的实现，总体上是从接收向发送发展，从译码向编码发展。从个别要素看,听清词音,听懂词义,逐渐向发准词音,说清意思发展;先会反应,再向主动交际发展;先用单音、单词表达,再向构词成句发展。第一个转换的顺利实现为第二个转换奠定基础。

在第一个转换中,丰富言语交际的内容,使幼儿有话可说,有话要说,特别需要给予重视。言语交际的顺利开展,最根本的是发送者头脑里具备"表达的意思"并且有表达的愿望。这种"表达的意思"是通过多种渠道将外界的信息大量地输入大脑,并且经过加工贮存;表达的愿望则需要有恰当的条件和愉快的气氛。这不是孤立的语言训练所能达到的。因此要注意丰富幼儿的生活内容,诱导幼儿主动、积极地吸收外界的信息,创造良好的条件,使他们乐意表达自己的想法。在这个过程中使言语交际的编码、译码能力在应用中得到锻炼。

三、文字(书面语言)交流

掌握文字与掌握言语的区别在于前者必须经过学习,而后者主要依靠自然地获得。在文字交流中,无情景和非言语手段可依靠,无自然的即时反馈可利用,因而语言工具必须规范化。所以掌握文字需要经过专门的学习。然而,学习文字也有其有利条件:可以言语交际为基础,可由言语交际伴随学习。由言语交际向文字交流的转换中,如果充分利用这两个条件,转换可以顺利地实现,学习文字的难度可以降低,时间可以缩短。

我国文字的基本单位是"字",字包含音、形、义三个要素。在口语向文字的转换中,字形是一个新出现的要素。掌握字形包括辨认和书写两个方面。如果在口语发展的后期对常用词的音和义已经掌握,对口语和文字之间的关系已经理解,第二个转换的初期就可以集中精力于字形的学习。语音的掌握通过学说普通话可以达到,词义的掌握通过丰富的生活内容和经常的言语交际可以达到。对物体、图形等的比较辨认可为辨认字形打基础,结构游戏、绘画、手工等发展手指肌肉的活动可以为写字打基础。此外,通过倾听成人朗读书本上的文学作品,幼儿逐渐理解口头发出的声音与纸上的字形之间有关系。如果把这几方面相互联系起来综合地加以运用,在字形与已经掌握的音和义的联结上下工夫,认字关是不难攻克的。而汉字的形、音、义的关系又有多种规律可循,我国在这方面已有多种实践研究的成果可供采纳。因此,我认为要使儿童顺利地掌握文字,不在于提早认字,而应在基本掌握口语的基础上做好转换。在发展口语的阶段从多方面考虑为学习文字打基础。

儿童在认读并书写一定量的字以后,就会在应用中向前发展。儿童认字后往往阅读积极性较高,在阅读课外读物时输入的信息可以补充和丰富语文课的学习。但儿童往往对作文不感兴趣,有的甚至畏难。小学低年级常用的写话和写日记是很好的作文准备。我觉得很重要的一点是把书面写作与口语表达结合起来,用口语交际伴随并促进文字交流。作文与口语表达的共同之处是要有表达的意思和表达的愿望,有话可说,有话要说,先说后写,发展到有文可写,有文要写,作文的积极性就提高了。从语文教学来说,学会作文是一种目标,但从掌握语言来说,它是人际交流的一种形式。这两方面的统一,能促进第二个转换的全面实现。

在口语交际向文字应用的转换中,我国还有一个掌握汉语拼音的问题。汉语拼音是发音、认读、写话的拐杖,同时它也是汉字的替代符号。不谈文字改革的发展趋势,目前在外文中的中国人名、地名都用汉语拼音。因此,汉语拼音无论作为拐杖还是替代符号,儿童都需要掌握。什么时候开始学汉语拼音,怎样得到巩固,小学一年级和幼儿园教师都很关心,意见不一致。这是我国儿童在第二个转换中面临的特殊问题,也是我国幼儿园与小学衔接中的一个特殊问题。怎样把汉语拼音的学习放在第二个转换的背景中,与口语、汉字结合起来考察并探索其规律,这是值得重视的。

儿童掌握口语与学习文字的关系问题,引起我的思考已有几年了,但由于多种原因未能作深入的理论探讨,更未进行实践尝试。本文只是把一些原始想法写下来,向语言学、心理学专家们请教,希望能成为今后开展这方面研究的动力。

发表于《学前教育研究》,1998年第2期

学前儿童语言教育的基本观点

教育的基本观点是贯穿教育全过程的指导思想,对教育的效果产生决定作用。大家都知道,人们的行动是受其观念支配的,有些行动是有明确的指导思想而有些行动有时并没有明确地意识到是受什么样的观念支配的。作为教育工作者,尤其在改革开放日益深入的今天,每做一件事更加需要用明确的观点来指导工作;否则,与改革开放精神不相适应的观念就会自发地产生作用,从而造成与意愿相反的效果。经常说,教育改革的关键是更新教育观念,就是这个意思。

教育的基本观点之一是怎样看待教育。根据系统论的基本思想,应把教育作为一个整体系统来对待。什么是系统论呢?

系统论是研究系统的理论,它从整体出发研究系统整体和组成系统各要素(即各部分)的相互关系,从本质上说明系统的结构、功能、行为和动态,从而把握系统整体,达到最优的目标。用系统论的观点看待世界,系统是"无处不有,无处不在"的。小到生物体的一个细胞,大到一个国家,都可以作为一个一个系统来看待。系统与系统之间是相互联系的,有些是按一定的层次组织起来的。[1] 国家是一个系统,由政治、经济、科学、文化、教育等要素(也称子系统)组成。教育作为一个系统,是由学前教育、初等教育、中等教育、高等教育、成人教育等要素或子系统组成。推论下去学前教育、学前儿童语言教育都可作为一个系统,也是由一系列相互联系的要素组成的。我们把学前儿童语言教育看做一个系统,其目的是要弄清其各要素之间的相互关系,从而更好地发挥语言教育的整体功能,提高教育效果。系统的各要素具有严密的结构性和不可分离的相关性。结构性是指系统内部的组织、机制(即内在工作方式)和排列秩序,相关性是指系统中各要素间联系的相互依存性和相互制约性;系统的结构性和相关性是决定系统整体性功能的关键。在一般场合下,结构愈合理,相关度愈大,其整体性功

---

[1] 金哲等主编:《世界新学科总览》,重庆出版社,1986年版,第18~23页。

能就愈好;反之,其整体性功能就差。

我们把学前儿童语言教育作为一个系统来研究,就是要弄清它的结构,包括该系统各要素的组织形式、排列秩序,它们之间相互依存和相互制约的关系,以及各要素构成的这个整体的内在的工作方式。从而使语言教育产生新的整体功能,获得比孤立地运用语言教材、教法更大的效果。

系统是开放的,处于积极的活动之中。任何开放的、活动中的系统都和周围环境发生物质、能量和信息的交换关系,这就是系统的动态性质。系统借助于信息的获得、传递、加工、处理、交换这一系列过程来实现有目的的运动。人们通过信息的输入和输出关系,把引起系统运动的原因和结果综合起来研究,从而了解系统的整体性及其运行机制。人类的认识和实践活动,尽管有多种方式,但都离不开人、物和信息三个共同的流通过程。信息在这三个流通过程中调节和控制人流和物流的数量、方向、速度,促使其进行有目的和有规则的活动。人们还把信息输出后的作用效果反过来对信息的再输出发生影响,起到控制作用,这叫做反馈。通过反馈可以不断地改善系统的运行机制,提高整体性功能的效果,达到最优的目标。

我们用动态的观点看待学前儿童语言教育,就是把它作为一个开放系统来研究,使它始终处在与周围环境交换信息的运动中。通过信息反馈不断改善学前儿童语言教育系统的结构及其运行机制,使它的整体性功能逐步地得到优化。

一、学前教育的基本观点

学前儿童语言教育是学前教育的一个组成部分,从系统的观点看,它是学前教育系统的一个要素。它在学前教育这个整体中,与其他方面的教育密切联系,相互作用,协调地运行,既能发挥自身的整体功能,又能提高学前教育系统的整体功能。因此,学前教育的基本观点对学前儿童语言教育同样具有指导作用,并且也渗透在学前儿童语言教育的基本观点中。

我们在这里从教育对象与教育作用的关系上提出两个基本观点,

即发展观点和整体观点,加以阐述。

1. 发展观点

发展观点首先体现在学前教育的目标和功能上,促进儿童发展。学前教育的目标是通过施加积极的影响促使儿童发展得更好;学前教育的功能(即作用)则是运用什么样的影响促进儿童发展,使他达到教育目标。

《幼儿园工作规程(试行)》(以下简称《规程》)总则的第三条提出:"幼儿园的任务是:实行保育与教育相结合的原则,对幼儿实施体、智、德、美全面发展的教育,促进其身心和谐发展。"第五条提出:"幼儿园保育和教育的主要目标是:促进幼儿身体正常发育和机能的协调发展,增强体质,培养良好的生活习惯、卫生习惯和参加体育活动的兴趣。发展幼儿正确运用感官和运用语言交往的基本能力,增进对环境的认识,培养有益的兴趣和动手能力,发展智力。萌发幼儿爱家乡、爱祖国、爱集体、爱劳动的情感,培养诚实、勇敢、好问、友爱、爱惜公物、不怕困难、讲礼貌、守纪律等良好的品德、行为、习惯,以及活泼、开朗的性格。萌发幼儿初步的感受美和表现美的情趣。"《规程》虽然是针对幼儿园的教育制定的,实际上对从出生到入学前儿童的学前教育是同样有指导意义的。这里提出的总目标是促进儿童身心和谐发展,又把总目标分解成四个方面的主要目标,也都是从促进儿童的发展,萌发情感、情趣的角度提出的。

《规程》第20条提出:"幼儿园教育工作的原则是:体、智、德、美诸方面的教育应互相渗透,有机结合。遵循幼儿身心发展的规律,符合幼儿的年龄特点,注重个体差异,因人施教,引导幼儿个性健康发展。面向全体幼儿,热爱幼儿,坚持积极鼓励、启发诱导的正面教育。合理地综合组织各方面的教育内容,并渗透于幼儿一日生活的各项活动中,充分发挥各种教育手段的交互作用。创设与教育相适应的良好环境,为幼儿提供活动和表现能力的机会与条件。"此条及以后各条实际上是说明怎样"促进儿童发展",这就是幼儿园教育的功能,同样适用于指导整个学前阶段的教育。

(1) 儿童发展的特点。学前教育的对象是六七岁前的儿童。儿童出生时的肌体结构和功能极不成熟,显得异常软弱无能,离不开成人的照料,否则难以生存。儿童虽然具备了发展成为一个成人的可能性,也可以说是一种潜在的力量,然而,他的这种潜力必须生活在人类社会中,受到人们的保护和照料,在与人们交往中接受启发、引导、指导,才能逐渐地生长发育,成熟起来。因此,儿童期长达14年,前六七年对人的一生发展特别重要。人从出生到成长为一个社会成员,经历了一个发生、发展、逐渐成熟的过程。就是说,儿童出生时具有一种发展为社会成员的可能性(潜力),要使这种可能性变成现实性,即成为身心得到发展,在身体、智慧、社会性等几方面都达到一定的成熟程度,必须生活在人类社会中,接受社会各种力量的影响。必须强调的是,在多种社会力量中教育承担着特别重要的责任,发挥着特别重要的功能。因为教育是有目的有计划地对教育对象施加积极的社会影响。在儿童出生后的六七年内,用什么样的教育力量促使他发展到什么样的状况,这是学前教育的功能和目标应解决的问题。

(2) 儿童发展的机制。儿童身心发展的机制是错综复杂的。儿童的发展与外界环境的关系,从系统观点看,儿童作为一个系统整体,他始终是处在开放的、积极的活动之中,同周围环境发生物质、能量和信息的交换关系。儿童的发展是由他自身与周围环境中的人、事、物交互作用而实现的。儿童一出生就具备了他先天得到的遗传因素及在胎儿期与母体进行物质、能量交换过程中所发展起来的身体结构和本能。他就是运用这些看来软弱、简单却有巨大潜力的身体结构和本能与周围环境交换物质、能量和信息。在这样的过程中,儿童不断地吸收外界的东西,改变着自己的身体结构和智慧结构,从而得到发展。我们不能凭主观意志,利用外界的压力,在儿童身上塑造出我们所期望的形象。然而,我们可以用教育的力量,顺应儿童身心发展的规律,促使他自我建构起我们所期望的和谐发展的个性。这就涉及教育的目标和功能问题,所以应该提出合理的、可行的目标;应该采取与儿童自我建构规律相适应的教育措施,促使教育目标得到实现。

（3）教师的作用。教师在实施教育功能、实现教育目标中应该发挥主导作用。教师的主导作用是与儿童的主体地位相对而言的。发展的观点使我们明确了儿童在教育过程中的主体地位。如果儿童处在被动的地位，无论教师怎样积极主动，收效还是不大的。在一个班级里，教师组织的一些活动中，经常积极参与，主动作出反应的儿童，往往发展得比较快。有一些儿童经常处于被动状态，不能积极地参与，其原因是很复杂的，主要的一点是这些活动没能激发儿童内部的力量来与外界环境进行积极的交互作用。当某些儿童在较多的活动中经常处在被动状态，他们就很难得到充分发展。这里也说明教师的作用与这些儿童的发展状况还不相适应，因而不能激发他们的积极性、主动性。因此，教师首先要在观念上明确儿童在活动中的主体地位，然后再考虑怎样才能发挥所有儿童的主体作用，使他们都能得到发展。教师的主导作用，从根本上说是激发和引导儿童与周围环境中人、事、物交互作用的积极性、主动性和创造性。

教师怎样才能发挥主导作用呢？应做到三点：① 创设一个与班上所有儿童的发展状况相适应的物质环境和心理环境，教师要观察了解每一个儿童的兴趣、爱好以及各方面的能力，提供丰富多样的内容和宽松愉快的气氛。② 组织能使所有儿童积极参与的多种多样的活动，使他们都能动手、动口、动脑以及全身活动，与物、与事、与人交互作用。③ 在各种活动过程中，针对各个儿童的不同情况给予启发、引导以及直接指导，使他们都能在原有的基础上得到继续发展。关于教师主导作用的具体阐述以后各章还将涉及。

2. 整体观点

整体观点也体现在学前教育的目标和功能上。儿童是作为一个整体发展起来的，他的各方面的发展是相互影响的。儿童的身体、智力、情感中的某一方面受到伤害，往往会给整体发展带来不利影响。因此，我们不可孤立地突出对儿童某一个方面施加不符合发展规律的影响。例如，用强化训练迫使两三岁的儿童认成百上千个字，结果剥夺了他进行游戏及其他活动的机会，这种认字的效果是极其短暂的，实际上是妨碍了儿童的健康发展。由于儿童是整体发展的,教育措施也要发挥整体作用。

《规程》的第三条中提出:"幼儿园的任务是:实行保育与教育相结合的原则,对幼儿实施体、智、德、美全面发展的教育,促进其身心和谐发展。"这就体现了教育作用的整体性。

学前教育怎样发挥它的整体功能或作用呢?要运用系统观点,提出学前教育的结构。系统的各要素具有严密的结构性和不可分离的相关性。这就是说,当我们找到学前教育各要素的结构性和相关性,学前教育就能产生整体性功能。系统的结构愈合理,要素之间的相关度愈大,整体性功能就愈好。

我们借鉴英国课程研究专家惠勒提出的,并在国际上被广泛采用的课程要素[1],结合系统观点,现提出学前教育系统整体结构的四个要素:① 确定教育目标;② 选择教育内容;③ 组织教育活动;④ 评价教育效果。这些要素涉及的教育目标、内容、活动、评价等部分在任何一级学校教学计划、教学大纲中都有。把它们作为一个系统的结构要素来看待,就能使它们在构成系统时产生新的功能,其效果将超过它们各自原有的功能。怎样才能达到这一点呢?

(1) 着重找到并处理好各要素之间的关系,从而形成系统的严密结构及其各要素之间的相关性。教育目标是根据本系统所承担的教育任务提出来的,是其他三要素的根据,教育目标要通过相应的教育、教学内容以及师生的活动才能落实到教育对象身上,教育目标能否真正落实,必须经过评价。这些要素在系统结构中的位置是按一定顺序排列的;在前后两个要素之间有一种转换机制,这种机制反映了这个系统运行的客观规律。深入理解并合理运用这种转换机制,对发挥系统的整体功能是非常重要的。

(2) 从系统的动态性质看,各要素之间的关系并不是静止的、固定的,而是一个流动的过程,始终处在运动和发展中。评价效果这一

---

[1] D. K. 惠勒:《课程的过程》,英国霍德与斯托顿出版,1967年版。

要素要对目标、内容、师生的活动三个要素进行监测。若是从评价所得到的反馈中发现教育效果与教育目标中所预料的不一致,就需要对目标、内容、活动三个要素及其相互关系进行检查,并作出相应调整。因此,这四个要素的表述方式都以动词开头:"确定"、"选择"、"组织"、"评价",说明不是固定的,是周而复始螺旋式向前发展,使系统始终保持开放,从而使教育效果不断得到提高。

图1表示学前教育系统的结构及各要素之间的关系。两个要素之间的弧线表明转换关系。虚线表明评价对其他三要素的随时监测,评价效果与确定目标之间的弧线表明在一个周期以后的总评价对目标的作用,或肯定或调整,接着对内容、活动作必要的调整。

学前教育系统的结构同样适用于学前儿童语言教育。本篇以后各章将按照这个结构阐述学前儿童语言教育的各个要素及其功能。

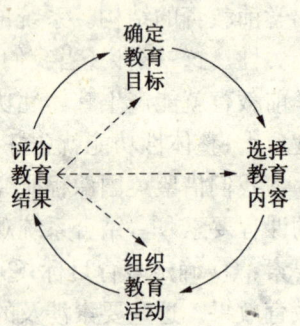

图1 学前教育系统的结构示意图

二、学前儿童语言教育的基本观点

学前儿童语言教育应以学前教育的基本观点为依据,汲取有关学科的理论经验,结合本学科特点,阐述以下三个主要问题。

1. 学前儿童语言观

学前儿童语言观,指的是应该怎样看待学前时期儿童的语言,它包含两点:

(1)语言是社会信息的主要载体,是全民族最重要的交际工具。在我国这个有多种民族语言、多种方言的社会里,学前儿童需要学会本民族语言或本地区方言,才能与人们进行交际;同时要学习全社会通用的普通话,才能为日后更广泛的交际打好基础。

(2)在学前期语言既是学习的工具,又是学习的对象,提高儿童运用语言的能力,可为儿童日后学会学习打下重要的基础。

2. 学前儿童语言发展观

学前儿童语言发展观,指的是应该怎样看待儿童的语言发展,它包含三点:

(1) 正常儿童出生时在生理上具有语言发展的潜能,经过生活在人类社会中与人们进行语言交际,这种潜能才逐渐地发展为现实的语言能力。

(2) 语言器官或大脑发育有缺陷的儿童,经过恰当的培养和训练,语言发展有可能达到一定程度,成为交际的工具。

(3) 语言的发展是与大脑有关部位机能的成熟密切联系、相互作用的,语言教育既要顺应大脑机能成熟的客观规律,又要利用语言和动作等方面的活动,促进大脑的发展。

儿童语言的发展是先天的遗传因素与后天的社会影响的因素相互作用的结果,这是在儿童发展问题上的相互作用观点。

3. 学前儿童语言教育观

学前儿童语言教育观,指的是应怎样看待学前儿童的语言教育,包含五点:

(1) 学习语言的积极性在正常儿童中普遍存在,这种积极性的充分发挥,需要相应的物质环境和心理气氛的支持和鼓励。

(2) 语言作为儿童的交际工具是在他们与周围的人、事、物进行信息交流的过程中发展起来的,使儿童学会在不同的场合,能够运用恰当的言语进行表述和交流,这是语言教育的重要任务。

(3) 正常儿童学习本民族语或方言具有自然习得的特点,可利用本民族语或方言学习全社会通用的普通话,应使儿童掌握当地民族语或方言向普通话转换的规律,这将有利于促进儿童语言的发展。

(4) 语言教育既要渗透在儿童生活的各种活动中,又要用专门组织的相应活动使之落实到所有儿童身上,从而提高语言教育效益。

(5) 语言发展与思维发展是密切相关、相辅相成的,要教儿童学习用语言指导思维过程及表达思维结果,这样又可使作为思维工具的语言得到良好的发展。

语言教育的设计者应以基本观点为指导确定语言教育目标,选择儿童的语言学习经验和内容,并设计语言活动的过程;语言教育的实施者应以基本观点为指导,根据所设计的语言活动开展具体的活动,使教育落实到儿童身上,促进其发展;语言教育评价者应以基本观点为指导,对目标、经验内容、活动以及在儿童身上产生的效果进行评价。一般说来,实施者是班上的教师,设计者和评价者可能是一些研究人员,也可能就是教师,或者是两方面共同进行。无论是谁来承担这三方面的工作,都应树立基本观点,具有明确的指导思想。

主要参考资料:

1. 金哲、姚永杭、陈燮君主编:《世界新学科总览》,重庆出版社,1986年版。
2. [苏]潘切什尼科娃:《论教学法研究中的系统观点》,载《外国教育资料》,1986年第2期。
3. [苏]科罗列夫:《系统观点及其在教育研究中运用的可能性》,载《外国教育资料》,1986年第3期。
4. 陈元晖:《"一般系统论"与教育学》,载《教育研究》,1990年第3期。
5. 南京师范大学教育系学前教育研究室、南京市实验幼儿园:《幼儿园综合教育结构的探讨》,载江苏《幼儿教育》,1986年第12期,1987年第1期。
6. 赵寄石:《论幼儿园教育结构》,载《教育研究》,1987年第6期。
7. 赵寄石、唐淑:《论幼儿园课程改革》,载《学前教育研究》,1988年第5期。
8. 周兢、赵寄石:《皮亚杰学前儿童语言发展观评析》,载《学前教育研究》,1991年第5期。
9. 裴娣娜:《现代教学论发展的主要特点和趋势》,载《中国教育报》,1992年12月29日。

摘于赵寄石、楼必生主编:《学前儿童语言教育》,人民教育出版社,1993年版

故事的魅力

如果说语言是人类早期发展的决定性因素,童年早期是口头语言

发展异常迅速的阶段,那么让我们来思考这样一个问题:在生成和运用口头语言的过程中包含着哪些智能。这就是说语言给儿童带来什么样的智能工具。

在文字产生之前的社会里,语言缺乏现代信息的载体,它是用来讲故事的。我们讨论的关于语言给儿童带来什么的问题可以从故事开始。

什么是故事?故事是一种独特的叙事作品,它们的基本形式、结局可以满足它们的开头所引发的紧张情绪。如果我告诉你"她被推进水里",你就想知道被谁,为什么,这对故事来说是最基本的,不管为她被推进水里感到高兴还是担忧。如果我告诉你,她被一个抢了她钱包的长胡子的大汉推进水里,而她既不喜欢水又不会游泳,你会为她担忧。然而如果我告诉你有人在她的包里放了个炸弹,快要爆炸了,那个长胡子的大汉冒着生命危险去救她,你对"她被推进水里"这件事的感受就不同了。故事是惟一的语言形式,能使听者感情倾注于情节、角色、思想等构成要素。故事最根本的是一种引导情感趋向的小小工具。

语言还会带来一系列智能技术帮助记忆,使知识积聚起来。所以韵律和节奏使帮助记忆信息的过程既有用又有趣。早期语言发展使人的心智充满韵律和节奏的回响。

语言也能用来激发清晰的表象,而与这些表象相联结的知识可以更容易更可靠地记住。我们记得最好的东西是那些伴随着情感并与清晰的表象相联系的,由语词生成的表象似乎总是包含某些情感因素。这是我们从文本或倾听口说故事生成表象的经验,比看电影或电视获得的表象,内涵丰富得多。因为听故事获得的是主动的想像经验,而看(不是阅读)故事往往达不到这一点。

从那些使幼小儿童着迷的幻想故事中可以看出它们蕴含的结构往往是一种简单的二元冲突,即安全/害怕,勇敢/胆小,善良/邪恶等。从这些二元结构中可以看出以下三点:(1)它们是抽象的,(2)它们富有情感,(3)它们可以根据其基本的情感性概念"扩展"到世界上的任何事情。

从以上阐述的语言给儿童带来的智能工具,我们可以看出儿童的思维和学习有以下特点。

1. 儿童的思维既是具体的,也是抽象的。
2. 儿童的思维具有丰富的情感性。
3. 儿童更容易理解以故事的形式组织的内容。
4. 儿童很容易将词语生成表象。
5. 儿童的学习更易受韵律和节奏的激励。
6. 儿童的学习更易从二元冲突及其协调中得到进展。

资料来源:

Kieran Egan :《教育论文集》(Essayson Education Page 88 - 90,1999年,美国哥伦比亚大学出版)

发表于《桃李苑》,2001年第4期

谈谈幼儿园的"英语热"

随着我国改革开放形势的持续发展和幼儿园教育改革的日益深入,幼儿学英语引起了不少幼儿家长和教师的积极反应,可以说已开始形成一种"热潮"。作为幼儿教育的教学和科研人员,面对这个"幼儿英语热"不能简单地表示同意或不同意,更不容置身事外不置可否,而应通过认真思考、积极地探索实践来作出回答。

一、要不要幼儿学英语,幼儿能不能学英语

这个问题要从社会发展的需要和幼儿发展的可能两个方面来思考。21世纪的人才必须具备走向世界,开展国际交流、竞争、合作的能力,其中能够流利地运用本国语和世界通用语的双语能力是不可缺少的。再从当今人类文明的发展看,正走向东方文化和西方文化互相渗透、取长补短的趋势,在学习英语的过程中吸收一定的西方文化,对提

高我国民族素质也是有利的和必要的。

从学前期儿童身心发展的特点看,幼儿学习语言的潜力很大。这既有科学研究的理论根据,也可用我国的实践结果说明,幼儿学英语是需要而且可行的。

二、幼儿学英语学什么,怎样学

这要从幼儿身心整体发展和幼儿语言发展两个方面来考虑。从教育旨在促进儿童发展这个幼教基本观点出发,幼儿学英语既要促进他们的英语和汉语的发展,又要有利于他们身心的和谐发展。幼儿学英语,既不可耽误汉语(本国通用语言)的发展,更不可延误身心其他方面发展的有利时机。这就需要慎重地思考学什么和怎样学的问题。从理论上说,幼儿某一方面的发展是会有利于其整体发展的,而每个方面的发展在促进其整体发展中又各有其独特的作用,不可互相替代。若是能找到幼儿学英语的特殊规律,就有可能使幼儿在学好英语的同时,其他方面也得到一定的发展。这是我们的幼儿双语研究课题正在探索的问题。

从学前儿童语言教育的基本观点出发,幼儿学英语应从口语起步,听说为主,并将幼儿主动积极地自然习得与教师组织有目的、有计划的英语学习活动密切结合。将系统的英语教学的目的要求和内容方法,寓于幼儿喜爱的多种多样的活动中,使幼儿学英语中的一些成人化的教学因素转变为能适应并促进幼儿英语学习的方式方法。这是幼儿双语研究要探索的另一个重要问题。

三、幼儿学英语要具备什么样的条件

幼儿学语言是在相应的语言环境中自然习得的,因此,为幼儿创造一个使用英语进行交往的环境最为重要,其中教师是关键。从当前我国幼儿师范教改发展的趋势看,具有英语专长及优秀教师素质的幼师毕业生日益增多,他们具有将英语学习幼儿化的特殊条件。此外,还要为幼儿创造听说英语的情感气氛,提供听说英语的模仿榜样。

学英语既然要有利于促进幼儿整体的发展,就要使它成为幼儿园整体课程的一个有机组成部分。那些尚未形成适合本园的整体课程

(不论何种模式)的幼儿园,不宜孤立地开展英语教学。首先要在建构课程的整体框架上下工夫,从而为幼儿的英语学习发挥特有的教育作用创造基本条件。

开展幼儿学习英语的活动,要作为一项研究工作来对待,不追求词汇、句型等的数量结果。首先要重视发音、语调和口头习惯用语的准确性。因为幼儿学习第二语言的优势在语音,准确而自然的语音语调可为幼儿日后的双语交往打下基础,反之则会对日后的学习造成障碍。在我们这样存在多种民族语、多种方言的国家里,不同语言或方言地区学习英语会有各自的特点,需要研究。更重要的是,随着幼儿学习英语的要求日益发展,幼儿英语教育教学的普通规律也需要探究,从而使当前的"热潮"得以发展成为持久的学前儿童双语教育。

面对上述问题,南京师范大学学前儿童语言教育研究联网组内,成立了一个由高师语言教学法教师、幼师英语教师、有英语专长的幼儿园教师三结合的双语研究课题组,开始对幼儿英语学习进行理论与实践相结合的探索,希望能逐步找到适合我国国情的幼儿英语学习规律,为培养具有双语能力的未来人才作出努力。

发表于《幼儿教育》,1994年第4期

再谈幼儿学英语

《谈谈幼儿园的"英语热"》和《对幼儿园英语教育的思考》发表以后,我们得到了"支持"和"担心"两种反馈信息。这说明"幼儿学英语"这个问题确实已经成为广大幼教工作者所关心的"热点",需要开展讨论。"支持"表明对这个问题开展讨论是大势所趋,需要提上议事日程;"担心"可能是怕引起错误导向而产生副作用,这也是需要重视的。我们在向《幼儿教育》投稿之前,也经过反复思考并采取了相应的措施。因为我们感到自己身为幼教科研工作者和师资培训人员,对幼教改革深入发展过程中出现的新问题,理应积极探索、研究,作出回答,不宜回避。为此,我们成立了高师、幼师、幼儿园三结合的课题组,开展了理论思考与实践探索密切结合、交互作用的研究。

当今日的幼儿成年时,面对的将是一个国际竞争和世界合作日益发展的新世纪。到那时,掌握一门世界通用语言将成为人才素质的重要组成部分。《青年科学》载文,把外语与体育、电脑、音乐、书法列为现代"五艺",指出"精通一门外语是现代人成功的一半。外语可说是'五艺'之重心"。《学前教育研究》1994年第3期刊载的《浅谈幼儿园外语教育》一文的基本观点和我们的观点相似。总之,未来人才不可不懂外语,这是大家都承认的。

至于幼儿期能不能学外语,这也已为大量的科研和实践所证实,似乎也没有太多异议。目前,看来问题的焦点是:幼儿园要不要组织幼儿学外语,谈论幼儿学外语会不会引起错误导向。我们考虑,幼儿学英语已经是一种客观存在,并且有日益发展的趋势。但在幼儿园中,教幼儿学英语时较多地运用的是我国传统的英语教学法,这种方法不符合幼儿学语言的特点,也不利于为培养未来人才所必须的外语能力打基础。因此,我们感到有责任探索一种适合幼儿特点和幼儿园条件的英语教材教法体系,并且把它作为幼儿园整体课程的一个有机组成部分来研究。一方面,回答学什么、怎样学的问题;另一方面,探索英语能力的发展与幼儿其他方面发展的关系。其目的正是想通过共同研究,使已经存在的幼儿英语教育步入正确的轨道。

幼儿时期是学习语言的关键时期,其优势是在相应的语言环境中,通过语音、语调的模仿而形成语感,这种自然而然的学会,称为习得。所有正常儿童都是这样学会听说母语的。对于说汉语的儿童来说,英语是第二语言,当他们进入一个说英语的环境里时,就能在很短的时间内习得英语,这已为很多出国留学人员的子女所证实。说英语的儿童在中国生活了几年就能说一口流利的普通话,也是同样的道理。那么,这种语言习得规律对我们组织幼儿学英语有什么启示呢?在汉语占优势的生活环境里有没有可能发挥第二语言的习得作用呢?

语言习得的第一个条件是需要有大量"听"的机会,也就是要输入大量的语言信息,积累多了,就能脱口而说。习得母语就是这样,有的孩子开始说话较迟,但一开口就能说许多话。学第二语言也需要同样的过程,并且要由成人有目的、有计划地创造充分的"听"的机会,所提供的信息要既能激发幼儿注意倾听的兴趣,又可不断重复而不单调枯燥,从而克服外语教学中听什么、说什么、听多少、说多少的通病。把外语学习中被动的听→说练习,转变成为对外语信息的输入→加工→输出的主动习得过程。

根据上述原理,我们汇集了大量英、美等国常用的儿童歌曲,从我国幼儿语言、音乐发展的特点以及两种语言的文化背景差异等方面分析推敲,加以筛选,并邀请一位美国专家和她的两个女儿朗读和演唱,制成录音带(名为《唱唱玩玩学英语——儿童英语歌曲精编》)。这样做的目的一方面是要充分发挥幼儿对语音、语调、语感的自然习得优势,为其终身英语能力的发展打基础。即使进入小学后中断学习,打下的语感基础日后仍能发挥作用。另一方面是为了防止某些英语教学的副作用——单调的字母、词句练习妨碍幼儿学习的积极性、主动性;用汉语方言的语调念英文,进入日后难以逆转的误区等。

语言习得的第二个条件是要有机会多说,在自然情景下大胆地说,把听到的语言用来与别人交往,从而得到练习和巩固。我国传统的外语教学往往从书面语言开始,人为地造成一个向口语转化的"开口"难关。因此,我们提倡为幼儿组织英语活动,创造用英语进行交际的条件,让幼儿尽可能在相应的情景中自然习得英语。语言是人们进行交际的工具,学习第二语言为的是扩大交际的范围。不同的语言中蕴含着不同的文化背景,而文化背景对语言使用的影响需要通过自然情景中的交往才能感受和理解。幼儿学英语从交际情景中听、说入手,可以使幼儿一开始就自然地"开口",并对"同一件事可以用不同的语言来说",这样一种"多语"现象产生敏感,还可以使他们在两种语言的相互作用中促进语言和思维的发展。当然,这方面还需要作深入而具体的研究。经过将近一学年的实践与研究,课题组已积累了好几组英语教育活动的设计方案,正在逐步充实并形成系列。

课题组试点班的教师大多数是有英语专长的刚进入工作岗位的幼儿师范学校毕业生。她们把幼儿学英语与幼儿园教育活动的设计特点密切结合,寓教于乐,激发了幼儿听说英语的热情。她们对幼儿化的英语教材、教法体系进行了有益的探索,也为依靠幼儿园内部力量开展英语教育积累了新经验。

随着我国幼教改革的不断深入,广大幼儿和幼儿园教师学英语的要求将越来越高。随着幼师和幼儿园课程改革的不断深入和幼儿园教师学历层次的提高,具有英语专长的幼儿园教师将会越来越多,因而将英语教育纳入幼儿园课程的整体结构,其可能性也会越来越大。我们期待着实践作出回答。

发表于《幼儿教育》,1995 年第 2 期

幼儿英语教育活动的设计与组织

一、英语教育活动设计与组织的定位

设计与组织英语教育活动在英语教育整体结构中的位置(详见图1)。

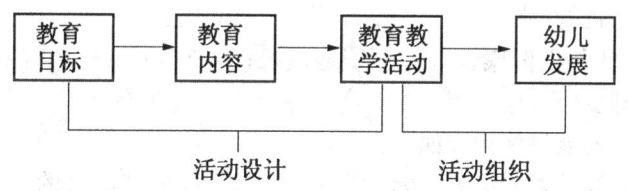

图1 英语教育活动设计与组织流程示意图

英语教育的目的是促进幼儿发展,因此必须使教育目标落实到幼儿身心发展上。这里有一种转换技术,包含两个步骤:

(1) 根据教育目标和教育内容设计教育教学活动,本书设计了每个单元的系列教学活动和相应的延伸活动以及每学期结束时的综合活动,供采用或参考;与教学活动相配合的其他活动需要执教教师针

对实际情况自行设计。

(2) 根据所设计的活动方案组织教学,启发幼儿积极参加教学过程,引导幼儿主动学习,从而得到发展;这一步是落实教育目标的关键,需要教师精心施行。

二、英语教育目标体系

英语教育目标体系及其分层落实的流程(详见图2)。

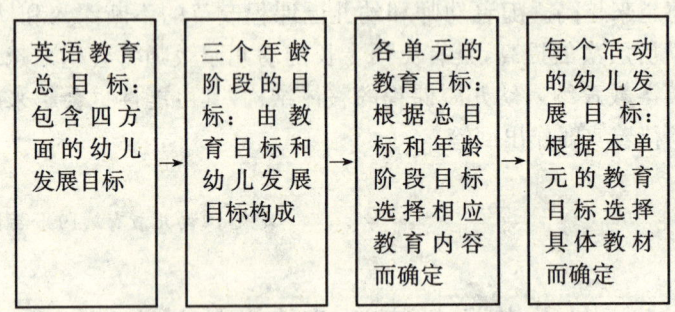

图2 英语教育目标分层落实流程示意图

1. 英语教育总目标

实施以学习普通话为主,以英语为第二语言的教育,使幼儿通过两种语言的学习与交流,提高对语言学习的兴趣,掌握不同语言的粗浅知识与技能;萌发不同语言的思维方式;促进幼儿体、智、德、美全面发展;使他们健康、活泼、开朗地成长;为培养未来社会需要的人才奠定基础。

幼儿发展目标构成如下:

(1) 英语语言发展目标:① 有学习英、汉两种语言的兴趣,激发学习和运用英语的意识与动机。② 能掌握与日常生活相关的基本词汇,在大脑中初步形成英、汉两种语言的概念。③ 提高运用英语的基本能力,激发对英语的敏感性。

(2) 认知发展目标:① 通过学习英语,认知和感受周围环境,初步形成有关概念。② 在学习英语时能比较汉、英两种语言的异同点,促进其创造性的发展。

(3) 社会性发展目标：① 通过英语学习培养活泼、开朗、大方、自信的良好个性。② 在学习和运用英语的过程中,提高交往能力,促进社会性发展。③ 初步了解第二语言的一些文化特点,逐步形成对不同文化开放的、正确的态度。

(4) 其他方面的发展目标：① 通过运用各种感官,促进大脑语言区域的发展。② 初步具有感受英语语言美的能力。

2. 三个年龄阶段的目标

(1) 小班英语教育目标：① 通过听听、说说、唱唱等各种形式的活动,培养幼儿"听"的兴趣。为幼儿英语活动创设良好的听、说的环境,使幼儿对英语学习有初步的感受。② 通过开展各种形式的英语活动,让幼儿理解和运用简单的礼貌用语,培养幼儿"说"的兴趣和文明礼貌的行为。③ 通过各种有趣的活动,帮助幼儿学习 26 个字母和一些简单单词的正确发音,为今后更好地开展英语学习打下良好的基础。

上述教育目标可转化为如下幼儿发展目标：① 初步适应英语的听、说环境,能在听听、说说、唱唱、玩玩等活动中逐渐产生"听"的兴趣,初步感受英语学习活动。② 在多种形式的英语活动中,初步理解和运用简单的礼貌用语,养成文明礼貌习惯,同时逐步产生"说"、"唱"的兴趣。③ 在各种有趣的活动中,学习 26 个字母和相应单词的正确发音。

(2) 中班英语教育目标：① 通过开展单元主题活动,培养幼儿听、说、唱、读的能力,激发幼儿喜欢用英语与他人交往的兴趣和愿望。② 运用"幼儿园"、"家庭"的环境,教给幼儿周围生活中一些相关的英语单词、短语、对话等。③ 让幼儿在理解的基础上,有表情地演唱歌曲,有节奏地表演儿歌,并能运用这些儿歌、歌曲开展游戏;培养幼儿初步欣赏英语文学作品的兴趣。④ 通过英语学习,培养幼儿健康、活泼、开朗的性格以及自信、大方地与他人交往的态度。

上述教育目标可转化为如下幼儿发展目标：① 在日常活动中,能说出所学过的名词、动词、形容词,发音清晰。② 能听懂教师的简单的问话,并能作出相应的回答。③ 愿意用英语与他人进行交流,喜欢参加英语活动,在活动中表现自然、大方。④ 能认读26个英文字母,能用英语表达相应单词的图片或实物。⑤ 能在理解的基础上,有节奏地表演儿歌、有表情地演唱歌曲。⑥ 会用所学过的儿歌、歌曲等开展游戏活动。

(3) 大班英语教育目标:① 通过开展单元主题活动,丰富幼儿的社会经验,帮助幼儿了解英语的一些粗浅的文化特点。② 培养幼儿积极主动地参与各项英语活动,提高英语学习的能力,促进幼儿运用英语进行交往,初步萌发英语思维。③ 培养幼儿英语口语的表达能力,要求幼儿能使用正确的语音、语调,把所学过的单词、短语等运用到活动中去。④ 培养幼儿有节奏地表演儿歌,有表情地演唱歌曲的能力,提高幼儿感受英语文学作品的能力。⑤ 通过英语学习,培养幼儿健康、活泼、开朗的性格以及自信、大方地与他人交往的态度。

上述教育目标可转化为如下幼儿发展目标:① 能积极主动地参与英语活动,有一定口语表达能力。② 有一定的听、说、唱、读的能力,能正确书写26个英文字母。③ 能听懂教师的问话,并能积极作出回答。④ 在一定的生活情景中,能主动、积极地运用英语与他人交流。⑤ 在理解的基础上,运用正确的语音、语调,有节奏、有表情地表演和演唱儿歌、歌曲。⑥ 能用所学的英语内容开展多种游戏活动。

三、英语教育内容结构

我们借鉴美国儿童语言发展学家关于儿童语言学习获得的三环学说,他们把构成儿童语言学习系统的三个要素,即语言内容、语言形式和语言运用比做三个互相套入的环,使它们既有各自的独立性又构成一个整体。这里说的语言内容是指词和句所传递的信息及其含义;语言形式是语音、词法、句法三者的综合;语言运用包括感知(听语音、看文字),理解别人的语言和用语言表达(说话、写文)自己的意思两个方面。

英语教育针对幼儿学习第二语言的特点,将英语体系的三个构成要素相互联系起来向幼儿呈现出来:字母与单词联系,单词与情景联系,在情景中出现短语和句子。在感知(听)、理解(懂)和表达(说)的关系上,先给予充分的感知时间,然后在自愿的表达过程中进一步感知和理解,使三者(听、懂、说)相互促进,共同提高。

四、设计与组织英语教育活动的原则

1. 充分提供听、说机会,引导幼儿自愿开口

幼儿学第二语言和学母语有共同的规律,需要有机会多听,到一定的时候就自然地会说。那是因为语言是一种信息的载体,它本身也是一种信息。说话是输出信息,首先要有信息输入,在大脑里积累和加工。对初学英语的幼儿,教师要想方设法激发他们听英语的兴趣,提供多种听英语的机会,教师要耐心等待,切勿急于求成,强迫幼儿开口。

让幼儿听英语还要创设相应的情景,使他们通过相关的情景来领会英语的意思,多次重复后,他们就会在一定的情景中说出相应的英语。孤立地跟读字母或单词的方法,不适合幼儿,不仅效率低,而且会挫伤学习的兴趣。

2. 听、说活动与幼儿的生活经验结合,构成系列语言经验

充分发挥语言经验在语言教育中的作用,也是学习母语与第二语言的共同规律。两者不同的是,母语的语言经验对婴儿来说往往是自然地获得的,而幼儿的第二语言经验则需要教师有目的、有计划地创造机会使他们也能在比较自然的情景中获得。语言经验是与机械地灌输、操练相对而言的。经验是人通过五官、四肢以及整个身体的活动与周围环境中的人、事、物直接接触或交互作用而得到的对客观世界的认识和感受。幼儿的语言经验也就是在这种情况下获得的关于理解语言和运用语言的认识和感受。幼儿园的英语教育活动应该是,将教育目标和教育内容互相糅合,以多种形式加以组织而构成的一系列语言经验,使幼儿通过亲身感受和操作(主要是听和说),逐渐获得理解和运用语言的能力。

3. 专门的英语教学活动与渗透性的英语教育相互补充

幼儿的英语语言经验可以借用学前儿童本民族语言教育的组织

方式,即将专门的语言经验和渗透在其他活动(区域活动、日常活动、户外活动)中的语言经验相结合。本书设计的是每个单元中提供的专门语言经验的教学活动,形成系列结构。为了落实单元的教育目标,执教教师还需要从班级实际出发,围绕教学活动自行考虑渗透在其他三种活动中的语言经验。因此,采用本教材体系的教师,在进行英语教育的过程中,参考本书的活动设计时,要针对本班幼儿发展的实际情况,制定教学计划,作出效果分析,使活动过程更加切合实际,从而更好地促进幼儿的发展。

4. 发挥游戏的教育功能,激发幼儿的学习兴趣和积极性

《幼儿园工作规程》提出"以游戏为基本活动,寓教育于各项活动之中",英语教育也不例外。游戏是学前儿童与周围环境中的人、事、物交互作用从而得到发展的最适合的活动。这里所说的游戏是广义的,凡是能激发幼儿兴趣,启迪他们积极参与,并能为他们提供充分的机会运用各种感官,动手、动口、活动全身的各种形式都可以用来作为设计英语活动的手段。因此,伴随动作的歌曲、儿歌,音乐游戏、语言游戏,故事表演,角色游戏等都可作为英语活动的形式来运用或创编。其要点是既能面向全体幼儿又能指向个别幼儿,从而使不同水平的幼儿都能在原有的基础上得到发展。

摘于赵寄石、马荣主编:《幼儿英语》(教师用书),海天出版社,1996年版

附 录

赵寄石——中国学前教育的学术引路人

作为幼教队伍的一员,能被邀参加赵寄石老师60年从教、80年华诞和《赵寄石学前教育论稿》面世的庆祝活动,我感到非常荣幸!

在阅读《赵寄石学前教育论稿》这部著作时,眼前是斑斓绚丽的一片,而就在各类宝石之间贯穿着一颗耀眼的红线,那就是马克思的哲学光辉。马克思的哲学有一个重要的认识维度,那便是"人文关怀",其内涵是"对人的生存状况的关注,对人的尊严与符合人性的生活条件的肯定和对人类的解放与自由的追求"等。通过《赵寄石学前教育论稿》和赵老师的日常言行,我们看到的正是被"对人的问题的真正关怀"精神所浸润着的心灵。

在改革开放之后的20多年里,工作、生活在大学校园里的赵寄石老师,超越了讲台的限度,始终以世界大环境的国际形势为背景,思考着她生长、工作的祖国的幼儿教育事业的发展策略;始终立足于本国政治、经济、文化、教育大政方针的高度,观察着本国教育事业的现状,探索着中国幼儿教育事业发展的前进之路;始终是站在前人的肩上继承着前辈的创业结晶,自觉地担负起了在新形势下将中国幼教事业推向一个新的发展阶段的历史使命。她所提出的建议在学术上始终兼有固本、超前、可行的特点,起着有利于幼儿发展最终有利于人的质量提高的导向作用。赵寄石不只是高等学校的教授,而是我国学前教育前进道路上的先锋,是永不停顿、永远创新,从而有效提高我国学前教育事业质量的学术引路人。

1982年,赵老师考察了墨西哥、英国和美国,她在分析了我国独有的社会条件之后,在报告中写道:"出国时,我心里带着一种我国幼教落后的自卑感,50天后却怀着自豪和信心归来。"她认为"对自己国家幼教的好传统,要保持并发扬";"对别国幼教经验中有益的部分就吸收进来为我所用";"我们需要而别国也没有的,我们就要下工夫创造出适合我国国情的新经验",最后她发出了"走出自己的路,建立起具有中国特色的幼儿教育"的呼声。这呼声是赵老师立下的宏志,也道出了我国幼教工作者的心愿,还是激励尚处于百废待兴状态中的幼教界走出自己路子的信心和决心的兴奋剂。

赵老师在对外交流的过程中,始终联系祖国学前教育的现状,用心思考,探索着中国的幼儿教育发展之路。那么,建立具有中国特色的幼儿教育,需要从哪几方面入手呢?赵老师经过深入观察和分析后,归纳了与道路的走向密切相关的因素,提出了"在幼教事业发展、理论建设、师资培养、科学研究等方面,加强跨学科的研究,是建立我国幼教理论和实践体系的当务之急"的高屋建瓴的建议。

一、发展保教一体的学前教育事业

80年代初中期,赵老师针对当时家庭里和社会上教育儿童的需要,拓宽我国早期教育涉及的范围,提出建议,把学前教育的概念转变为从出生至六七岁儿童的保健和教育。

她向广大幼教工作者提出了思考题:"进入21世纪的时候,全国幼儿中还有65%进不了幼儿园(班),他们将受什么样的学前教育呢?他们将怎样去面对21世纪的挑战呢?谁来承担这项任务呢?"她向幼教界提出了要求:"不断更新自己的观念,把我国全体出生至入学前儿童的保育和教育服务看做当今幼教工作者义不容辞的历史使命。希望大家的目光更远大一点,行动更积极一点,工作更扎实一点,为我国社会主义保教系统工程建设作出每个人的努力。"

二、建构学前教育基本理论框架

赵寄石老师的学前教育理论建设是建立在人的全面发展理论基础之上的,同时又与幼儿时期发展的特点密切相关。她依据时代的特点和我国学前教育事业发展的现状特点,突出了各个时期的理论建设重点，从而使理论对各个时期的改革实践起着更为有效的指导作用。

赵老师提出的理论重点是很符合我国幼教实践需要的。1982年，赵老师将游戏理论作为托幼机构改革的重点提出来，就很符合恢复被十年动乱搅乱了的幼教秩序的需要。1983年，赵老师将"尊重孩子"作为我国当时幼教工作中的第二大任务提出，其理论也与当时实践需要相适应。1987年，她又提出"寓教育于一日活动中"，并指出，这是教育理论与实践的基本问题之一。到了90年代，赵老师又继续从学科的目的、学科发展的世界现状和80年代的理论建设状态作了极其客观细致的分析，针对当时的情况，作出了我国目前的认识大量的还属于经验性的，处于学科发展的初级阶段，属于准理论科学性质的判断。

赵老师激励我们从两个方面建立我国的学前教育理论：一是重新考察原有体系中的理论基本要素（如概念、变量、陈述、格式）加以确定、调整、更新、充实，并对原有体系的基础理论（教育哲学、心理学、社会学等领域）的新的发展加以探讨、修改，来"建构基本理论的框架"；二是对我国80年代实践研究的过程和成果进行概括，探讨其中的规律，建立起技术理论的框架。她还指出，要在建构这两个层次的理论过程中去不断发挥各自的特点及两者的相互作用，最终发动集体的智慧和劳动，促进条件的成熟，以达到建立学前教育理论体系的目的。

三、促进幼儿教育的科学研究

由于历史和人才素质的原因，科研是我国幼儿教育体系中最为薄弱的一环，全国五年一次的科研规划中，幼儿教育的项目在"六五"建设时期是空缺，"七五"开始才逐渐有了幼儿教育体系建设，当时只有三个项目，赵老师是其中一项的主持人和另一项的顾问。全国教育科研规划委员会批准的幼教项目，有三分之二是赵老师领导或指导下开展。

赵老师在其中所做出的重大贡献是，提出了对整个国家幼教科研如何开展的思路以及她领导和指导开展的各级各类的科研项目。

赵老师近20年在幼教领域内实地研究所涉及的内容范围是极为广泛的：从3～6岁教育研究推向3岁前的教育研究；由城市幼儿教育

研究推广至农村幼儿教育研究;从幼儿园学科领域课程研究至幼儿园综合课程研究;由幼儿汉语教学研究跨至幼儿英语教育研究;从在公办幼儿园进行的教育研究至在民办幼儿园教育研究;从教法研究至教材研究;从参与幼教机构研究至自建研究中心研究。这里所显示的还只是赵老师通过亲身实践所涉及的科研内容的维度,而不是具体内容。它显示,经受了实践千锤百炼的赵寄石学前教育学术思想的广泛影响,显示了赵老师和她的研究组的幼教科研成果与我国学前教育的进步,有着多么密切的关系!

赵老师的科研成果除了带有教育科研的共性,还显示着别具特色的个性,而尤为显著的特色,我认为至少可以概括成这么几个字:"早"、"实"、"久"、"行"。"早"是指启动时间早。"实"是指根据实际需求,使科研成果能较为迅速地指导幼教实践,使幼教第一线的同志们能得到实际的提高,使幼教机构的工作获得实质性的改观。"久"是指科研成果能够较持久地起到丰富理论和提高实践质量的作用,同时也是与科研过程随着现状变化不断持续前进,比较长时期地进行而形成系统成果与相关意义的。"幼儿园综合教育课程"的课题研究就是一个典型的例子。"行"是指科研结果行之有效,达到或接近"通过实践而发现真理,又通过实践而证实真理和发展真理"的目的和作用。

赵老师对人的问题的真正关注,不但在于她所从事的工作性质本身,而且在于她对待幼教事业的情感态度和方式方法。在与赵老师的接触中,我们能深切感受到她高瞻远瞩的目光和敏锐的洞察力,触摸到她热切期望通过我国全体婴幼儿教育事业的发展,以达到最终为祖国富强培养建设之材的滚烫的爱心!

在我与赵老师相识的 20 年中,我感到自己是一个真正的受益者,赵老师对待事业热情、认真、负责的态度,对待同志的诚恳,站在别人立场上考虑问题的言谈举止,使我感受到赵老师的人格魅力,并且不知不觉地无声无息地受到涓涓细流、润物春雨一般的感染。

这是我心中的赵老师,同时也是我所认为的我国当代学前教育学术引路人的赵老师。在这喜悦时刻说出我心中的话,来表示我对赵老师的崇敬与祝福。

史慧中　中国学前教育研究会
名誉理事长、中央教科所研究员

试论赵寄石学术思想的发展

赵寄石这20多年的学术研究和实践涉及学前教育的各个方面，从0~3岁儿童到3~6岁儿童，从城市学前教育到农村学前教育，从机构教育到家庭教育，从儿童教育到师范教育，从学前教育的宏观理论到微观理论等，对我国学前教育的改革和发展起到了十分重要的作用，特别是她关于幼儿园综合教育的理论和实践，对我国学前教育改革起到了导航的作用。可以说赵寄石是我国学前教育的学术引路人，她倡导和实践的幼儿园综合教育是中国幼儿教育改革发展历程中重要的里程碑。

一、20多年的学术发展历程

从1978年主持南京师范大学教育系幼教室工作至今，赵寄石的学术研究发展的过程可以分为三个阶段，这三个阶段代表了赵寄石综合教育课程思想的形成、发展和完善的过程。第一阶段是提出幼儿园综合教育课程的理论框架，并在城市幼儿园进行实践探索。第二阶段，扩大研究的范围，从城市三年制幼儿园教育向农村多种形式学前教育拓展，建立了幼儿园综合教育课程模式。第三阶段，逐渐完善幼儿园综合教育课程理论体系，并在"学前儿童保教系统工程"的框架下建构托幼一体化的学前教育课程体系。

1．"迎接新生"，初步探索综合教育课程的理论框架（1978~1986年）

1978年，在改革开放的形势下，我国学前教育进入全面恢复、走向正常的发展时期。南京师范大学恢复幼教教研工作和专业招生。已经57岁的赵寄石主持学前教研组工作，开始"迎接新生"。

为了适应幼儿园恢复正常教育教学秩序,改革各科教材教法的需要,赵寄石带领学前教研组的教师与南京市的部分幼儿园合作,分学科、分专题开展了幼儿园各科教材教法的研究,并于1982年出版了幼儿园各科教材教法,为幼儿园教师的教学提供了便利。

由于教师对分科课程本身认识上的偏差以及分人分科教学,幼儿园课程过分强调学科知识的系统性和逻辑性,致使各科教育内容之间相互割裂或彼此重复,重教轻学,重上课轻游戏及其他活动等,在一定程度上加重了幼儿的负担,影响了幼儿身心的发展。在各科教材教法的研究过程中,有的幼儿园教师反映,分科教学中的各科搞得过深了,能不能将各科综合起来,以减轻教师和孩子的负担。为此,赵寄石考察和分析了幼儿教育现状,于1983年与南京市实验幼儿园开展了"幼儿园综合教育结构探讨"的教育实验,研究幼儿园综合教育的基本理念、综合的层次、综合的结构等问题,并大胆进行实践。

20世纪80年代初,赵寄石主持了一个与联合国儿童基金会合作的项目,在学习国外经验和思考国内幼教现状的基础上,赵寄石先后发表学术论文22篇,阐述了她对学前教育的基本观点,形成了她的综合教育课程理论的初步框架。

赵寄石有关幼儿园课程的研究,打破了我国几十年来"分科教学"一统天下的局面,对当时江苏省乃至全国幼儿园课程改革起到了巨大的推动作用,从而拉开了全国幼儿教育改革的序幕。

2."焕发第二个青春",系统建构幼儿园综合教育课程模式(1987~1993年)

20世纪80年代初,我国农村幼教随着经济、文化教育的改革得到快速的发展。1986年,农村幼儿园数占全国幼儿园数的70%。入园幼儿逐年增多、教师供给不足和缺乏深入研究等导致农村幼教出现了小学化和城市化的倾向:注重知识传授,忽视能力培养;只重视上课,不重视游戏和其他活动的开展;有的幼儿园一味追求豪华,忽视了对幼儿园尤其是农村幼儿园环境、资源的利用。1986年,赵寄石完成了历时4年的"幼儿园综合教育课程"实践体系的第一个阶段研究,一方面,她着手总结几年的研究成果,另一方面,她将目光瞄准我国广大经济欠发达地区以及边远地区的"农村幼教"。1987年起,她主持了全国教育科研"七五"规划的农村幼教研究项目"农村学前一年综合教育课程",迎来了她学术生涯的"第二个青春"。

这一阶段,赵寄石综合教育模式逐渐形成,内容涉及"综合教育课程"的内涵、特点、理论基础、目标与内容、实施手段与过程以及教师观等。

赵寄石的综合课程模式对当时江苏以及全国的幼教改革起到了导向作用,随后全国各地出现了一批幼儿园综合课程的研究;也为当时教育决策部门进行幼教改革,充实和修订《幼儿园教育纲要》提供了科学依据。

3. "夕阳无限好",系统建构托幼一体化的学前教育课程体系(1994～　)

1993年10月,赵寄石正式退休。72岁的她反而觉得可以有时间、有精力做自己多年来想做的事。1993年8月,赵寄石悉心研究2～3岁托儿教育,向广大家长介绍0～2岁的婴儿教育的方法和策略,并在其"学前保教系统工程"框架下建构超越综合教育课程模式的托幼一体化的教育体系。"学前保教系统工程"将学前儿童保教对象的范围从3～6岁的幼儿扩展到0～6岁的儿童,提出学前儿童保教的实践范围有三个层次的社会机构,即直接以儿童为服务对象的家庭、托幼机构和社区等初级机构,培养保教人员的幼儿师范学校和幼师班等中级机构,培养学前保教培训人员、管理人员的高师学前教育专业等高级机构。

成功建构"托班综合教育课程",意味着赵寄石的综合教育课程研究从幼儿教育向托儿教育拓展,其托幼一体化的教育体系也逐渐形成。赵寄石认为学前教育现代化是目前我国"学前儿童保教工程"建构的中心问题,学前教育现代化首先是教育观念的现代化,幼儿、教师个人和集体、幼儿园等多层次"自我发展机制"的建立是实现学前教育观念现代化的重要途径和策略。关于幼儿园自我发展机制的建立,赵寄石提出:

(1)幼儿园进行课程研究的最终目的是形成"自我发展机制",这种自我发展机制指的是,当客观需要时,新的研究课题就被纳入已有的课程结构之中,而不再孤立地分散进行,这样,原有的课程内容就会得到充实和发展。

(2) 这种自我发展机制的形成,需要两个前提:一是要建立起本园的课程结构,二是教师要掌握一定的课程设计技术。建立园本课程的结构,首先应当用心理学、生理学、社会学、人类学等学科的理论观点,分析、总结已有的经验,更新观念,并通过再实践建立园本课程框架,对于别人成功的课程体系,可以吸收创新,将某些观念纳入原有课程之中,但不管采用何种方式都要从本园的实际出发,最终建立有本园特点的课程。

(3) 形成幼儿园自我发展机制的方法是行动研究法,其核心是园长、教师成为研究者。幼儿园全体保教人员开展一系列课题研究,园长亲自深入一两个重点课题,把取得的经验用于指导其他课题研究,使所有人员从研究中获益,从而发挥更大的潜能,在不断地实践—总结—再实践—再总结的过程中,逐渐形成本园自己的理论观念和实践体系。这几年,赵寄石在《幼儿教育》《婴儿画报》和《启蒙》等杂志上发表了数篇长文,专门指导家长如何教育婴幼儿。她认为,家庭教育应当把培养儿童健壮的身体、愉快的情绪,自信、独立、主动,学会与人交往、关心别人等作为主要目标;热爱儿童、尊重儿童是家长首先需要做到的;游戏和玩耍是儿童生活和学习的一部分,因此家长应当为儿童创设一个自由活动的小天地,让他们多接触自然和社会,这也是儿童对学习产生兴趣,心灵得到熏陶的重要保证。

二、学术研究的特点

早在1978年,赵寄石就在总结幼儿教育研究发展的经验教训的基础上确立了研究的指导思想:一是主张理论研究必须与实践相结合,从而解决幼教实践中的实际问题,同时还调整了与幼教一线教师之间合作关系的立足点,变"为我服务"(要求幼儿园配合高校的科研)为"我为第一线服务"(重视幼儿园的需求)。二是确定了学前教育理论研究努力的方向。她认为,我国学前教育应当继承我国幼教前辈的思想和经验,借鉴、吸收国外的新信息、新观念,立足于建立具有中国特色的幼教理论和实践体系。这一指导思想成为赵寄石这20多年来学术研究的鲜明特色。

1. 适应实践的需要,回答实践提出的问题

立足实践,为实践服务是赵寄石进行学术研究的出发点,她的每一个研究课题都是应实践的需要而提出的,都是用来解决幼教实践中出现的问题的。"幼儿园综合课程研究"、"农村幼儿教育研究"、"托班课程研究"、"幼儿园英语教育研究"等课题的开展,无一不是对幼教第一线需求的回应。这些研究的成果直接指导了幼教实践,对幼教实践质量的提高产生了很大的影响。赵寄石认为,学术研究必须面向实践,只有研究实践问题,才能指导实践,才能发展理论。

2. 广泛吸纳新信息,中西融合

赵寄石学术发展过程始终伴随着对国内外学前教育、其他学科研究成果的学习和吸收。赵寄石在吸收新信息时取其精华,弃其糟粕,并与我国幼教实际相结合,使其成为自己理论的一部分。例如,赵寄石用马克思和皮亚杰以及人类发展生态学中有关人的发展的观点建构其儿童发展观,用系统的观念建构其学前教育课程结构,用陶行知、陈鹤琴、苏联学前教育有关理论建构学前教育课程的内容、手段和过程等理论;吸收行动研究法的有关理论建构其学前教育课程研究观和教师观;将"可持续发展观"、"情感智商"用于其学前教育托幼一体化教育体系,等等。

20多年来,赵寄石在学前教育的研究上取得了累累硕果,给学前教育宝库增添了一份新的宝贵财富,其教育课程的研究对提高我国全民族素质,建立有中国特色的社会主义幼教体系,具有重要的理论意义和一定的现实意义。目前我国学前教育正处在深化改革的关键时期,赵寄石的学术研究成果,特别是学前综合教育课程研究的成功经验仍然具有极强的现实意义和深远的历史意义。

余珍有　唐　淑

南师幼教回忆

20世纪70年代末以来进入南师幼教的一些同志曾听到我们提起50年代的老师们,他们提出要我写写当时的情况,因为除了偶尔看到过几个姓名以外,毫无感性认识。我也意识到这确实是我自己应该承担的一项任务,但总觉得无从下笔,老是在头脑里徘徊。有一天翻阅报纸,一个标题吸引了我:"回忆是一份财富",它触发了我的相关神经,在模糊的思绪中闪出一个亮点:能不能让我的个人回忆成为我国幼教发展中的一点财富。这几天参与了50周年国庆活动,我更加感觉到,自己作为宇宙中的一滴水得以在新中国成长发展滚滚浪潮的庇护中找到自己前进的路,这是多么幸运,又是多么值得珍惜!因而,原来作为一种"任务"的回忆,突然变成一种特殊的"享受",享受回忆的情趣,享受当前的幸福!就这样,产生了落笔的动力,脑海里的思绪也开始涌向笔尖。

一、走进南师

1952年8月在获得教育学士并完成一年托儿教育研究生课程后,我从美国回到了阔别整整四年的祖国。在上海华东教育部报到时,领导提供上海幼师或南京师院的职位,我选了后者,因为我出生在南京。11月我来到南师,在人事处报到时,领导提供幼儿园或幼教系的职位,我也选了后者,因为我已当过八年幼教小教老师。就这样,我走进了创建南师幼教的队伍,可是当时对此并无意识。只记得当我胸前佩上"南京师范学院"校徽时感到无比自豪,因为"人民教师"对当年的归国学子来说,认为是一种令人羡慕的称号。

南京师范学院幼教系是当时全国惟一的独立幼儿教育系,1958年与教育系合并后成为学前教育专业,直到1997年才恢复幼教系,最近又更名为学前教育系。当时的幼教系是在全国高校院系调整中由金陵女子文理学院、南京大学师范学院、上海震旦大学、广州岭南大学等的相关系科合并而成的。汇集了不少当时较高层次的幼教工作者和在校大学生,其中有好几位是新中国成立前后回国的留学人员。

来到南师对我来说,不仅是进入一个新的工作机构,而且是开始接触一种全新的社会制度,走上一条更新政治生命,发展专业生命的道路。然而,对这一点当时并没有意识到。只感到一切都是既陌生又亲切。父母给我起名"寄石",因为当时"寄居石头城",31年后回来,虽然尚无"归根"的意识,却备感亲切。少年时曾立志出国求学,回国"服务"(景海女师校训)社会,一旦愿望得以实现,感到无比亲切。在美国选修研究生课程"幼教行政"时,写一篇论文设想回国后办一所婴幼部和师训部结合的幼教机构(是当时我所在学院的模式),导师还建议我采用北京"四合院"的房舍结构,因此当发现南师幼教系既承担师资培训又指导幼儿园实践,也使我感到亲切。最直接的感受是,幼教系的老师们年龄比我大,经验比我丰富,对我这个"迟到者"(开学已两个月,新中国成立已三年)却一见如故,关怀备至,使我很快地适应并融入了一个朝气蓬勃而又温暖亲切的幼教集体。

在庆祝新中国诞生50周年的今天,回想起来,我更加体会到正是"参加建设新中国"这个共同的意愿和目标,把我们这些来自四面八方的人员凝聚在一起,成为南师幼教的创建队伍,为南师幼教近50年的发展走出了重要的第一步!

二、学习苏联

南京师范学院的首任院长是我国幼教先驱陈鹤琴先生,在他的主持下,幼教系虽得以单独设系,但他的幼教主张未能得到实施。"学习苏联"是当时新中国建设的指导思想。系主任钱且华曾参加苏联幼教专家戈琳娜在北师大的讲座,其他教师也分批到北师大参加学习。当时我系教师的讲稿都是根据听苏联专家讲课的笔记编写的。后来陆续出版的几种苏联教科书的译本成为我们的教学蓝本。幼教系的课程是根据钱老师从北京抄回的苏联教学计划设置的。那几年我当她的助手(抄写或记录),多次听她说:幼教系就是靠这三张纸起家的!

钱且华老师,副教授,上海沪江大学毕业,留学美国,曾任金女院儿童福利系主任。我第一次见到她是在通向南师校门的林阴道上。

我住进南师甲楼（现专家楼的位置）的第二天到幼教系（后来的美术楼）去报到，有人告诉我系主任到外语系俄语班去听课了。我就到路口去等候，她一见我就问长问短，非常亲切。她戴着眼镜，提着一个高档公文皮包，着装比较"洋"，言谈举止带有西方色彩。80年代我第一次见到史慧中同志时很快联想到钱老师的模样，并记起钱老师多次提到过"史慧中"，可见她俩师生感情较深。钱老师处事很有魄力，对同事、学生要求严格，给我印象最深的是好学钻研。当时我们接触到的中文幼教资料甚少，她能看俄文资料，经常学习到深夜，生病躺在床上也抓紧读书。

学前教育学是幼教系的主要科目，第一年的四个年级都开设这门课，并且课时很多，由钱且华、钟昭华、方观容、吴璇仪等四位老师分别承担教学。采用集体备课的方式，由钱老师主持，她们几位分工编写初稿，经过集体讨论定稿，经常争论得很激烈，我因负责小组记录得以参加，对"学习苏联"深受教益。

那一年最高的班级是本科三年级，其中有鲁洁、周南、方意英、陈景同等，1953年毕业；本科二年级有屠美如、岑英、朱延麟、李家滢、贺琛（第一位男生）等，1955年毕业；专科二年级是震旦大学来的，1953年毕业；1952年院系调整后入学的班级中有唐淑、潘洁、戴昭等。这个班级学到的科目特别多，完成了幼教系初创时设置的全部课程，也是得以不受干扰地连续学完的惟一班级，他们于1956年毕业。

院系调整后头两年，教师们先后到北师大进修所教的有关科目，听苏联专家讲课。心理学教学小组承担普通心理学和儿童心理学的教学，由孙增敏老师主持，她是金女院的教授，为人及教学比较严谨；丁祖荫是系里惟一的男教师；沈晔和郭兆仪年轻一些，郭兆仪比我早一年回国，早一个月分配到南师。他们几位在北京进修时间较长。当时有一门幼儿卫生学由何荣贞老师担任，一门生活管理由何佩芬老师担任，何荣贞调到生物系后，两门合并为幼儿卫生学，由何佩芬任教。何佩芬和我同去北京学习，因进修的科目有变动，参观了几处就回来了。这里说个插曲，回程的火车上，车厢广播响起了急迫的呼声：有位旅客要生产了,请旅客中的医生快来帮忙!我对何老师说:你去吧!她虽不是医生,却是北京协和医院护理科出身。我们刚走到列车员值班室门口只听到"快来快来"的喊声。就这样何老师当了一次列车接生员。回校后收到女婴的父亲来信说给孩子起名"佩石"。

那几年里担任各科教学法的教师有:语言教学法是喻品娟,她还教一门幼师教育科目教学法,1956年喻品娟调离,语教法由周南接任,另一门由黄人颂接任;音乐教学法是包恩珠,后来由汪爱丽接任;美术教学法由吴璇仪担任;活动性游戏与体操由钟昭华担任;自然教学法先是刘希孟,接着是我,后来又有北师大毕业的尹翠芬参加。当时"计算"是包含在学前教育学内的,不单独设科。音教、美教、自然这几门的前半部分都请音乐、美术、生物、地理等有关系科的教师给同学们讲授有关的基础知识。当时的幼教系研究的只是三岁至六七岁的幼儿,开设科目的内容却非常丰富,各系都来为幼儿服务,连陈洪那样知名音乐教授也来讲课。

"学习苏联"在南师幼教初创时是非常重要的。由一种新的社会制度中发展起来的一种新的幼教思想来统一的师资队伍,使我们这批从旧社会过来的知识分子的教育观念得到更新,教育理念趋向一致,凝聚成一股专业力量,在我国幼教发展史上是有其独特地位的。当然,那时的"全盘接受"忽视我们自己的革命传统和后来批判"苏修"时期的"全盘否定"都造成了一定的失误。这一点教训到80年代南师幼教在改革开放中重建时,我们是牢牢记取的。

三、深入实践

南师幼教初创时就设置了一个玩具研究室和两个幼儿园作为理论联系实际的研究基地。玩具研究室是从南大师范学院迁来的,由陈鹤琴先生任室主任,吴璇仪老师主持具体研究工作。吴璇仪,副教授,在美国留学多年曾获博士学位,当时还担任美术教学法。玩具研究室设在幼教系附近的平房里,规模不大,两位技师是吴澄奇和王秋林,两位青年技工就是后来成为南京师院第一批汽车司机的华达群和傅学友。陈鹤琴先生对玩具研究非常热心,稍有空就跑到那里乐呵呵地和大家讨论怎样制作他自己多年来设计的和设想的一些简易的木制小玩具,其中有桌上拼插的各种动物和桌椅等。我们走过那里也喜欢进去看看,说上几句。吴璇仪老师还带领学生和研究人员一起制作木偶戏和皮影戏的人物和道具,表演苏联童话"渔夫和金鱼的故事"、"金冠鸡"等。记得南师幼教系还在中央商场举办过一次以"儿童的第一本书"为题的玩具展览,宣传玩具对儿童发展的教育作用。陈先生非常重视玩具的开发,特别是挖掘民间玩具。在他的影响下,后来在下农村办幼儿园时我们都注意因地制宜利用竹子、泥土、丝瓜络等多种材料做玩具,王秋林双手特别巧,制作的玩具样品保存了好多年,还印成过书。80年代在我主持幼教专业期间虽经多次尝试却未能把玩教具的研究恢复起来,成为一大遗憾!

南师的两个幼儿园分别由幼教系的两位副教授任园主任。五台山幼儿园园主任是从震旦大学来的方观容副教授;大石桥幼儿园,即南师附小幼儿园,由钟昭华副教授担任园主任。钟老师曾在陈鹤琴先生创办的我国第一所实验园鼓楼幼儿园任教,后来又在陈先生办的幼儿师范任教。50年代的课程特别重视"见习实习",低年级见习保育工作,各科都有教学见习,三年级幼儿园实习,最后一年是幼师实习和幼教视导实习。幼儿园教育教学的"蓝本"是《苏联幼儿园教养员工作指南》。我系经常在两个幼儿园举行公开教学,除系里教师和学生参加以外,市内各园的教师也参加。给我印象最深的是苏联戈琳娜和马努依连柯两位专家先后来宁讲学,举办教学和游戏观摩活动,引起大家重视集体教学和创造性游戏,促进了南师和南京幼教的发展。当时承担观摩教学的老师各有特长,例如,李平江的音乐受到了苏联专家的赞赏;李平江的美术、鲍贤琨的音乐,还有杨嘉真、黄文奥的教育艺术(教态和方法)也是令人钦佩的。其中好几位是大学本科毕业生,黄文奥原来留系当助教,却坚持要求到幼儿园直接教孩子。当时学生到幼儿园或幼师实习,全系教师都参加,分工负责指导。记得有一年到北京路一带的四所部队幼儿园实习(都是寄宿制),我们把学到的苏联幼教思想带给幼儿园,同时也学到了部队的优良传统和作风,建立了亲密的关系。

那几年幼教系与南师附属幼师关系很密切,喻品娟老师兼任幼师教导主任,各科任教老师也要到幼师听课,青年教师毕业留校先到幼师任教体验幼师的教育教学。这样一方面沟通双方的教育思想,促进教学水平的提高,另一方面也为高师学生到幼师实习准备基地和双方的指导力量。记得1955年春由钱主任领队全系教师到无锡、上海、杭州三地参观调查。每到一地按计划先到幼师听课,与校长、教师一起评课并讨论相关科目的教学大纲及幼师课程设置的教学计划。当时我对幼师和高师的教学还不熟悉,这次参观得益很多。还参观了几所幼儿园,记得在上海参观的是曹杨新村幼儿园,那是解放后上海工人居住区建的第一所幼儿园,规模大,房舍、设备很新,体现了新中国幼教"向工农开门",为工人子弟服务的思想。那位园长恰巧是我在苏州景海女师的同学,比我高两届。在杭州参观的是幼师附幼,当时的园长是钟昭华老师的妹妹。

深入幼师和幼儿园的教育教学使我们在学习苏联幼教制度的同时了解我国的幼教实际,使我们的毕业生能较顺利地适应新的工作。那几年我们的毕业生是面向全国分配的,记得有一届不少人到部队幼儿园当园长,各地的幼师、幼儿园和幼教行政部门也来要我们的毕业生。南师幼教当时已在全国有较好的影响。南师幼教的发展历程虽然艰难曲折,"深入实践"的优良传统却始终伴随着我们,成为促使我们奋勇前进的动力!

四、集体教学

50年代学习苏联学前教育的过程中,幼儿园进行集体教学和开展创造性游戏这两方面内容及其指导思想给我留下了特别深刻的印象。这是因为这种教育教学思想使我原有的西方幼教观念得到了更新,比较适合我国当时的幼教实际。

苏联学前教学论专家乌索娃的研究成果是幼儿园开展集体教学的理论基础。苏联的学前教育强调对幼儿进行有目的、有计划、有组织的教学,使他们在获得一定的基本知识的过程中发展认识能力。这些知识是根据幼儿的年龄特点,在《幼儿园教养员工作指南》中规定的,与学校的教学有区别,要求幼儿掌握的是关于周围生活的最基本的知识,知识的系统性是由幼儿认识能力的发展特点和学科知识的特点两方面结合而确定的,不同于学校各科的知识体系。并且指明教学对学前儿童进行体育、智育、德育、美育和劳动教育都是不可缺少的。

幼儿园教学的组织形式有作业、教学游戏和教学练习,其中作业中的教学是幼儿园教养工作的主要形式。作业的特点是:(1)在固定的时间里,组织全班幼儿进行的教学活动;(2)通过各种方法和手段,保证所有幼儿在作业中直接掌握《指南》中规定的知识、技能技巧以及认识能力和学习能力;(3)充分发挥集体学习的优越性,在共同活动中积极地相互影响,共同解决问题,产生共同体验,形成集体感,养成集体生活的习惯。

苏联的幼儿园教育大纲是以《幼儿园教养员工作指南》的形式将对幼儿的教育要求和对教师的教育要求结合在一起呈现的。因此,《指南》是幼儿园教师进行日常教育教学的蓝本和实践操作手册。苏联称幼儿园教师为"教养员"正是体现了学前阶段教师与学校教师的区别,要把对幼儿的"教"和"养"密切结合进行。《指南》中规定的幼儿学习内容和要求按小、中、大班三个年龄分阶段同时按学科分作业类别编制。苏联幼教特别强调幼儿的年龄特点,在每个年龄班大纲的前面专门有一部分阐述该年龄段幼儿身心发展的特点。各年龄班的各科大纲中都有这样两个部分:"认识自然与发展语言"、"认识环境与发展语言",强调幼儿的认识与语言密切结合在一起发展。我当时任教自然教学法,对这一点印象较深。

50年代初我国中央教育部聘请的第一位苏联幼教专家戈琳娜主要是向参加讲习班学习的幼教行政人员、园长、教师讲授《指南》的内容,同时根据《指南》组织各科作业,演示幼儿园的集体教学。专家亲自指导教师们制定作业计划,指导观摩的听众观察作业进展过程,作业完毕后主持评议讨论。制定作业计划要写出:作业要求、作业准备(所用教具等)、作业步骤(包括开场白、教具演示方法、对幼儿的提问、预期的回答、作业小结等)以及效果分析(要求在作业完成后由执教者写)。此外,还对观摩听众提出观察和分析评议的要求。作业完成后的评议,先由执教者介绍作业计划并分析教学效果,再由观摩者提出意见,最后由专家总结。把评议作为观摩教学的重要组成部分。每一次的观摩教学都使参加者深受教益,逐渐地领会怎样使有目的、有计划、有组织的教学得到实现。

  这种师资培训的方式比我在美国受到的训练更加严谨,效果实、受益多。五六十年代我们在指导学生的见习、实习中也采用这种方式要求试教学生作自我分析,观察者作记录、分析、评论,并写出见习或实习报告。当年的学生都极其珍惜几年中积累的见习、实习素材,认为比听课笔记的作用更大,甚至在走上工作岗位后还有参考价值。对我们这些年轻教师来说,指导见习、实习是一种在职培训、岗位练兵,尤其是评议会的总结成为对指导教师的教学水平的考验。

赵寄石 1999年10月

学术年表

1. 1982年9月、10月参加中国学前教育考察组访问墨西哥、美国和英国,形成论文:《出国考察报告》载江苏《幼儿教育》1983年第2、3期;《美国教育特点》载《外国教育》1984年第1期。
2. 1985年5月参加学前教育考察组到美国考察幼教师资培训。
3. 1985年9月到澳大利亚出席幼教会议,形成论文:《澳大利亚童年早期工作协会第十七届全国年会情况报告》,载《湖南幼教》1986年第4期。
4. 1986年11月3~7日到法国巴黎出席国际幼教专家会议,议题是"低费用多途径发展幼儿教育",会后形成向联合国儿童基金会递交的报告《参加早期保育与教育国际专家会议的报告》(英文,1986年11月,后来收入《赵寄石学前教育论稿》第49~53页);论文《1986年巴黎国际幼教会议介绍》载《学前教育研究》,1987年第1、2期。
5. 1987年10月3~8日以联合国儿童基金会咨询专家的身份到朝鲜出席主题为"幼儿的发展与教育——智力发展和课程"的幼儿教育专家会议,作了《论幼儿园教育结构》的报告,会后向儿基会递交了报告。
6. 1987年11月13~20日到澳大利亚出席BVLF(波纳特·范·利尔基金会)第三届东半球研讨会,会议主题为"边远儿童——对父母、社区及专业人员的挑战"会后应约写文《独生子女时代的挑战》(英文),载《BVLF通讯》1988年7月。
7. 1988年9月3~8日到北京出席世界未来研究联合会第十届世界大会,大会主题为:"发展的未来——文化、经济、科学、政治展望",形成论文《迎接未来对儿童的挑战》,载《早期教育》1989年第

1期。

8. 1988年11月参加中国幼教研究会在浙江湖州召开的"幼儿园课程改革研讨会",为联合国儿基会官员和美国教授讲学当翻译。

9. 1989年7月到香港出席"21世纪婴幼儿教育与发展国际会议",作题为《回顾与展望——为提高中国幼儿的生活质量而努力》的特约报告。

10. 1989年10月出席国家教委在南京主办的"幼儿教育国际研讨会",作题为《幼儿园课程研究的回顾与展望》的特约报告。

11. 1990～1993年主持南师大与香港耀中教育机构开展的"幼儿园课程建构"的合作研究项目。

12. 1999年3月出席"世界OMEP香港分会第四届国际研讨会"。

13. 1999年3月应"美中教育服务机构"主任邀请到美国开展"叙事性双语整合课程"合作项目的研究交流和参观访问。

14. 2000年7月到日本出席"环太平洋幼儿发展与教育国际研讨会成立大会暨第一届年会",介绍幼儿园双语研究成果。

15. 2003年开始主持"科学教育——开发儿童少年潜能研究"的子课题"婴幼儿的潜能开发",已编写《亲子综合教育培训教材》一套4册。

后　　记

　　这本文集的内容来源于我国改革开放大好形势下的幼教发展过程。文集记录了我们广大幼教工作者在应对新的挑战中共同的实践和思考,是集体智慧的结晶。本书的三分之一篇幅曾在《赵寄石学前教育论稿》(南京师大出版社,2001年版)中发表。感谢江苏教育出版社给予这次机会发表后续部分,更要感谢广大幼教同行的协作,特别要感谢一代又一代的幼儿,正是他们不断地给我们灵感和启示,促使我们持续前进!

赵寄石

2006年5月

图书在版编目（CIP）数据

赵寄石文集/赵寄石著. —南京：江苏教育出版社，2006.9
（学前教育家文库）
ISBN 7-5343-7774-9

Ⅰ.赵… Ⅱ.赵… Ⅲ.①赵寄石–文集②学前教育–教学研究–文集 Ⅳ.G612-53

中国版本图书馆 CIP 数据核字（2006）第 118151 号

书　　名	赵寄石文集
作　　者	赵寄石
责任编辑	孙兴春
出版发行	凤凰出版传媒集团
	江苏教育出版社（南京市马家街 31 号 210009）
网　　址	http://www.1088.com.cn
集团网址	凤凰出版传媒网 http://www.ppm.cn
经　　销	江苏省新华发行集团有限公司
照　　排	南京展望文化发展有限公司
印　　刷	江苏淮阴新华印刷厂
厂　　址	淮安市淮海北路 44 号（邮编 223001）
电　　话	0517-3941427
开　　本	890×1240 毫米　1/32
印　　张	10.25
插　　页	1
字　　数	272 000
版　　次	2006 年 9 月第 1 版
	2006 年 9 月第 1 次印刷
印　　数	1-3 135 册
书　　号	ISBN 7-5343-7774-9/G·7439
定　　价	25.80 元
批发电话	025-83260760,83260768
邮购电话	025-85400774,8008289797
短信咨询	10602585420909
E-mail	jsep@vip.163.com
盗版举报	025-83204538

苏教版图书若有印装错误可向承印厂调换
提供盗版线索者给予重奖